Fernando Savater
Desperta e lê

Tradução
MONICA STAHEL

Martins Fontes
São Paulo 2001

*Esta obra foi publicada originalmente em espanhol com o título
DESPIERTA Y LEE por Grupo Santillana de Ediciones, Madrid.
Copyright © 1998, Fernando Savater.
Copyright © 2001, Livraria Martins Fontes Editora Ltda.,
São Paulo, para a presente edição.*

1ª edição
fevereiro de 2001

Tradução
MONICA STAHEL

Revisão gráfica
Ivete Batista dos Santos
Ana Maria de Oliveira Mendes Barbosa
Produção gráfica
Geraldo Alves
Paginação/Fotolitos
Studio 3 Desenvolvimento Editorial (6957-7653)

**Dados Internacionais de Catalogação na Publicação (CIP)
(Câmara Brasileira do Livro, SP, Brasil)**

Savater, Fernando
 Desperta e lê / Fernando Savater ; tradução Monica Stahel. – São Paulo : Martins Fontes, 2000.

 Título original: Despierta y lee.
 ISBN 85-336-1359-8

 1. Crônicas espanholas 2. Ensaios espanhóis 3. Jornais – Seções, colunas etc. 4. Jornalismo I. Título.

00-5048 CDD-070.442

Índices para catálogo sistemático:
1. Artigos de imprensa : Jornalismo 070.442

Todos os direitos para o Brasil reservados à
Livraria Martins Fontes Editora Ltda.
*Rua Conselheiro Ramalho, 330/340
01325-000 São Paulo SP Brasil
Tel. (11) 239-3677 Fax (11) 3105-6867
e-mail: info@martinsfontes.com
http://www.martinsfontes.com*

Índice

Prefácio	1
Pórtico: A terra natal	7
PRIMEIRA PARTE: Você tem razão	
Ética da alegria	11
Perplexidades éticas do século XX	19
Por uma cidadania caopolita	24
Atualidade do humanismo	40
Imaginação ou barbárie	44
Groethuysen: o antropólogo como historiador	48
Os caracteres do espetáculo	54
Cândido: o indivíduo sai da história	58
Arquivo Wells	65
A derrota de Julien Benda	70
Ferlosio em comprimidos	75
Volta a Erich Fromm	81
Um puritano libertino	85
A verdadeira história de Gonzalo Guerrero	89
Anjos decapitados	105
INTERVALO: Afeições cinematográficas	
O rapto da besta	117
A dignidade do frágil	121

Tubarão: vinte anos depois 124
Groucho e seus irmãos 128
Boa noite, doctor Phibes 131
O ocaso dos heróis 134
Jasão e os Argonautas.. 136
Nostalgia da fera 138

SEGUNDA PARTE: Que a voz corra
Boswell, o curioso impertinente... 145
O emboscado de Vinogrado 149
Os sonhos de Hitler Rousseau.. 151
Com Borges, sem Borges... 155
Volta a meu primeiro Cioran.. 157
Um refinado da amargura 162
Outra despedida.. 165
Elogio do conto de fantasmas 167
Uma jóia tenebrosa 170
O caos e os dinossauros 172
Brevíssima teoria de Michael Crichton.................................. 175
Outra brevidade crichtoniana 178
Pensar o irremediável... 180
Razões e paixões de uma dama.. 183
Para resgatar a intimidade 186
Cristianismo sem agonia 188
Contra a cultura como identidade 191
Mundo homogêneo?... 194
O mago das biografias 196
Deuses e leis da hospitalidade.. 199
Filosofia sem espaventos.. 202
A terapia cartesiana 205
Insulto shakespeariano 208
Guilherme o Temerário.. 210
Instituições devoradoras 213
Esquerda e direita 216
Irmão animal 219
África sonhada... 222

O estranho caso do senhor Edgar Poe..................... 225
Fracasso e triunfo do terror................................... 229
Um contemporâneo essencial.................................. 232
O ianque mais irreverente 235
Polêmicas.. 238
O animal mais estranho... 240
O misantropo entre nós 243
Viva Dario Fo!.. 245
Um príncipe da filosofia.. 247
Os zangados.. 250
Um basco ilustrado... 253
Os acidentes.. 255
O perdido.. 258
Adeus ao pioneiro 261
Ideoclipes... 263

DESPEDIDA: Os mortos
A maioria.. 269

Para Sara, sem trégua

"Por razões obscuras – embora talvez triviais –
tenho atração pelos livros que reúnem coisas
diversas: ensaios breves, diálogos, aforismos,
reflexões sobre um autor, confissões
inesperadas, o rascunho de um poema,
uma piada ou a explicação apaixonada
de uma preferência."

ALEJANDRO ROSSI
Manual do distraído

Nota à presente edição

Os títulos das obras que constam deste livro foram citados pelo autor sempre em espanhol. Procuramos, na medida do possível, indicar para o leitor brasileiro a tradução que esses títulos receberam em língua portuguesa. Quando isso não foi possível, indicamos o título do original (espanhol ou não), deixando sem traduzir somente os títulos daquelas obras para as quais não foi possível estabelecer a origem.

Prefácio

Quando comecei a escrever, muito jovem, tinha obsessão pela *vontade de estilo*. Não sei onde aprendi esse refrão, nem creio que estivesse medianamente claro para mim o que queria dizer com ele, o fato é que não me saía da boca nem da esferográfica: "O importante é ter vontade de estilo! A filosofia acadêmica carece de vontade de estilo! O que conta no ensaio é a vontade de estilo!"

Quem começou a me curar dessa bobagem foi um adversário fortuito que, polemizando comigo, observou com tanta ironia quanto acerto: "A Savater, é claro, não falta vontade; quanto ao estilo, em contrapartida, a coisa é outra." E acabou me lançando em cheio uma advertência oracular de Verlaine: "Antes de tudo, evitar o estilo." De fato, quem se esforça para ter um estilo, quem padece essa *vontade de estilo*, que antigamente me parecia tão essencial, escreve na dependência não do que quer dizer – pode muito bem não querer dizer nada –, mas apenas dos efeitos idiossincrásicos que sua forma de dizer produzirá no leitor. O principal não é que o destinatário do texto compreenda o que foi dito e o avalie, mas que ele esteja muito consciente de que foi o Fulano quem o disse. Portanto, a vontade de estilo não será outra coisa que não o empenho do Fulano em ser enormemente Fulano, o Fulano que ele supõe que deve ser: Fulano o Grande Pensador, Fulano o Poeta, Fulano o Castiço, Fulano o Obscuro, Fulano o Libidinoso Desbocado, Fulano o Rebelde, etc. Não importa o assunto do qual se escreve, não importa acertar ou dizer disparates, não importa nem sequer o literário como tal, só importa o Fulano.

Fulano o Inconfundível... porque se confunde sozinho. Se me permitem a analogia um tanto despudorada, o estilista voluntarioso é como aqueles amantes que no mais animado da transa só pensam no aspecto inesquecível da sua *performance* e no arroubo que certamente irão suscitar no parceiro: por querer meter tudo costumam também meter os pés pelas mãos.

Quando abandonei a vontade de estilo, me propus algo mais difícil ainda: escrever como todo o mundo. Ou seja, como todo o mundo se todo o mundo soubesse dizer por escrito o que pensa, com perfeita naturalidade, conforme seu desejo em cada momento, às vezes de modo alegre, outras pateticamente, frio ou cálido, à vontade... mas sem vontade estilística. Não é preciso dizer que este objetivo também não me foi concedido, embora nunca tenha deixado totalmente de me esforçar para consegui-lo. Finalmente a preguiça decidiu por mim, e agora na maioria das vezes escrevo como sai, procurando apenas evitar os deslizes sintáticos e semânticos mais notórios e não repetir três vezes a mesma palavra em uma linha. Isso também dá um certo trabalho, é justo dizer.

Minha relação com a imprensa? Amor à primeira vista, pois colaboro nela desde os dezesseis anos, com tumultuoso entusiasmo. Durante um ano dirigi a revista colegial *Soy Pilarista*, ocupação em que também se exercitaram pela primeira vez jornalistas mais ilustres. Dessa fase me lembro de que a informalidade de alguns de meus colaboradores obrigava-me a substituir as crônicas que não chegavam por improvisações apressadas que eu fazia sobre matérias que desconhecia tão conscienciosamente quanto o hóquei sobre patins, e que às vezes assinava com pseudônimo. Essa polivalência forçada deu motivo a que alguns gozadores sugerissem mudar o título *Soy Pilarista* por um irreverente *Soy Savater*.

Minha passagem definitiva ao jornalismo, porém, deve ser atribuída, como tantas outras desventuras que ainda padecemos, à ditadura franquista. Tendo recentemente terminado meu curso de filosofia e mal começando minha trajetória como professor, me vi expulso da Universidade Autônoma de Madri e com pouquíssimas possibilidades de encontrar *venia docendi* em qualquer outra. Tinha vinte e três anos e estava prestes a me casar, de modo que tentei ganhar a vida aproveitando as duas paixões rentáveis que tenho desde pequeno: a língua francesa e escrever. Traduzi Cioran, Bataille, Voltaire, Diderot. E também comecei a escrever cada vez mais artigos. A orientação dessas peças alimentícias foi determinada por um amigo da época, o único jornalista que eu conhecia e que colaborava no jornal *Madrid*. Fui ter com ele e lhe contei minhas dificuldades pecuniárias. "Bem, sobre o que você gostaria de escrever?", perguntou generosamente. Disse que só me sentia competente em questões hípicas e que podia me oferecer para cobrir a crônica de turfe do jornal, inclusive indo às seis da manhã aos treinos na zarzuela, se fosse preciso. Mas essa área já tinha no jornal um profissional contratado havia anos, de modo que como *second best* ofereci a possibilidade de resenhar livros de pensamento. Foi assim que tudo começou: fugazmente no *Madrid* e depois na *Revista de Occidente*, no *Informaciones*, no *Triunfo*... sobretudo no *Triunfo*, onde finalmente pude colocar as crônicas de hipismo, que são minha verdadeira vocação e a melhor coisa que escrevi em minha vida. Mais tarde chegou *El País* e consegui meu lugar natural, o espaço idôneo onde dizer o que a meu ver podia e devia ser dito por mim. Continuo aqui, porque este espaço permanece aberto e mais necessário do que nunca. A verdade é que tive muita sorte.

Algumas vezes, acreditando me ofender, disseram que não sou um filósofo, mas um jornalista. Com muita honra. A verdade é que não sou um filósofo, mas um *philosophe*, com minúscula e se possível em francês do esclarecido século XVIII. Quando chegar o momento de separar o joio do trigo, quero que me enviem, por mais indigno que seja, para junto de Montaigne, Voltaire, Camus ou Cioran. Junto de Hegel ou Heidegger eu me aborreceria demais. Para ser filósofo, não só me falta talento como me sobra zombaria anti-solene ou, se preferirem, alegria cética. Subscrevo plenamente o que um tal Mr. Edwards comentou em certa ocasião para o Dr. Johnson, se Boswell não nos estiver enganando: "Johnson, você é um filósofo. No meu tempo também tentei ser um filósofo, mas, não sei como, a jovialidade sempre penetrava tudo." A jovialidade faz com que a pessoa viva *divinamente* (afinal de contas a palavra *jovial* provém do nome do deus máximo no panteão clássico), porém talvez feche o caminho para a mais alta filosofia, que é algo grave ou pelo menos de prognóstico reservado. Felizmente, em contrapartida essa jovialidade não me impediu de ser jornalista, até diria que me ajudou a sê-lo mais irremediavelmente.

A maioria dos textos coletados neste volume – cuja extensão oscila entre muitas páginas e algumas poucas linhas – são artigos destinados a jornais e revistas. São exceções umas quantas conferências, alguns prólogos, um excerto biográfico e mínimas concessões à anotação casual ou ao aforismo, que incluo com dúvidas pudorosas. Em geral, esse gênero chamado menor – refiro-me ao artigo de imprensa – é o que exerço com maior agrado e creio que com menos desacerto. A ele se aplica com particular justeza um preceito de Montesquieu que me parece admirável: "Para escrever bem, é preciso saltar as idéias intermediárias: o suficiente para não ser enfadonho, mas não demais por medo de que não nos compreendam." Talvez em algum dos casos que agora entrego à benevolência do leitor eu tenha conseguido esse sutil equilíbrio.

Diferentemente de outras de minhas coletâneas de escritos breves, motivados por urgências políticas ou polêmicas sociais, os que formam esta antologia inspiraram-se em livros ou autores de livros (salvo algumas lembranças cinematográficas à guisa de interlúdio, para que os entusiastas do audiovisual não se sintam completamente deslocados). Claro que tomar os livros como ponto de partida não é limitar-se a eles, e cada testemunho de leitura se prolonga em um olhar sobre a política atual, sobre a história, sobre a ciência ou sobre nossos costumes. Inclusive sobre a ética e a metafísica de nossa aperreada condição. Os que sempre se escandalizam com meus trânsitos apressados da cultura de elite aos gêneros mais populares terão novas oportunidades de levar as mãos à cabeça (se é que a têm). Quero dedicar-lhes a história que se segue.

Em junho de 1997 realizou-se na Sorbonne uma jornada internacional sobre Bernard Groethuysen, para a qual contribuí com uma exposição que incluo na primeira parte deste livro. Depois houve um almoço presidido pela reitora dessa venerável universidade, ao qual compareceram os mais destacados participantes, entre eles Jean-Toussaint Desanti, professor octogenário de fenomenologia e filosofia da ciência, que fora amigo pessoal de Groethuysen. Em um certo momento da refeição, veio à baila o tema do cinema, e um professor italiano se pôs a defender o cinema culto europeu em face das aberrações do populismo comercial americano, para ele representadas pelo *Jurassic Park*. Como sempre disposto a me expor pelo que amo, saí em defesa dos dinossauros de Spielberg. Mereci olhares atônitos de comiseração, mas também o inesperado apoio de Desanti, que havia adorado o filme. "Até comprei uma gravata de dinossaurinhos e tudo", ele comentou, sugando beatificamente seu cachimbo. Eu me senti redimido. Se alguém tão respeitável como Desanti pode usar gravata de dinossauros, nós, que somos muito menos respeitáveis, não podemos fazer grande mal a ninguém elogiando-os...

É lícito compor um livro com textos breves pensados para outro tipo de publicações? O único requisito que Jean-François Revel estabelece para isso em suas magníficas memórias – *Le voleur dans la maison vide* – é escrever cada página, qualquer que seja seu destino imediato, tendo em mente que mais cedo ou mais tarde fará parte de um livro. Esse é precisamente o meu caso, de modo que me considero desculpado. Para esta edição, retoquei tudo o que publiquei antes (estou incluindo também vários inéditos), a tal ponto que às vezes o texto conhecido se transformou em algo realmente diferente. Em outras ocasiões me limitei a acrescentar uma citação, um esclarecimento ou uma malícia que me foram vedadas pelas exigências de espaço ou de tom da imprensa diária. São como doces que ofereço como prêmios de consolação aos fiéis que os leram e agora reincidem.

Alegro-me, finalmente, por entregar a meu velho amigo e atual editor Juan Cruz, tão carinhoso e diligente na reedição de minhas obras anteriores, um livro que, como tal, pode ser considerado completamente novo. Se pertence à boa ou à má safra, são os outros que deverão dizer.

F. S.
San Sebastián, 6 de setembro de 1997

Pórtico: A terra natal

Diante dele Van Gogh só podia exclamar: "Incrível! É incrível!" Marcel Proust ousou considerá-lo "o quadro mais belo do mundo". Ele se oferece a nossos olhos, instantaneamente enamorados, no museu Mauritshuis de Haia e foi pintado há aproximadamente trezentos e cinqüenta anos pelo holandês Jan Vermeer. Seu tema? Uma vista da pequena cidade de Delft, onde o artista secreto e prodigioso nascera meio século antes. As águas de um canal que reflete o céu nublado, em parte plúmbeo; o perfil sem estridências nem gigantismos das edificações ao fundo, casas, pináculos, embarcações; as pequenas figuras na orla, nítidas e bem-comportadas, destacando-se à mercê de uma luz amarela estranhamente plácida, como amarelo é também "o pequeno pedaço de parede" que ali obcecava Proust. Nem a mínima concessão à estridência ou ao pitoresquismo. Tudo se torna familiar ao primeiro olhar, como se fosse o pedaço de mundo que vemos de nossa janela dia após dia. Mas em sua plena transparência tudo é enigmático.

Seria ridiculamente pretensioso de minha parte, uma vez que não sou Marcel Proust nem Gombrich, oferecer uma nova chave conjectural da tranqüila maravilha que nos fascina nessa tela. Certas coisas é preciso ver: e basta vê-las. Apesar de que, se algum amável impertinente me perguntar, sussurrarei que Vermeer soube pintar a terra natal. Não simplesmente *sua* terra natal, mas a emoção da terra natal em si mesma, a dele, a minha, a de todos. O cenário da infância, o rincão insubstituível em que a vida se manifestou para nós. Algo simples, terrível como a fatalidade, feito de gozo, de rotina e de lágrimas. O que o tempo apagará sem misericórdia, como a nós, mas o que em nossa memória o tempo desapiedado nunca poderá apagar totalmente.

A habilidade do artista não se contenta em reproduzir uma paisagem, mas o suave carinho que sua contemplação desperta em nós. É o rosto manso daquele lugar do qual nunca sairemos, mesmo que nunca voltemos a ele. E essa emoção nada tem a ver com as contendas políticas nem com o orgulho patriótico. O ruim do nacionalismo – uma das coisas ruins, porque ele tem muitas – é que ele transforma a profunda e melancólica afeição pela terra natal em justificação de um projeto institucional que não sabe se justificar de outro modo. Quer degradar uma forma de amor a documento nacional de identidade. Pior ainda: a visão nacionalista não aceita a terra natal *tal como ela é*, em sua limitação e sua impureza reais, mas exige seu referendo a partir de um ideal passado ou futuro que extirpe dela o que não se ajusta ao plano preconcebido. O nacionalista não vê nem ama o que há, mas calcula o que sobra ou o que falta ao que de fato existe. Em uma tal exigência reivindicativa se desvanece a terra natal, harmonia sem condições, e nasce a pátria, sempre ameaçada e oprimida. Aparecem sobretudo os *inimigos* da pátria, porque sem inimigos o patriota não entende a si mesmo.

O que mais comove da vista de Delft pintada por seu filho Vermeer é que ela não mostra uma perspectiva especialmente bela ou suntuosa. Ela oferece o que é e como é, nem mais nem menos, no tremor fugaz da consciência que o acata, que não pede mais nada. "Aqui entrei na luz pela primeira vez", parece suspirar o pintor. "Nem as sombras nem o nada poderão me arrebatar a delícia desta aurora, limpa e pequena." E o milagre imorredouro é que os pincéis souberam mudamente dizer "obrigado" e também "bendita seja".

PRIMEIRA PARTE
Você tem razão

Ética da alegria
(solilóquio a partir de Spinoza)

"Escuta: ouves o mar?"
(SHAKESPEARE, *Rei Lear*, Ato IV)

No princípio está a morte. Não estou falando do princípio do cosmo, nem do princípio do caos, mas no princípio da consciência humana. Alguém se torna humano quando escuta e assume – nunca totalmente, sempre em parte – a certeza da morte. Estou falando, é claro, da morte própria e das mortes que nos são próprias, a morte da individualidade, ou seja, do insubstituível (a individualidade sempre é a própria, mesmo que inclua como fases ou partes o punhado de individualidades alheias que por amor ou necessidade também são nossas): a morte como o irreparável. Morrer de verdade é sempre *eu morrer*. É a perda irrevogável do que sou, não o acidente que ocorreu com outros no passado "que é estação propícia à morte", conforme Borges abalizou ironicamente. Morrer é me perder. Assim como o amor é o grande mecanismo individualizador da alma, que dota a pessoa amada da aura de unicidade irrepetível que Walter Benjamin também atribuiu a certas obras de arte, as mortes daqueles que amo são algo como ensaios ou aperitivos da minha, suas adjacências prévias. O fundo abominável é sempre, no entanto, a queda do eu, a fulminação inexplicável do indivíduo único que amo com amor próprio. Inexplicável: imagino, vislumbro, fantasio, porém não sei o que é morrer, por mais que a morte do amado me previna. Não sei o que é morrer mas sei que vou morrer. E nada mais. Nessa certeza obscura mais cedo ou mais tarde nossa consciência desperta e ali fica pensativa.

Quando o que se espera é a morte (e todos os seres humanos quando esperam, esperem o que for, esperam *também* a morte), a primeira e mais lógica reação no sujeito – um sujeito que primeiro, durante muito tempo, talvez no fundo sempre, é coletivo e que só depois, pouco a pouco, se individualiza ou parece individualizar-se – consiste no *desespero*. A situação vital dos mortais (ou seja, de quem sabe com certeza e antecipadamente que vai morrer, pois os outros seres vivos morrem mas não são mortais, morrem imortalmente) é desesperadora e portanto não caberia esperar deles outra coisa que não desespero. O desespero, que fique bem claro, nada tem a ver diretamente com instintos suicidas nem com afãs enlouquecidos de apocalipse aniquilador. Não, o desespero não é mais do que a expressão patética do instinto de conservação. Conservar-se, sobreviver: desesperadamente. Aos desesperados por sobreviver – ou seja, aos desesperados porque sabem que *não* vão sobreviver – são oferecidos mecanismos mortais de sobrevivência, como o medo, a cobiça e o ódio.

Essas facetas do desespero respondem a uma estrita – estrita demais – lógica de sobrevivência, não a uma perversão maligna da vontade. O medo? Nada mais justificado que o temor, até o pânico, quando se sabe com certeza que se está ameaçado pelo mal inexorável da aniquilação. O pior está sempre *vindo* ao nosso encontro. Todas as precauções, todas as barreiras, todas as exclusões, todas as fobias correspondem à estratégia assustada e inevitável do medo. A cobiça? Derivação primeira e essencial desse pânico. Tudo é pouco para quem teme transformar-se em nada de um momento para outro. É preciso acumular alimentos contra a fome, armas contra o inimigo, tetos e muros contra o rigor da intempérie, filhos que nos perpetuem, poder social para prevenir o abandono sempre ameaçador e perigoso de nossos congêneres, assim como prestígio para retardar seu esquecimento (o *non omnis moriar* de Horácio), etc. Nesse sentido, o dinheiro é o que mais se cobiça, porque tem uma capacidade de metamorfose que assemelha sua defesa ao ataque imprevisível e ubíquo da morte: já que o golpe fatal pode se infiltrar por qualquer brecha, o mais seguro é se blindar por meio do dinheiro, cuja ductilidade serve para remendar todos os vazios. O dinheiro é guardado em câmaras blindadas, mas ele mesmo constitui a câmara dentro da qual pretendemos nos blindar.

E, para terminar, resta o ódio, é claro. O ódio por tudo o que nos entristece, suscitando nosso medo e entorpecendo ou competindo com nossa cobiça. O ódio contra o que nos desilude, contra o que aumenta nossa insegurança, contra o que nos questiona, contra o que resiste a nós, contra aquilo que é tão diferente que não sabemos como assimilar. O ódio contra os que não se parecem suficientemente conosco e cuja hostilidade nociva nós tememos, mas também contra os que se parecem demais conosco e se apegam a si mesmos para conservar seu próprio eu em vez de preferir o nosso e colocar-se diligentemente a seu serviço. A vida é um bem escasso, que diminui com cada batida do coração, como a pele de chagrém de Balzac! O afã de viver dos outros compromete nossa segurança obrigando-nos a repartir o que já se vai acabando e deixando-nos desguarnecidos (convém lembrar que estou me referindo sempre a um sujeito que pode ser tanto coletivo como individual, que sempre é em certa medida coletivo e em parte individual)! Deve-se agradecer a sinceridade daquele príncipe que, ao ver suas tropas recuarem pondo em perigo seu reino, ou pelo menos sua vitória, admoestava: "Cães! Por acaso pretendem viver eternamente?" Em tão incômoda pretensão plebéia ele via uma ameaça à sua própria e legítima aspiração de eternidade.

No entanto o desespero mortal não basta para consolidar a vida. Não me refiro ao fato de que sempre, mais cedo ou mais tarde, as garantias buscadas pelo medo, pela cobiça e pelo ódio acabam por ser derrotadas pela morte; mesmo antes de chegar a esse desenlace, o mero desespero fracassa no empenho de nos fazer sentir realmente vivos, ainda vivos, *suficientemente* vivos apesar da morte e ante a morte. Obcecado por garantir a sobrevivência, permanentemente fustigada e incerta, o desespero descuida da própria vida, que se declara, enquanto dura, paradoxalmente invulnerável. O mortal sabe que vai perecer, mas esse conhecimento – aprendido com a lição cruel de quem se assemelha a ele e de tudo o que o cerca – implica algo como ver-se *de fora*, obrigando-o a se considerar numa trama que o exclui de antemão em sua qualidade de algo único, irrepetivelmente vivo. Visto de *dentro*, da vitalidade protagonizada, o mortal é antes de tudo vivente e, apesar do que sabe da morte, não acredita nela como coisa própria. A presciência da morte encobre como um verniz escuro, mas só superficialmente, a experiência da vida. Essa experiência se nutre de uma invulnerabilidade que sentimos, embora o que sabemos a desminta: de fato, nem sequer somos *conscientes* dela, e ela só se exterioriza através de sintomas vigorosos e de estilos variados. Um dos mestres menos enganosos de nosso século, Franz Kafka, o diz de modo aforístico da seguinte maneira: "O homem não pode viver sem uma confiança permanente em algo indestrutível em si mesmo, embora tanto o elemento indestrutível como a confiança devam permanecer ocultos para ele. Uma das maneiras que ele tem de expressar essa ocultação é por meio da fé em um deus pessoal."

Fica bem clara, aqui, a distância entre a experiência vital e o conhecimento mortal, cuja mediação tenta com maior ou menor sorte o sintoma explícito que extrai o ânimo da primeira para narrá-la de uma forma racionalmente pouco inteligível: ter fé em um deus pessoal que há de nos resgatar da morte, abolindo-a em nosso favor, satisfaz a vocação de invulnerabilidade vital que experimentamos, mas é irreconciliável com o conhecimento certo de nossa aniquilação pessoal que fundamenta a possibilidade humanizadora do pensamento. É uma forma balbuciante, enganosa em sua autocomplacência, de proclamar que, apesar de nossa condenação mortal, estamos vitalmente a salvo da morte; que a morte, o mais importante, é o que menos importa para quem se sente viver. O equívoco dessa proposição se baseia em que ela pretende justificar nosso sentimento de invulnerabilidade prometendo que nos salvaremos da morte que vem – contradizendo assim nosso saber mais essencial – em vez de confirmar que é a vida que temos, embora perecível, que nos resgatou para sempre da morte *em que estávamos*. Porque, na verdade, é a graça de nossa vida mortal que nos salva irrevogavelmente da *morte imortal* de que falou Lucrécio. Ao nascer, não nascemos para a morte, mas *a partir* da morte, surgindo triunfalmente da tumba eterna do que nunca foi nem será. A morte pode apagar o que somos, porém não o fato de que fomos e ainda estamos sendo. A vida de cada um de nós, mortais, já derrotou a morte uma vez, a que mais conta: e isso também sabemos, com a mesma certeza com que conhecemos nosso destino mortal.

Não existe vida
que, ainda que por um instante,
não seja imortal.
A morte
sempre chega com esse instante de atraso.

*Em vão bate com a aldrava
na porta invisível.
O já vivido
não se pode levar.*

(W. SZYMBORSKA, *Sobre a morte, sem exagerar*)

De modo que por nos sabermos mortais sentimos desespero, mas por nos sentirmos vivos experimentamos *alegria*. O que é alegria? A constatação jubilosa de que o mais grave que nos poderia acontecer (digo *grave* não só no sentido de penoso, mas também no sentido de importante, sério e irrevogável) já nos aconteceu ao nascer; portanto, o resto dos incidentes que nos ocorrem ou que nos aguardam não o podem ser tanto. Tivemos sorte, não especialmente boa sorte ou má sorte, mas possibilidade de ambas: no sorteio decisivo, coube-nos o ser à frente do não-ser. Claro que Sileno, pretendendo assustar o rei que o fustigava, pontificou que o melhor destino para o mortal seria não ter nascido e, *the second best*, morrer logo. Do ponto de vista do conhecimento genérico da mortalidade podemos lhe dar razão, mas a experiência do fato indestrutível da vida em nós o desmente. Conforme percebeu nitidamente Nietzsche – que narrou o episódio de Sileno em seu primeiro grande livro –, nosso conhecimento mortal faz um balanço negativo das dores e dos gozos da vida, mas a vontade não duvida e quer viver. Mais do que isso, congratula-se incessantemente por viver, a despeito dos trovões e tormentas da existência. Essa gratidão que o mero conhecimento não explica, mas sem a qual a razão é exangue, é o que se pode denominar alegria trágica. Porque o conhecimento é mortal, mas a razão é vital e portanto alegre, conforme raciocinaram primeiro Spinoza, depois Nietzsche e, em nosso século, Ortega y Gasset.

Em que consiste a alegria, ou seja, como ela opera? Dentre os efeitos tonificantes da alegria, indicaremos três, para manter a simetria hegeliana com as conseqüências do desespero mencionadas anteriormente. Alegrar-se consiste em afirmar, aceitar e aliviar a vida humana. Em primeiro lugar, afirmar a vida em sua realidade limitada mas intensamente efetiva ante o acúmulo de superstições que a ocultam ou caluniam: negar-se a desvalorizá-la por não ser eterna – palavra mitológica que oculta uma nebulosa ausência de conceito –, mas irrepetível e frágil, rejeitar o absurdo platônico que a decreta ilusória em comparação a certas idéias cuja única entidade provém da própria vida, reconhecê-la como padrão de valores e verdades ante os que proclamam sua miséria e sua mentira. Conseqüência dessa afirmação é a aceitação da vida, que proponho como o segundo efeito da alegria: assumir seu preço de dor, frustração, injustiça e – o mais indigesto de tudo – a morte inseparável dela. Afirmar a vida é negar-se a lhe colocar condições, a exigir-lhe requisitos de aceitabilidade (refiro-me à vida humana como realidade global, embora em cada caso individual precisamente o amor a determinados conteúdos vitais possa justificar a renúncia ao prolongamento biológico da existência). Em suma, afirmar alegremente a vida é *dá-la por boa*, embora isso não equivalha a considerar *bom* cada um dos episódios e fatores que incidentalmente participem dela.

E da afirmação primordial da realidade da vida e de sua aceitação incondicional provém como conseqüência a terceira tarefa da alegria, a mais relacionada com a própria etimologia da palavra, a se acreditar em Ortega: sua função é aliviar a situação humana. Dado que a morte – que é o que mais pesa sobre a vida, o que a transforma em coisa árdua e grave – é fatalidade e não tem sentido, a alegria alivia a existência fomentando a liberdade diante do fatal e também o sentido – o que é humanamente significativo, o que compartilhamos entre humanos – diante do absurdo mortífero. Assim brotam os artifícios criadores de liberdade e sentido que são a arte, a poesia, o espetáculo, a ética, a política e também a santidade. O fundo de todos eles é sempre a celebração prazerosa da vida como sucesso paradoxalmente imortalizador surgido no amplo campo da morte. Insisto: não se trata de *negar* ou *evitar* a evidência da morte, mas de aliviar a vida de seu peso desesperador. Inclusive transformando a própria morte em tônico da vida ou extraindo estímulo do que, por outro lado, também nos desespera. Quem tem o segredo da alegria trágica, como Shakespeare, pode ser sombrio, mas nunca será deprimente...; nos torna mais profundos, mas também mais leves. O lema dessa atitude ao mesmo tempo misteriosa e tônica nos foi dado, como tantas outras vezes, por Montaigne: *je ne fais rien sans gaieté**.

---

* Em francês no original – *não faço nada sem alegria*. (N. da T.)

De todas as iniciativas vitais promovidas a partir do sentimento alegre de nossa invulnerabilidade existencial, a mais diretamente oposta ao desespero, a suas pompas e suas obras (a menos *contaminada* por ele) é a *ética*. Foi precisamente Lucrécio o primeiro a dizer que a grande maioria de nossos crimes e abusos provém do pânico desesperado de nos saber ameaçados pela morte. Portanto, a atitude ética é adotar a estratégia da imortalidade – dado que *também* somos vencedores da morte, além de suas vítimas – e viver como quem pode impor uma marca livre e um sentido compartilhado (desculpe a redundância) a seu destino de fatalidade e absurdo. De tal modo que a morte é assumida como limite, mas descartada como dona da vida. Sem dúvida é para isso que Spinoza aponta quando estabelece que o sábio não pensa em nada menos do que na morte e que toda a sua sabedoria é sabedoria da vida. O sábio spinozista – ou seja, que é capaz de alegria racional – não pratica a *meditatio mortis*, pois esta só pode desembocar em duas conclusões opostas (embora às vezes secretamente cúmplices): o desespero racional ou a esperança irracional. Os cálculos do primeiro acarretam como conseqüência medo, cobiça e ódio – como já foi dito –, ou seja, o que chamamos *maldade* (toda maldade é *à maneira desesperada*), ao passo que os fervores da segunda promovem outra atitude indesejável, a *superstição*, que disfarça o que sabemos sob benefícios ou malefícios dos quais nada podemos saber. Por isso Spinoza conclui que não há nada a aprender da morte, que todas as suas lições (diferentemente das lições da dor, que podem ser muito úteis) são ruins e que é melhor não sabermos nada daquilo de que não podemos aprender nada vitalmente proveitoso.

A ética, pois, não é um código, mas uma perspectiva para a reflexão prática sobre nossas ações. E também uma das estratégias da imortalidade à disposição dos mortais, ou seja, outra forma de arte. É claro que ela não consiste em um conjunto de normas, nem categóricas nem hipotéticas: na vida moral, todas as situações são excepcionais, pois se referem ao irrepetível e único de cada liberdade individual. Essa liberdade, claro, não é ruptura da infrangível cadeia das causas, mas a criação de sentido que une, para além de hostilidades e diferenças, todos os mortais que têm consciência de que o são. A ética consiste em pôr nossa liberdade a serviço da camaradagem vital que nos aparenta com nossos semelhantes em desespero e alegria... Tampouco as virtudes podem ser definidas abstratamente, formando uma espécie de tarô de figuras ideais de comportamento estabelecidas de uma vez para sempre, pois a disposição ética consiste em uma orientação harmônica das capacidades e não marcar pontos na lista mais exaustiva delas como quem marca pontos nos aparelhos de musculação mais recomendados de uma academia de ginástica. Por isso Nietzsche disse que moralmente difícil é nos fazer donos de nossas virtudes, não colecioná-las. Deveres, obrigações, sanções? A consciência íntima de obrigação e o reforço externo da sanção podem ter efeitos socialmente proveitosos, mas nem por isso deixam de constituir próteses para uma vontade ética que se sente ocasionalmente inválida, cuja alegria fraqueja em freqüente desconcerto.

Porque o desespero também continuará estando sempre em nós, como a própria morte a partir da qual começa nosso pensamento e cujas lições podemos deixar de ouvir apenas relativamente. Não há ética pura, mas tentativa de rememorar racionalmente a alegria ante o entristecimento desesperado que enlouquece diante da morte e contra o outro enlouquecimento, às vezes mais amável, da esperança supersticiosa à qual não basta ter derrotado a morte já ao nascer e que também quer vencê-la não morrendo. Sustentar-se na alegria é o equilibrismo mais árduo, mas o único capaz de conseguir com que todas as penas humanas valham de fato a pena. A isso chamamos ética: penar alegremente.

Perplexidades éticas do século XX

1. Ao longo do século XX enfrentaram-se dois tipos de reflexões éticas, que poderíamos chamar respectivamente de *ética da perspectiva restrita* e *ética da perspectiva universal*. A primeira dessas perspectivas parte da base de que efetivamente não há moral, mas morais, as quais dependem do grupo humano a que se pertence. A segunda perspectiva acha que há um fato moral único por trás da diversidade de morais efetivas (ou seja, que existe não tanto uma moralidade universal, mas *universais morais*, semelhantes aos universais lingüísticos subjacentes a todas as línguas) e que esse único fato moral se fundamenta no pertencimento comum à humanidade. Em suma, a primeira perspectiva estuda as diversas razões morais conforme a compreensão propiciada por seu contexto e apenas a partir dela, ao passo que a segunda considera que existe uma razão moral que pode ser percebida e justificada em qualquer contexto dado, e, mais ainda, que *deve* ser percebida e justificada em qualquer contexto moral. É claro que tanto uma perspectiva como a outra não são invenções do nosso século, mas prolongam reflexões tradicionais de sinal divergente que vêm sendo debatidas há muito tempo.

2. A perspectiva ética que denomino restrita atribui a eficácia moral ao pertencimento a este ou aquele grupo humano. Esses grupos se caracterizam por compartilhar determinadas condições étnicas, sociais ou até biológicas, determinadas ideologias ou determinadas crenças.

Alguns desses grupos são *excludentes*, isto é, definem-se como fechados e por oposição taxativa a quem não pertence a eles. Por exemplo, a moral racista, a moral nacionalista – "com a pátria, com ou sem razão" –, a moral de um certo feminismo radical (que os varões não podem assumir, por sua própria estrutura psicológica varonil), a moral de classe (tal como a expõe Leon Trótski em *Sua moral e a nossa*), a moral segundo a versão *heavy* do comunitarismo (as pautas e juízos morais só têm pleno sentido dentro de uma determinada comunidade), a moral religiosa da graça (os infiéis só podem ser aparentemente morais, pois falta-lhes o fundamental, a fé, "as virtudes dos pagãos são vícios magníficos" segundo santo Agostinho, etc.).

Outros grupos, em contrapartida, são tendencialmente *inclusivos*, ou seja, oferecem uma possibilidade de acolhida a quem não pertence a eles para que chegue a compartilhar seus valores: assim se constitui a moral existencialista da situação e da autenticidade, a moral do esteticismo vitalista, a atitude antitotalitária, o ecologismo razoável, etc. Digamos que, nestes grupos inclusivos da perspectiva ética restrita, os trâmites de filiação não são impossíveis ou bloqueados, como são nos grupos excludentes.

3. A perspectiva ética universalista considera que a ética consiste em um reconhecimento da humanidade alheia a partir da humanidade própria e que o especificamente moral é colocar esse reconhecimento acima de qualquer outro conceito diferenciador, como a raça, o sexo, a posição social, as ideologias, as religiões, a nacionalidade, etc. Segundo esse ponto de vista, a ética deve buscar o que nós, humanos, temos em comum, não o que nos diferencia e singulariza. É claro que o respeito à diferença também faz parte dessa moral, mas como reconhecimento de que todos somos diferentes e portanto nossas peculiaridades irredutíveis fazem parte do que cimenta nossa condição comum. Ter diferenças é o que nos torna parecidos... Há um direito moral à diferença, mas não uma diferença de direitos morais.

A ética universalista não é universal por se empenhar em impor seu critério ao universo inteiro como norma externa geral, mas por atuar como a regra privada do sujeito moral consistente no compromisso de tratar todos os seres humanos de acordo com a mesma escala de dignidade. Ou seja, é universal aquela moral que não quer nem pode fazer exceções em suas pautas de tratamento ao próximo. Ao contrário, ela obtém sua força reguladora da ausência de exceções.

A ética universalista se constituiu ao longo de nosso século na busca de valores compartilhados, sem exclusões nem outros requisitos além do pertencimento à espécie humana: a rejeição da guerra como meio de resolver as disputas internacionais, a aspiração a instituições políticas de alcance mundial, o reconhecimento e a defesa dos direitos humanos (isto é, de todo homem como sujeito de um mínimo denominador comum de demandas razoáveis aos outros homens), a ética comunicacional e dialógica de Habermas e Apel (apoiada na universalidade da linguagem, o que reformula a proposição universalista kantiana), a busca de um código moral comum às principais religiões (a proposta de Hans Küng, embora ela exclua, pelo visto, quem não pertence a nenhuma religião; talvez fosse mais próprio situá-la no grupo inclusivo do item anterior), o humanitarismo sem fronteiras das Organizações Não-Governamentais, etc.

A perspectiva ética universalista baseia-se sempre na primazia moral do indivíduo sobre qualquer um dos grupos de afiliação de que ele faz parte. Opta pela civilização (esforço único da humanidade para sair das pautas meramente naturais) diante das culturas, cada uma das quais pretende ser idiossincrásica. A ética universal consiste no reconhecimento de que a problemática humana torna todos nós mais *semelhantes* do que estão dispostas a reconhecer as divergências de nossas culturas. Em outras palavras, reconhece os pertencimentos culturais, mas como características *solúveis* na humanidade comum quando se trata de pô-las à prova, não como determinações *insolúveis* que tornam os seres humanos de um grupo incompreensíveis e inassimiláveis para quem não pertence a ele.

4. As éticas da perspectiva, até mesmo as mais razoáveis, encerram um princípio de divisão e enfrentamento dentro da humanidade, dificilmente compatível com outras formas de globalização técnica, econômica e científica alcançadas em múltiplos aspectos em escala planetária. A pergunta é se é possível estabelecer uma *razão prática* universal e quais seriam seus critérios de convicção, já não apenas na teoria, mas com relação aos problemas históricos da huma-

nidade no final do século. A principal oposição a essa razão prática universal provém de quem sustenta que os valores de cada grupo humano são incomparáveis aos dos demais grupos, uma vez que não se compartilham os mesmos paradigmas axiológicos: o que Karl Popper chamou de "mito do quadro comum".

A isso cabe responder, em primeiro lugar, que a *força* coerciva de qualquer argumentação ética nunca é como a de um axioma matemático nem como a coação legal estabelecida pelas pessoas da lei. A ética não tenta promulgar um dogma que permita separar em qualquer caso o bem do mal, mas uma perspectiva a partir da qual se possa debater o que é preferível no campo sempre aberto e único de cada ocasião; também não pretende suscitar uma conduta estrategicamente razoável, mas uma *intenção* humanamente racional. Em segundo lugar, não é verdade que falte aos homens um quadro comum de argumentação prática, ainda que para encontrá-lo seja preciso aplicar a capacidade filosófica de abstração à grande diversidade das respostas culturais (o que talvez suponha de certo modo a opção por uma resposta cultural determinada): nós humanos não compartilhamos pressupostos ideológicos comuns, mas sim problemas vitais comuns. Os valores de uma comunidade podem diferir substancialmente dos de outra (ou seja, há diversas morais), mas a legitimação ética de todas as morais pode referir-se ao propósito único de aliviar os problemas vitais que compartilhamos, quer derivem de nosso destino mortal ou da relação com os outros. No esforço caracteristicamente humano de tornar a vida e o mundo compreensíveis, Popper indica dois componentes: o primeiro é a invenção poética, que dá lugar aos diversos mitos que, em cada caso, sintetizam as circunstâncias antropológicas de uma determinada cultura; o segundo é a invenção da discussão crítica, que questiona os mitos e pretende transformá-los no sentido de uma maior extensão e plenitude dos valores que se deduzem deles. De modo muito grotesco, poderíamos dizer que as morais provêm do primeiro componente, ao passo que a ética deriva do segundo.

5. Pois bem, talvez aplicar a abstração da razão prática às diversas morais culturais revele a descoberta de uma *ética comum da hospitalidade*. Conforme assinalou Jacques Derrida em um texto re-

cente (*Cosmopolitas de todos os países, mais um esforço!*, discurso pronunciado no Parlamento Internacional de Escritores em Estrasburgo, em 21 de março de 1996), "a hospitalidade é a própria cultura e não é uma ética entre outras. Na medida em que diz respeito ao *ethos*, ou seja, à morada, à própria casa, ao lugar de residência familiar assim como à maneira de estar nele, à maneira de relacionar-se consigo mesmo e com os outros, com os outros sendo eles os seus ou estranhos, a ética é hospitalidade, é toda ela extensiva à experiência da hospitalidade, seja qual for o modelo pelo qual a abramos ou a limitemos". O que está em jogo, neste fim de século marcado pelas exclusões, pelos exílios, pelos desterros e pelas imigrações maciças em busca de lar e proteção, é como conseguir passar de uma hospitalidade do *nós** entendida como *não-a-outros* (segundo Xavier Rubert de Ventós) à hospitalidade de um *nós* sem requisitos prévios nem exclusões, um *nós* ao qual – conforme sentenciou o clássico – nada humano seja alheio.

---

* Em espanhol, "nós" é *nosotros*, o que esclarece o sentido desta reflexão (N. da T.)

Por uma cidadania caopolita

"... a bela liberdade dos seres racionais..."
(I. KANT, *A paz perpétua*)

Se alguém me perguntasse por uma proposição estritamente filosófica, altamente significativa (ou seja, suscetível de abrir caminho para muitas outras e de orientar a prática vital), que eu me atrevesse a subscrever com toda a certeza de que me considero capaz, só me viria à mente uma candidata, atribuída não a um filósofo mas a um poeta, Meléagro de Gádara, que viveu na Síria cem anos antes de Cristo, compôs elegantes epigramas eróticos e compilou um *Florilégio* de poetas que constitui o primeiro embrião da Antologia Palatina. A citação pertence ao epitáfio que Meléagro compôs para si mesmo e diz mais ou menos assim: "A única pátria, estrangeiro, é o mundo em que vivemos; um único caos produziu todos os mortais." Desde que a li pela primeira vez (mencionada por Julia Kristeva em seu belo livro *Estrangeiros para nós mesmos*) não deixei de pensar nesse ditame assombroso e ao mesmo tempo óbvio, assombrosamente óbvio. Mais adiante voltaremos ao contexto em que ele se insere, a invocação póstuma com que um morto se dirige a um vivo, os versos que a precedem e os que vêm depois dela. Também a seu tom interrogativo e seu matiz irônico, indiscerníveis na versão abreviada oferecida por Kristeva, a primeira que conheci. Desta, ignorando todo o resto, agradou-me o tom apodíctico, imperioso, como uma notícia urgente – ou melhor, *duas* notícias urgentes, indissoluvelmente conectadas – que lança sem rodeios o teletipo da realidade que nos concerne.

É um aviso, mas também tem algo de decreto; como quem fornecesse dois dados de um problema a partir dos quais o examinando tivesse de obter o resto das respostas. Em primeiro lugar, o negativo ("a única pátria é o mundo em que vivemos"). Não se funda uma nova pátria, mas ficam abolidas, ou pelo menos relativizadas, todas as vigentes. Em segundo lugar, a revelação positiva ("um único caos produziu todos os mortais"). Voltamos a compartilhar algo, só que não acolhedor e familiar, mas desagregador, errante, inquietante. E o mais notável é que os dois alertas são feitos a alguém chamado de *estrangeiro*, condição impossível, de acordo com o primeiro deles, e que a partir do segundo vem a ser um ponto menos do que inevitável. Com esse vocativo, Meléagro sublinha o paradoxo encerrado nas duas partes de sua advertência: "Ó tu que te acreditas estrangeiro por aquilo mesmo que nos faz compatriotas, mas que ignoras o que é verdadeiramente estranho e forâneo de tua condição, que é o que nos torna irmãos...!"

Pode ser interessante refletir sobre esse ditame de Meléagro contrastando-o com o que diz Kant em dois opúsculos dos mais belos, sugestivos e verdadeiramente *civilizadores* da modernidade: *Idéia de uma história universal em sentido cosmopolita* (1784) e *A paz perpétua* (1795). No primeiro, Kant afirma a possibilidade e até a conveniência de estudar o conjunto da história humana como o desenvolvimento de um plano da Natureza para que todas as capacidades humanas alcancem sua maturação, se não no nível individual, pelo menos no coletivo. Em outras espécies animais, as disposições vão se desenvolvendo de maneira automática embora gradual, pois seria contraditório que os órgãos e as faculdades existissem de um modo meramente latente que nunca chegasse a sua manifestação eficaz. Para o filósofo de Königsberg, que escreve oitenta anos antes da publicação de *A origem das espécies* de Charles Darwin, "na ciência natural teleológica um órgão que não será empregado, uma disposição que não alcançará seu fim, representa uma contradição. Porque se renunciarmos a esse princípio já não encontraremos uma Natureza regular, mas um jogo arbitrário". Pois bem, o propósito que a Natureza concebeu para o homem é o pleno desenvolvimento de todas aquelas disposições naturais que levam ao uso da razão, de modo que ele consiga ultrapassar o ordenamento mecânico de sua existência animal e chegue a participar da feliz perfeição que, livre do instinto, ele mesmo possa proporcionar-se pela via racional. Dada a brevidade da existência humana individual, esse projeto só pode ser levado a cabo no plano da espécie, por meio de sucessivos ensaios, exercícios e acúmulo de aprendizagens ao longo de um trajeto que merecerá ser chamado – pelo menos quando chegar a sua inequívoca culminação – *progresso*. "Caso contrário – adverte Kant – seria preciso considerar as disposições naturais, em sua maioria, como ociosas e sem finalidade, o que cancelaria todos os princípios práticos; e, desse modo, a Natureza, cuja sabedoria nos serve de princípio para julgar o resto das coisas, só no que diz respeito ao homem se tornaria suspeita de estar desenvolvendo um jogo infantil." É claro que o ilustrado, uma vez compreendido esse propósito natural do desenvolvimento histórico da idéia de homem, colaborará o mais possível para sua realização, colocando as forças educacionais e políticas sob a égide desse programa da Natureza e regendo-se de acordo com ele.

Nesse caminho, nós humanos contamos com um instrumento privilegiado, embora sem dúvida paradoxal: o antagonismo patente das diferentes disposições humanas, a hostilidade belicosa entre nossas paixões e fantasias; em suma, a *insociável sociabilidade* dos homens que ao mesmo tempo os inclina a formar uma sociedade e ameaça permanentemente dissolvê-la. Assim Kant sublinha algo que Spinoza já havia destacado em sua época, ou seja, que o que opõe os seres humanos – o *interesse*, aquilo que se interpõe entre eles – é precisamente a mesma coisa que também os une e os torna cúmplices sociais. Cada ser humano quer *o que os outros querem*, no duplo sentido dessa rica expressão: compartilha o querer dos outros e, graças a isso, pode conviver em sociedade, mas também compete com seus semelhantes para obter os mesmos bens que os outros desejam tanto quanto ele... e que em muitas ocasiões não podem ter mais do que um só dono. Graças a esse concerto discordante, a espécie humana vai desenvolvendo todas as suas capacidades racionais de se institucionalizar como sociedade civil, tão afastada da batalha de todos contra todos quanto da não menos animal monotonia do rebanho uniformizado pela ausência dessa liberdade, que é a única coisa que poderia personalizar seus membros.

Segundo Kant, o projeto da Natureza é precisamente essa obra de arte suprema da insociável sociabilidade humana, a sociedade civil, que deve sustentar uma conciliação *animada* entre o que mantém a humanidade desperta e o que impede que tanta animação belicosa a despedace. Ou seja, que submete a pluralidade dos planos de vida pessoais à comunidade da lei, mas sem os desativar. Já alcançado esse objetivo mais ou menos plausivelmente nos países ordenados *more republicano*, o passo seguinte do plano natural é conseguir "um estado mundial civil ou cosmopolita", dentro do qual possa desenvolver-se o tipo de cidadania que permita desenvolver todas as potencialidades humanas originais. Em suma, o plano da natureza – segundo o qual toda a história universal pode ser considerada – desembocará na "associação civil completa da espécie humana", ou seja, "uma sociedade em que se encontre unida a máxima liberdade sob leis exteriores ao poder irresistível, ou seja, uma constituição perfeitamente justa". Na atualidade – na atualidade de Kant, mas também ainda na nossa – a divergência e o antagonismo entre os diferentes Estados impede esse objetivo final, que no entanto, mais cedo ou mais tarde, haverá de nos levar, para que se cumpra nosso destino natural, a "essa grande federação de nações... que forçará os Estados a tomar a resolução (por mais duro que isso lhes seja) que também o indivíduo adota tão a contragosto, ou seja, a desistir de sua brutal liberdade e a buscar a tranqüilidade e a segurança em uma constituição legal".

O segundo opúsculo kantiano mencionado, *A paz perpétua*, tenta vislumbrar precisamente os passos essenciais do caminho que nos levará a tal consumação, desde o direito nacional, que articula a liberdade em cada país, e o direito internacional, que esboça certa ordem entre os países ainda em confronto e potencialmente submetidos ao ditame da guerra, até o verdadeiro *ius gentium*, o direito cosmopolita que propõe uma constituição suprema para todas as coletividades depois de renunciarem ao uso da força armada entre si. Este último seria um direito humano que teria como sujeitos as pessoas concretas, fossem de onde fossem, e não as coletividades nacionais, como ocorre no direito internacional que conhecemos. Para esse direito cosmopolita o velho filósofo propõe uma fórmula que ainda nos comove por sua nobre simplicidade: tratar-se-á de estabelecer "as condições da hospitalidade universal". Emociona e entristece lê-las no final deste século atrozmente inóspito, rodeado de campos de refugiados, de cruéis exílios, de implacáveis exclusões...

Kant não imagina essa conciliação legal sob um Estado único ou mundial em sentido estrito, pois esse Leviatã produziria um despotismo opressor e/ou uma perpétua sede de sublevações das comunidades assim abolidas sob o poder total, e sim uma permanente federação de nações que conservam sua independência mas que sabem submetê-la racionalmente ao objetivo da concórdia. Desse modo, a organização política dos povos será finalmente moralizada e ficará provado que a imoralidade privada, ao se contradizer e destruir seus próprios propósitos no enfrentamento com outros males, dá lugar, por mais lentamente que seja, à instauração do princípio moral do bem. Este desígnio da Natureza deve se tornar explícito e ser assumido pelos homens fiéis à razão, para colaborar com seu mais pronto advento e minorar os sofrimentos coletivos com que a majestosa Natureza pouco se preocupa. Esse há de ser, precisamente, o sentido final da Ilustração.

O segundo centenário da publicação de *A paz perpétua* propiciou o surgimento de numerosos estudos e elucidações das justamente célebres reflexões kantianas, assinadas por pensadores tão capazes como John Rawls, Jurgen Habermas e muitos outros. Quem desejar pôr-se a par do essencial desse debate poderá consultar o número 16 da revista *Isegoría* (editada pelo Instituto de Filosofia do CSIC) ou a obra coletiva *La paz y el ideal cosmopolita de la Ilustración* (compilada por Roberto Rodríguez Aramayo, Javier Muguerza e Concha Roldán para a editora Tecnos). A única coisa de que sinto falta em tantos trabalhos excelentes é do questionamento do próprio termo *cosmopolitismo* ou *cosmópole* que subjaz à proposição de Kant... em contraposição ao que diz Meléagro de Gádara em seu apotegma citado anteriormente. Minhas obras de consulta favoritas falham na hora de me esclarecer esses termos complicados. Nem o verbete *cosmo* nem o verbete *cosmopolita* figuram no imprescindível dicionário de Ferrater Mora, embora lá esteja *cosmogonia*; também não os encontrei na *Enciclopédia britânica* nem na *Enciclopédia do pensamento político* de David Miller; quanto à minha venerada e quase nunca decepcionante *Encyclopaedia Universalis*, comprovo que ela passa com absoluta desenvoltura de *cosmonáutica* para *Costa Rica*. Recorro pois a lembranças imprecisas de meus anos escolares, segundo cujo testemunho nada fiável *cosmo* é a ordem e a esmerada composição da realidade em que vivemos (de onde provém obviamente *cosmética*, arte de adornar e organizar da melhor maneira possível nossa própria aparência física), e que me traz à mente o velho Demócrito, segundo o qual o sábio é antes de tudo um cidadão do mundo bem ordenado, ou seja, um cosmopolita (também o cínico Diógenes declarou-se *cosmopolita* e disse, segundo Laércio, que a única ordem pública que achava respeitável era a da Natureza). Subjacente a essa última afirmação está a idéia de que o mundo bem ordenado, o cosmo, já é em si mesmo a *pólis* primitiva, a cidade humana por excelência. Ou seja, de que *tudo é pólis*, uma vez que, antes que os humanos constituíssem suas cidades de acordo com normas transitórias, perecíveis, todo o universo era constituído como uma megalópole da qual todos nós que somos humanos deveríamos nos saber cidadãos, embora só o sábio fosse capaz de percebê-lo num primeiro momento. Não há também algo dessa convicção em Kant, quando nos fala do desígnio que a Natureza tem para nós, com a única mas importante diferença de que ele situa a longo prazo – com que deveríamos cooperar racional e voluntariamente, embora de um modo inconsciente sempre acabemos por fazê-lo, a trancos e barrancos – o que Demócrito parece propor como dado original e já consumado?

Seja por ordem divina ou por desígnio da Natureza – que é a primeira forma conhecida da divindade e a última à qual a modernidade supostamente laica parece estar disposta a renunciar –, o cosmopolita acredita viver em uma realidade *mundial*, ou seja, ordenada, com limites bem estabelecidos, com um sentido e um *telos*, um fim último para o qual se encaminhar. Mas esse cosmo é, além do mais, *pólis*, cidade transcendental, paradigma de sistema político humanamente supra-humano e rigorosamente extra-histórico, com cujo padrão podem-se medir as cidades contingentes, sempre indevidamente marcadas por antagonismos mútuos ao mesmo tempo criativos e destruidores, que os homens levantam dia após dia. O cosmo é uma grande *pólis*, e de acordo com isso o destino de cada *pólis* é tender prodigamente para o cósmico. O cosmopolita é a dianteira política dos que desejam que a Cidade original se transforme o quanto antes em ideal prático da federação final das cidades históricas. Mas, em contrapartida, Meléagro de Gádara – cuja atitude histórica também pode ser qualificada, em certo sentido, como *cosmopolita* –

parece referir-se a algo diferente quando nos filia a esse *caos* que agora devemos considerar mais detidamente.

Em primeiro lugar, completemos o contexto da citação, segundo a versão de Manuel Fernández-Galiano (*Antología Palatina*, tomo I, 777, Biblioteca Clásica Gredos):

> *La isla de Tiro me crió, fue mi tierra materna*
> *el Ática de Asiria, Gádara, y nací de Éucrates*
> *yo, Meleagro, a quien dieron antaño las Musas*
> *el poder de cultivar las Gracias menipeas.*
> *Sirio soy. ¿Qué te asombra, extranjero, si el mundo es la patria*
> *en que todos vivimos, paridos por el Caos?**

Assim traduzidos, os versos perderam algumas das características que me impactaram quando os li em francês, no livro de Kristeva, mas ganham outras que também não me desagradam. O poeta começa esse auto-epitáfio mencionando com certo orgulho seu lugar de origem, pois Gádara é nada menos que "a Ática da Assíria" (um pouco como Edimburgo no século XVIII foi chamado "a Atenas do Norte"), mas suspeita que seu leitor da metrópole – o *estrangeiro* que passa sobre sua tumba de versos – verá com certo menosprezo essa origem provinciana. Pois sim, diz Meléagro, sou sírio e com muita honra: por acaso é possível um servidor das Musas nascer longe da urbe? E então, com uma ponta de magoada ironia, ele lança como pergunta e de certo modo como desafio – "atreve-te a me dizer que não" – o que eu tomara por uma asserção peremptória. A pátria na qual todos vivemos é a mesma aqui ou ali, na periferia ou no centro, na urbe ou no campo, sempre a mesma e única terra, o mesmo mundo do qual ninguém pode escapar e no qual ninguém pode sentir-se mais bem *localizado* do que seus semelhantes (lembremos a observação de Kant em *A paz perpétua* sobre a redondeza da terra, que impede os seres humanos de se afastarem indefinidamente uns dos outros). E nossa origem comum é o Caos, o Abismo,

---

* Tradução livre: "A ilha de Tiro me criou, foi minha terra materna/a Ática da Assíria, Gádara, e nasci de Eucrates/eu, Melégro, a quem deram outrora as Musas/o poder de cultivar as graças menipéias./Sírio sou. O que te assombra, estrangeiro, se o mundo é a pátria/em que todos vivemos paridos pelo Caos?" (N. da T.)

o informe e o impenetrável, o para sempre desconhecido. Evidentemente, ao fazer essa grandiosa afirmação Meléagro se coloca sob a tutela de Hesíodo, que começa sua *Teogonia* estabelecendo que "antes de tudo existiu o Caos" e, a partir daí, vai obtendo a progênie dos deuses e a dos mortais (pois para Hesíodo o principal parentesco entre uns e outros é sua idêntica origem caótica, ou seja, ininteligível). Mas Meléagro não pretende fazer metafísica mitológica, ou seja, o que se costuma chamar *religião*. A mensagem que ele tenta transmitir do sepulcro, se não a entendo mal, vem a ser mais ou menos a seguinte: "Olhe, estrangeiro, não se equivoque, não creia que a poesia nem qualquer coisa importante para os humanos dependa de ter nascido em um ou outro lugar. A questão relevante é ter nascido e ter nascido *humano*, ou seja, consciente da morte e dotado de linguagem para expressar o medo e o desejo. Para isso, qualquer lugar é pátria e todas as pátrias são o mesmo, a mesma. Tampouco confie na genealogia, pois meu pai foi Eucrates, mas poderia ter sido qualquer outro, no fundo todos vimos do desconhecido, do ainda não constituído nem ordenado, e voltamos para ele. A única coisa que conta é o que conseguimos ordenar e constituir entre um e outro, durante a vida fugazmente frágil. Quanto ao mais, não renego meu pai e acho Gádara uma cidade magnífica."

O que tem isso a ver com a argumentação do também provinciano e periférico Kant? Em aspectos fundamentais, ambos devem estar de acordo, sem dúvida. Nós humanos somos todos igualmente hóspedes uns dos outros e não temos direito racional a nos menosprezar ou maltratar por questões de procedência, mas devemos atender apenas a nosso parentesco essencial e julgar cada um de acordo com seus méritos ou deméritos demonstrados na liça da vida. No entanto, também salta aos olhos que não pode ser a mesma coisa acreditar-se engendrado por uma Natureza cósmica, dotada de um projeto e ordenadora do real, até através da aparente desordem, e proclamar-se parido pelo caos. No primeiro caso, a existência humana tem de se acomodar em seu desenvolvimento à ordem que lhe é preexistente, da qual ela provém; no segundo, não podemos nos referir a nenhuma ordenação prévia nem a tomar como pressuposto ou guia, mas devemos apenas com nossas forças instituir ordem e norma sobre o poço abismal, ignoto, de que todos brotamos igualmente.

É curioso, mas tenho a impressão de que o pressuposto ontológico de Meléagro nos é, afinal, mais *contemporâneo* do que a própria modernidade kantiana...

Responder-me-ão que a argumentação de Kant tem a vantagem *prática* de oferecer um fundamento para essa cidadania não excludente em escala planetária que bastantes de nós – muitos, ouso dizer – consideramos a culminação imprescindível da modernidade revolucionária. No entanto, suponhamos que justamente aqueles que desejamos racionalmente essa cidadania não acreditemos – também por motivos racionais – nessa Natureza governadora cujo plano transcorreria historicamente e que tanto se parece com o Deus ordenador que ideologicamente a precede... e que no próprio Kant ainda a acompanha! Além do mais, pode ser que os acontecimentos do pavoroso século XX nem sequer nos permitam acreditar nessa outra invocação moderna da divindade, a História, cujo majestoso desdobramento do nacional ao universal em certas épocas douradas pelo otimismo foi denominado *progresso*. E acontece que a filosofia contemporânea é antes de tudo uma filosofia *atéia*, não só nascida sob a marca a princípio duvidosa e depois indelével do "Deus morreu!" nietzschiano, mas cada vez mais despojada de tudo o que é teologicamente absoluto – desculpem a redundância – no campo do sentido. As ideologias contemporâneas – como as de outras épocas, pois nada combina melhor com o atávico do que as ideologias – continuam tendo deuses justiceiros, protetores, intervencionistas, ávidos de pureza e de sacrifícios humanos, inclusive ecologicamente vitimistas ou humanitariamente benfeitores; mas a filosofia contemporânea não tem *nenhum*. Mais ainda, define-se por negar todos eles e por ir apagando cada vez mais de seu discurso a nostalgia ou a queixa por sua ausência. Os *crentes* e os *pensadores* estão cada vez mais cindidos, do que são justamente uma boa prova as atitudes filosóficas, digamos, pós-modernas que tentam convencer-nos ideologicamente de que o enfraquecimento das razões pró-teístas e antiteístas já nos permite optar pela crença fideísta, sempre que nos seja *favorável* – isto é, favorável ao desenvolvimento de nossa identidade social –, sem padecer remorsos especulativos. Uma divindade eclesial, naturalista, comunitária, humanitária, ou como seja, que se apóia em seus efeitos sociais e se nutre igualmente da inconveniência de negá-la ou de pretender fundamentá-la racionalmente mantém intactas suas virtudes ideológicas, mas temo que filosoficamente já não tenha nenhuma.

Em resumo, ao cidadão filosoficamente contemporâneo que concebe hoje sua condição ética e política como busca de uma realização cosmopolita falta, para começar, nada menos do que o próprio cosmo, o âmbito ordenado e ordenador *em* princípio, original, a partir do qual possa compreender seu projeto planetário e universalista. Isso é um sério inconveniente, que nos remete mais uma vez ao ditame de Meléagro, evidentemente antigo mas talvez, secretamente, muito contemporâneo. Nós, cidadãos deste final de século passavelmente convulsionado (mas nem um pouco comparado ao que conhecemos há cinqüenta ou oitenta anos!), podemos reconhecer-nos muito mais como filhos do caos do que como herdeiros de qualquer tipo de cosmo. Caos, é claro, no plano *exterior* ou mais superficialmente histórico: o império bipolar do mundo já não funciona, por isso se rompeu a tranqüila versão maniqueísta dos projetos de sociedade que vigorou durante décadas; as ideologias oniabrangentes que resolviam com a mesma desenvoltura as dúvidas políticas e as estéticas ou as econômicas (os "grandes relatos", na terminologia de Lyotard) deram lugar a *puzzles* idiossincrásicos segundo os quais cada um tenta fazer casar de acordo com uma fórmula pessoal a psicologia com a ecologia, os direitos humanos com as identidades culturais, o liberalismo econômico com o Estado de bem-estar, o laicismo estatal com a tolerância a todos os tipos de crenças religiosas, o feminismo, o humanitarismo, a proteção à infância, a permissividade sexual, etc.; o desenvolvimento do capitalismo sem inimigo externo leva a uma globalização reforçada pela extensão planetária dos meios de comunicação e transporte, com a conseqüente obsolescência de formas de produção e distribuição locais, que até há não muito tempo pareciam *naturais*; os indivíduos viajam, emigram ou se exilam através de um mundo no qual podemos tropeçar com qualquer peculiaridade gastronômica ou indumentária no lugar menos apropriado, porque tudo está *descentrado* e *disseminado*, enquanto por meio de comunicações novíssimas – Internet e o que quer que venha depois – cultiva-se um novo tipo de mestiçagem entre o remoto e o próximo, trabalhando-se insólitas afinidades eletivas. Em suma, todos nós sabemos que estamos *navegando* – a necessidade de navegar é idêntica à necessidade de viver –, mas sem um ponto de partida e muito menos um destino sólida e *cosmicamente* determinado.

No plano *interior*, digamos, ontológico, as coisas também não estão ordenadas de maneira mais estável. Ninguém pode atrever-se a criar modelos confiáveis para enraizar o Bem e a Beleza de um modo que tenha validade universal inapelável. A análise de nossos condicionamentos naturais oferece regularidades necessárias, mas não valores distintos, para simples constatações de uma eficácia determinada no contexto de certas circunstâncias, que estão cada vez mais comprometidas pelas transformações do meio ambiente tal como o conhecemos até hoje e pelas possibilidades de interferir com intenção de manipulação nos núcleos genéticos de todo ser vivo. Tal como Cioran disse acertadamente da história, também a Natureza tem apenas "curso", mas não "sentido". Encontramos cada vez mais o acaso e o aleatório, tanto quando pesquisamos as origens como quando ponderamos possíveis desenlaces para nossas atuais condições. Até o próprio nome *Caos* esteve presente para caracterizar – com uma analogia talvez não inteiramente apropriada filosoficamente, mas sem dúvida muito significativa – certos desenvolvimentos científicos da teoria mais recente. Somos ainda herdeiros do Cosmo, como se chegou a supor, ou devemos despertar dessa ilusão e voltar à doutrina mais antiga que nos faz filhos do Caos e, portanto, irmanados na ausência de sentido inaugural e de destino?

Poderíamos, em todo caso, dizer com cautela que, embora seja ótimo voltar os olhos para o cosmopolita Kant, também não convém esquecer totalmente o poeta Meléagro. Pois é significativo ele também ter sustentado uma única pátria comum para todos os homens e, portanto, um único direito de cidadania, que não haveria de provir de um cosmo gerador – seja religioso, natural, social... –, mas do caos, ou seja, da indeterminação casual na qual não há outra ordem humanamente relevante além daquela que nós mesmos, seres humanos, tenhamos decidido e sejamos capazes de instaurar. Poderíamos, a partir dessa colocação, falar de uma cidadania *caopolita*, em vez de *cosmopolita*, uma cidadania que buscasse a superação das distinções e barreiras nacionais no que diz respeito aos direitos da pessoa, proclamando-os não a partir de um cosmo prévio, mas da urgência de sair fraternalmente do imprevisto, de, na medida das nossas forças, abandonar o caos? A meu ver, esse caopolitismo corresponde melhor a seu desígnio do que o cosmopolitismo a que estamos acostumados.

Unir em uma mesma fórmula *cosmo* e *pólis* é reduplicar a invocação da ordem, fazendo com que o humanamente ordenado provenha de um ordenamento extra-humano ou o arremede. A garantia do ordenamento se reforça, mas se enfraquece sua qualidade propriamente humana, seu caráter aberto, pactuado e inventivo. Também nossa capacidade de revogá-lo ou de ampliá-lo para que acolha os desconhecidos. Em contrapartida, aproximar *caos* e *pólis* nos obriga a "fundamentar nossa causa em nada", segundo a notável expressão, cunhada para outro efeito, de Max Stirner, mas certifica que a ordem política é um produto típica e irremediavelmente humano, nascido da luta contra o que não a exige, nem a facilita e talvez até a desaconselhe. Refiro-me a um ordenamento político universal, isto é, aquele que reconhece cidadania – ou seja, liberdade e igualdade política, como se sabe – a todas as pessoas como tais e não como membros de certos grupos ou comunidades. Pode-se sustentar com argumentos de cosmologia naturalista que o homem é um animal social, mas nada é menos evidente do que a pretensão de que ele seja um animal *universalmente* social, dado que uma das primeiras eficácias das sociedades é proteger seus membros dos elementos anti-sociais – que devem ser exterminados sem garantias sociais de nenhuma espécie – e dos membros das outras sociedades diferentes que de fato existem. Se o homem é sociável de maneira preestabelecida, ele o será diante dos humanos socializados em outros grupos ou dos mal socializados: supor que ele deve ser sociável e social *a favor de todos* exige uma reflexão suplementar de que talvez a colocação cósmica não seja capaz (ou *já* não seja capaz) de oferecer.

Pois, com efeito, em escala humana todo cosmo se reduz, para efeitos práticos, a *microcosmo*. As modalidades cósmicas de relevância política que conhecemos são tão inclusivas quanto excludentes: cada uma não isola menos do que integra e, ao ordenar, hierarquiza, submete, enfrenta. Se cada um desses microcosmos se apresenta como herdeiro de uma ordem cósmica fundadora, parece inevitável que sua norma descarte de antemão uma liberdade e uma igualdade completas para todos os humanos *a priori*, pois essa liberdade e essa igualdade lhe parecerão, a justo título, *caóticas*. Talvez essa seja precisamente a característica que, no projeto democrático, sempre desassossegou todos os espíritos ordenados, cosmológicos. Já que a essência da democracia, que, é claro, em Sólon ou Clístenes e outros padres fundadores apóia-se em princípio num fundamento religioso e portanto cósmico, revela-se mais tarde através do dissolvente racionalismo ilustrado dos sofistas como um sistema político de núcleo propriamente vazio, aberto a tudo e a todos, abismal, caótico, sem outra substância legal além dos acordos permanentemente revogáveis e discutíveis dos humanos que se incorporam a ela a partir do indeterminado. Giacomo Marramao chamou-a acertadamente de democracia moderna, acosmista ou caótica, "comunidade dos desarraigados", isto é, comunidade dos que não provêm de uma comunidade *prévia*, comunidade dos que põem em comum suas decisões porque não podem se remitir (ou porque renunciam a se remitir) à sua comunidade de origem. Cada um dos microcosmos que pretende sustentar-se cosmopolitamente exige que a ordem tenha raízes já ordenadas, que provenha *genealogicamente* de uma ordem inamovível preexistente, seja a da terra, a do sangue, a da religião, a dos dotes genéticos, a do decurso histórico dotado de sentido, etc. Em suma, a ordem política de base cósmica pretende que tudo deve ser como tem de ser e não como vamos discutir e projetar que seja. Por isso o ordenamento democrático sempre parece coisa de *arrivistas*, de quem chega de fora, do caos exterior. A democracia é uma ordem política sem linhagem, é o cosmos permanentemente projetado no futuro daqueles que provêm do caos e aos que só o caos empurra para a frente...

Podemos detectar algo parecido no incômodo e nos paradoxos suscitados pelas tentativas de pensar os direitos humanos a partir de um ponto de vista cósmico ou cosmopolita. Nesses direitos o que se tenta reconhecer e resguardar é a atualidade do humano manifesto em cada pessoa, além (ou aquém) das raízes genealógicas de cada uma. Os direitos humanos o são porque não colocam *requisitos*, ou seja, porque devem se atualizar diante da simples presença do semelhante, venha ele de onde vier..., uma vez que já sabemos de onde vem, da matriz caótica que compartilhamos com ele. Em contrapartida, todos os mitificadores de um cosmo histórico, racial ou nacional de origem subordinam esses direitos à linhagem compartilhada, a certo parentesco étnico ou religioso, inclusive ao sofrimento simbólico dos ultrajes do passado que se tentam paliar com discriminações atuais de sinal contrário. Para eles, a sociedade atual é mais marcada pelo passado inelutável do que o futuro ainda aberto, imprevisível. Curiosamente, costumam considerar *abstrato* o indivíduo real de carne e sangue, ao qual não concedem outra qualidade concreta além da que possa receber de seu pertencimento a um ou outro cosmo diferencial de origem. O cosmo é o concreto, e fora desse cosmo comunitário o indivíduo é resíduo caótico...

Essa diversificação de origens torna as pessoas compatíveis só com quem veste o mesmo uniforme étnico, racial ou nacional; aos outros é possível estar respeitosamente justaposto, mas nunca intimamente mesclado. Daí também o grave mal-entendido (no qual incorreram organizações internacionais e até teóricos de destaque) de considerar que pode haver direitos *humanos* coletivos e não apenas individuais. Essa posição encerra um contra-senso, pois os direitos *humanos* coletivos exigem o reconhecimento de uma peculiaridade, ao passo que os direitos humanos individuais reconhecem uma comunidade básica sem restrições nem condições. Precisamente, o que os direitos humanos expressam, de seu modo talvez retórico, que no entanto se revelou mais eficaz do que se supôs há algumas décadas, são as demandas de liberdades públicas e de amparo igualitário que *qualquer* pessoa tem legitimidade para reclamar de qualquer Estado, o que não lhe pode ser negado em nome da sacralização de nenhuma coletividade, sob pena de abuso tirânico. Afinal de contas, há uma profunda oposição entre essa cidadania sem fronteiras cujos direitos humanamente genéricos se reclamam e a insistência na *autoctonia* como fonte de legalidade do cidadão. Aos que insistem em questionar o forasteiro pelo cosmo autóctone de que ele provém e do qual depende seu reconhecimento como cidadão, só continua havendo a bela resposta de Meléagro, tantas vezes citada, que menciona como autoctonia comum a todos os homens uma única pátria e o caos impreciso.

Nós humanos não somos filhos do fixo, do estável, do ordenado, do cheio de propósito, mas tentamos fixar, estabilizar, ordenar e introduzir projetos onde tudo é casual; justamente porque tudo é casual, insondável. Dançamos sobre o abismo, mas seguros pela mão. A roda deve se tornar cada vez mais ampla, não excluir ninguém. O que importa não é o lugar de onde vimos nem o lugar em que estamos, mas o *vaivém*. O que legitima nossa cidadania humana é o ir e vir, não o brotar nem o permanecer. Abaixo Heidegger e seus êmulos comunitaristas. Amamos os lugares onde crescemos, desfrutamos ou sofremos, mas são todos lugares de passagem: a *pólis* é outra coisa, é o lugar ideal de quem perdeu o seu ou vem de longe. Também quem nunca saiu de sua terra natal, como Kant de Königsberg, é um forasteiro vindo de não se sabe onde e que não cessa de viajar, de transitar: como observou Plutarco, "também é nascer arribar num país estrangeiro". A *pólis* pretende ser o lugar permanentemente humano que nos acolhe, edificado sobre o bocejo caótico da impermanência que nos expulsa: *cosmos noetós*, ordem pensada e ideada pela confraria dos homens (a que todo ser racional deverá ter acesso pelo simples fato de o ser) visando o futuro imprevisível e não a origem perpetuamente reinventada pelos arbitristas da exclusão.

Quais seriam as cláusulas da cidadania caopolita cujo reconhecimento proponho aqui? São bem conhecidas: *dignidade* de cada pessoa, ou seja, que cada pessoa seja tratada de acordo com seus próprios méritos ou transgressões e não segundo os fatores constitutivos – caóticos – que ela não pode controlar: raça, local de nascimento, língua materna, sexo, classe social...; *autonomia* de cada pessoa, ou seja, liberdade para seus planos de vida e excelência sempre que não colidirem de maneira intersubjetivamente injustificável com os de outros (os critérios do justificável só podem ser estabelecidos pelo próprio acordo entre os seres humanos e devem ser respeitados enquanto estão em vigor assim como revistos e debatidos conforme o exija a ágil passagem do tempo); *inviolabilidade* de cada pessoa, que não pode ser sacrificada em sua dignidade nem em sua autonomia – muito menos em sua integridade física – só pela suposição de que essa imolação beneficiará uma determinada coletividade; *auxílio* social a cada pessoa na medida em que ela padece os males próprios de nossa condição, os acidentes da miséria e da biologia, a invalidez de nascer e morrer débil, a necessidade de aprender quando não se sabe – quando nem mesmo se sabe que não se sabe ou se ignora que é importante saber – e de poder atender, por mais torpe que isso seja, às exigências da alimentação, do vestuário, do abrigo, da procriação, da participação, sem humilhações nem discriminações caprichosas na vida comum da coletividade... Com respeito a isso, acreditar que a mão cegamente providente do mercado poderá regular tudo é um ato de fé definitivo e nefasto em um tipo de cosmo econômico capaz de reparar ou paliar automaticamente os acasos que, na verdade, só a deliberação cooperativa humana pode enfrentar. Admitir qualquer forma de *exclusão* em nome de uma tara original, uma inépcia sobrevinda ou um percalço do devir histórico é incompatível com a cidadania caopolita, pois só se exclui a partir de algum cosmo assumido como incontestável, ao passo que o caos inabarcável acolhe a todos em suas diferenças atômicas. As instituições da cidadania são ferramentas para integrar o aparentemente inconciliável, não para encouraçar as semelhanças em identidades contrapostas. O lema da cidadania que provém do caos diz o seguinte: cada homem não deve se contentar em reconhecer a humanidade dos outros, mas deve aprender a reconhecer *sua* própria humanidade na dos outros, pois se parece mais com eles do que com o fantasma hipostasiado de si mesmo.

Afinal de contas, a cidadania caopolita baseia-se no desígnio de que o que convém aos homens não é produzir mais coisas, porém mais humanidade. Não se baseia em fabricar objetos fechados na identidade do que são, mas em reconhecer sujeitos abertos à indeterminação do que querem ser e do que podem chegar a ser. Porque a obscuridade nos impele, queremos chegar à luz do sol, ou pelo menos à penumbra civilizada, embora cientes de que o que nos irmana no fundo dos fundos sem fundo é – conforme Macbeth descobriu tarde demais para seu bem – "the season of all natures – sleep".

Atualidade do humanismo

(Discurso de agradecimento ao receber o Prêmio Van Praag 1997, outorgado pela Humanistich Verbond da Holanda.)

Tenho o agradável dever de começar minhas palavras expressando um sentimento que, embora não seja especificamente humano, pois os animais também o conhecem, nunca pode faltar a um encontro do humanismo: refiro-me à *gratidão*. Agradeço ao júri a honra que me conferiu e a todos vocês a generosa amabilidade de sua companhia esta tarde, em um lugar (o Palácio da Música de Amsterdam, o Concertgebouw) cujo nome tem para mim notáveis conotações harmônicas, apesar de hoje estar nele pela primeira vez. De fato, quando comecei a comprar discos de música clássica, há mais de trinta anos, muitas de minhas primeiras aquisições foram gravações da orquestra do Concertgebouw dirigida por Bernard Haitink. Como é curioso que, tanto tempo depois, eu venha conhecer esta sala prestigiosa, não como público de um concerto, mas como homenageado por uma entidade cultural! E, além do mais, por uma entidade cultural cujos propósitos fundadores resumem muito bem o que o nome da Holanda sempre significou para mim, assim como para muitos europeus desde há mais de três séculos: liberdade de consciência, ilustração, laicismo, tolerância. Em suma, *espírito spinozista*, o que a meu ver representa o maior elogio que se possa fazer a uma comunidade ou a uma pessoa.

Recebo este galardão de uma Liga Humanista. De fato, creio que o humanismo continua sendo algo importante em nosso mundo atual, não apenas como tradição venerável a partir de Erasmo – o primeiro grande europeu com *vocação* de o ser –, mas também como fundamento de valores para os europeus de hoje. A perspectiva humanista nos é imprescindível para compreender melhor os valores essenciais que mencionei antes como ingredientes do espírito spinozista: liberdade de consciência entendida como respeito público à autonomia racional privada, não como ausência insolidária de espírito público; ilustração entendida como investigação, busca, audácia e também como prudência intelectual, não como dogmatismo suicida; laicismo entendido como defesa dos interesses civis da sociedade comuns a crentes e não-crentes, não como negação ou perseguição das crenças religiosas; tolerância entendida como aceitação da pluralidade vital da democracia e capacidade de conviver com o que nos desagrada ou que desaprovamos, não como indiferença diante do que põe em perigo o próprio sistema democrático que compartilhamos. O humanismo descarta a desconfiança obscurantista no humano, embora também a confiança cega no que é humano, mas às vezes – como diria Nietzsche – *demasiado* humano: procura apreciar, escolher e sobretudo compreender.

Para nós que nos dedicamos a questões de reflexão ética, o tema da religião é particularmente importante. Não é impossível manter uma visão meramente naturalista e humanista do mito religioso sem por isso negar sua grande importância simbólica dentro de nossa cultura. Creio que foi André Gide quem melhor resumiu a dupla imagem que se apresenta a partir dessa perspectiva: "Sob o nome de Deus, guardo-me muito de confundir duas coisas muito diferentes; diferentes a ponto de serem opostas: por um lado, o conjunto do cosmo e das leis naturais que o regem; matéria e forças, energias. Este é o lado Zeus, e pode-se chamá-lo Deus, mas suprimindo toda significação pessoal e moral. Por outro lado, o conjunto de todos os esforços humanos dirigidos ao bem, ao belo, o lento domínio dessas forças brutais e sua colocação a serviço do bem e do belo sobre a terra; este é o lado Prometeu e também o lado Cristo, é a ampliação do homem e de todas as forças que nele concorrem. Mas esse Deus não habita de modo nenhum a natureza; só existe no homem e para o homem; foi criado pelo homem ou, se preferirem, cria-se através do homem; e é vão qualquer esforço para exteriorizá-lo por meio de orações." O projeto ético que a filosofia pretende é como que um prolongamento laico dessa segunda divindade. Não se opõe ao símbolo religioso nem à boa vontade de quem o pratica, mas à pretensão de alguns clérigos de impor (mediante ameaças terrenas ou ultraterrenas) suas superstições privadas a todo o conjunto da sociedade.

Convém recordar que esta atitude de ingerência eclesiástica em assuntos civis não é coisa do passado nem exclusiva, hoje, de teocracias como as islâmicas: em grande parte dos Estados Unidos, por exemplo, o adultério ou a sodomia são considerados delitos penalizados com prisão. A cruzada contra certas drogas, também encabeçada pelos Estados Unidos, que tem efeitos tão desastrosos em escala mundial como motor econômico do narcogangsterismo, originou-se nas primeiras décadas de nosso século a partir do fundamentalismo religioso, e não com base em estudos médicos. Embora hoje, talvez, a farmacocracia seja também uma nova igreja, para a qual a saúde obrigatória tenha substituído a saúde obrigatória da alma dos antigos inquisidores... Alegra-me pois, especialmente, que este prêmio me seja concedido por uma Liga Humanista, pois o humanismo não tem muito *glamour* em nossa época. O que hoje está em evidência, graças ao trabalho das ONGs e à difusão, através da mídia, das grandes tragédias coletivas que ocorrem em países do Terceiro Mundo e às vezes do Primeiro, é o humanitarismo. Mas o humanismo não é a mesma coisa que o humanitarismo. Não nego de modo algum a importância dos empreendimentos humanitários em sua assistência aos famintos, feridos, doentes e desterrados do mundo atroz em que vivemos. Mas creio que o melhor destino deste planeta não é transformar-se apenas em hospital ou em asilo: deve chegar a ser cidade dos homens, a casa e a empresa de todos. Para este objetivo é imprescindível recuperar o alento humanista, que luta não apenas para proteger as vidas mas para instituir as liberdades, para educar em valores universais, para administrar os assuntos humanos de uma maneira não tribal, mas supranacional. Acho sobretudo a educação algo fundamental: se queremos ajudar os países em desenvolvimento, não basta enviar-lhes alimentos ou remédios, é necessário também fornecer-lhes professores. No próximo século, as grandes desigualdades não serão apenas as econômicas no sentido tradicional do termo, mas as que distanciarão os donos da informação dos que serão privados dela...

Portanto, não me parece suficiente aspirar a uma ética humanitária, nem sequer pretender uma ética humanista: é preciso reclamar uma *política* humanista em escala planetária, que persiga corrigir a raiz dos males e não apenas atenuar seus efeitos. Já Spinoza estabeleceu que "não é o fim do Estado transformar os homens de seres racionais em bestas ou autômatos, mas, pelo contrário, que seu espírito e seu corpo se desenvolvam em todas as suas funções e façam livre uso da razão sem se opor pelo ódio, pela cólera ou pela trapaça, nem que façam a guerra com propósito injusto. Pois o fim do Estado é verdadeiramente a liberdade" (*Tractatus theologico-politicus*, XX, 12). Esse é precisamente o programa do humanismo político, ao qual não devemos renunciar, por mais ambicioso ou ideal que pareça. Alegra-me poder hoje lembrá-lo diante de vocês, caros amigos, neste país e nesta cidade de Amsterdam, que o mesmo filósofo, poucas linhas adiante do parágrafo citado, qualificou como "florescente república e cidade eminente em que vivem na maior concórdia todos os homens de qualquer seita e de qualquer opinião que sejam"(*ibidem*, 40). Muito obrigado pela distinção que me conferem e por sua generosa companhia neste ato.

Imaginação ou barbárie

O ano de 1997 resolveu me dar más notícias até o derradeiro minuto: a última foi a morte de Cornelius Castoriadis, filósofo, economista, psicanalista, um dos mestres imprescindíveis da segunda metade de nosso século, a quem o movimento francês de maio de 68 deve algumas de suas melhores chaves intelectuais e talvez a inspiração de seu lema mais famoso: a imaginação no poder. Além de uma cabeça formidável, Castoriadis foi um homem simpático... pelo menos para aqueles, como Rafael Sánchez Ferlosio, que acham simpáticos os aparentemente antipáticos. Seu amigo Edgar Morin – um dos mais veteranos, ao lado de Claude Lefort e Jean-François Lyotard, que foram seus companheiros naquela interessante aventura chamada *Socialismo ou barbárie* – caracterizou-o certa vez como um "Aristóteles acalorado". Não o foi por fidelidade à ortodoxia aristotélica – Castoriadis não aceitava nenhuma que limitasse seu libérrimo, orgulhoso e exigente pensamento próprio, nem mesmo daquele a quem Dante chamou "mestre de todos os que sabem"–, mas pela amplidão de seu campo teórico e por uma pujança especulativa que muitas vezes incorria em meticulosa veemência.

Também por sua condição de ilustre meteco, que compartilhava com o estagirita. Nascido em Istambul, de pais gregos, cumpriu sua formação doutrinal e política em Atenas, para depois exercer seu magistério intelectual em Paris, em língua francesa. Foi um verdadeiro cosmopolita europeu, ou talvez um *caopolita*, se pensarmos, como ele, que todo cosmo é apenas parcial e que nós, seres humanos, brotamos do caos. Nesse sentido, *cosmopolita* não é quem por pedante ingenuidade pseudo-ilustrada renuncia a qualquer forma de identidade, mas quem concebe esta última como uma aventura pessoal, biográfica, criadora e se nega a deixar que qualquer burocracia nacionalista a administre.

Nesta época em que uma certa imbecilidade reinante chegou a estabelecer que só as figuras intelectuais da direita são complexas e interessantes, é importante observar que o complexo e interessantíssimo Castoriadis sempre se enquadrou no pensamento da esquerda. Criticou Marx a partir de um conhecimento exaustivo de seus textos, mas sem jamais renunciar totalmente a seu legado teórico; desde sempre se opôs ao autoritarismo coletivista bolchevique ou maoísta, sem deixar de reclamar a autogestão revolucionária da sociedade; reivindicou o mercado, mas *contra* o capitalismo que, segundo ele, o impossibilita; denunciou que as hoje chamadas democracias são no máximo oligarquias liberais em que o espaço público é seqüestrado por empresas e interesses particulares nunca transparentes; e cultivou um admirável fundamentalismo democrático que rejeita a divisão do trabalho político entre governantes especialistas em mandar e governados destinados a obedecer... depois de eleger os primeiros segundo menu previamente estabelecido. À enganosa opção de alguns anos atrás entre Mrs. Thatcher e o Gulag (hoje as expectativas se restringiram, para muitos, a decidir entre a *dama de ferro* e Helmut Kohl) respondeu com uma mesma e clarividente admoestação, tão válida para os integristas do comunismo como para os do liberalismo: transformar o econômico no fator central (único, afinal de contas) da vida social é incompatível com a liberdade.

Quando meu filho me informou por telefone a morte de Castoriadis, eu tinha à minha frente o *Duomo* de Milão, aquela fantástica ourivesaria pétrea que congela em mil símbolos a imaginação de vários séculos. Era algo como uma alegoria monumental de um conceito que é central no pensamento de Castoriadis, o de imaginação instituinte, cuja capacidade criadora regula e transforma as sociedades humanas. Quando desliguei o telefone, a primeira coisa que me veio à memória foi uma das ocasiões em que banquei o ridículo diante do grande homem. Estávamos no congresso de intelectuais que se realizou em Valência, em comemoração ao meio século daquele outro de intelectuais antifascistas realizado na Espanha e na Europa convulsa dos anos 30. Eu coordenava uma mesa na qual Castoriadis faria uma intervenção e, com minha distração habitual, apresentei-o como promotor da revista *Socialismo e barbárie*. Seu rugido de protesto por esse "*e*" perverso ainda estremece meus culpados pesadelos. É a mesma e legítima indignação que sempre sentiu quando se tentou, diante dele, considerar o projeto emancipador do socialismo imaginativo, cujo objetivo é radicalizar a autonomia democrática, equivalente ao despotismo inepto de Lênin, Stálin, Ceaucescu e *tutti quanti*.

Esse conceito social de imaginação, ao qual Castoriadis dedicou sua obra mais importante (*La institución imaginaria de la sociedad*), estabelece sua ruptura com qualquer determinismo que, de Platão a Marx, aplique seu essencialismo ao processo histórico das comunidades humanas. As sociedades não são o mero resultado da conjunção de processos necessários, mas uma permanente auto-invenção que estabelece e derroga suas normas a partir de uma realidade cujo decurso simbólico nunca é irrevogável. Não parece arriscado dizer que essa permanente institucionalização e auto-alteração está passando hoje por um momento decididamente de baixa. O mecanismo essencialista dos totalitarismos foi substituído por um parente próximo, de cunho boboliberal, segundo o qual a única forma de despertar do sonho utópico que pretendia construir o paraíso na terra é aceitar que a mercantilização especulativa sem fronteiras, mas com vítimas, já é o paraíso anteriormente buscado em vão. O irremediável não se flexibiliza, por mais que fale de flexibilização, nem se torna mais competente, por mais que pregue o dogma da competitividade...

A exigência de avivar a imaginação adormecida não é agora patrimônio exclusivo de pensadores radicais como Castoriadis. Em um ensaio recente, muito interessante (*La cuadratura del círculo*), Ralf Dahrendorf, pouco visionário e excelentemente informado, fala neste tom: "Enquanto alguns países forem pobres e, o que é pior, enquanto estiverem condenados a permanecer assim – por viverem totalmente à margem do mercado –, a prosperidade continuará sendo uma injusta vantagem. Enquanto existirem indivíduos que não têm direitos de participação social e política, não poderão ser considerados legítimos os direitos dos poucos que gozam deles." O círculo que é preciso tentar quadrar imaginativamente, segundo Dahrendorf, é o de tornar compatíveis bem-estar econômico, coesão social e liberdades políticas. Todas as latitudes estão longe de alcançar esse *desideratum*, pois os países que conseguiram dois desses requisitos sempre o fizeram à custa do terceiro. E nenhum automatismo economicista resolverá a situação, dado que no sistema atual há pessoas que, do ponto de vista meramente econômico, estão *sobrando*, ou seja, representam um custo e não um benefício. São cidadãos supérfluos, cada vez mais numerosos e mais excluídos dessa base social de acesso a bens imprescindíveis que, desde Atenas, é a base da verdadeira cidadania. Por isso Robert Castel falou de um individualismo *negativo*, ou seja, não o dos indivíduos livres e empreendedores, mas o daqueles confinados em sua marginalização pessoal pela ausência de oportunidades e pelo enfraquecimento de formas públicas de proteção que lhes permitam esperar outras novas. Pouco a pouco vão renunciando até a reclamar sua dívida política com o sistema que os rejeita. Só uma suprema falta de imaginação pode acreditar que esses excluídos possam preferir os valores da cidadania de que não gozam às opções sinistras do terrorismo, o integrismo ou novas demagogias redentoras.

De Cornelius Castoriadis, pensador irredutível da imaginação em marcha, já não voltaremos a saber nada. A única coisa de que podemos ter certeza é que à porta do obscuro, se lhe fizerem a pergunta ritual dos mistérios órficos – "quem és? de onde vens?" –, terá respondido também ritualmente com pleno merecimento: "Sou filho da Terra e do Céu estrelado."

Groethuysen: o antropólogo como historiador

Uma das mais infelizes confusões teóricas de nossa época foi a que levou a identificar *antropologia* com *etnografia*. A tarefa que hoje ocupa os comumente chamados antropólogos – de Frazer a Clifford Geertz, passando pela maioria das obras de Lévi-Strauss – é a pesquisa etnográfica, coisa muito sugestiva, sem dúvida, mas diferente da antropologia. De modo que hoje, quando alguém quer fazer propriamente antropologia, deve advertir que vai dedicar-se à *antropologia filosófica*, o que é uma redundância semelhante a dizer *antropologia antropológica* ou *filosofia filosófica*. Pois a antropologia é precisamente um dos campos do pensamento filosófico, e talvez o mais caracteristicamente filosófico de todos eles. De certo modo, o núcleo da filosofia – o que poderíamos chamar, no jargão atual, de seu *disco rígido* – é a antropologia, a questão do homem, isto é, a questão que o homem coloca a si mesmo e sobre si mesmo.

Todos os *o que é?* ou *por que é?* da filosofia trazem implícito um recôndito *o que sou?* ou *por que e para que sou?*: nesta pergunta subentendida, à qual em última instância remetem todas as outras, consiste a diferença entre o pensamento filosófico e o pensamento científico. O primeiro não tenta captar os objetos em sua própria nudez, para descrevê-los e entendê-los melhor, mas considera-os na medida em que se referem a uma busca mais urgente, a de saber qual é a condição do homem e seu destino. O objeto próprio da filosofia é indagar sobre a posição do sujeito capaz de filosofar.

O homem necessita viver em um mundo. Não lhe bastam o simples bater de seu pulso, as premências da sobrevivência, a profusão das aparências, o evidente, o fugaz. Ele tem de transformar tudo isso em problema, depois de o ter transformado em enigma durante a época em que reinavam os mitos. E a resposta a esse problema é um mundo, um ordenamento suficiente embora nunca completo e, é claro, nunca definitivo do que passa e do que fica, do que perdura e do que se desvanece. Em castelhano, diz-se *hacerse un mundo de tal o cual cosa** quando se quer dizer que alguém amplia exageradamente um obstáculo ou uma contrariedade. Pois bem, o homem – o sujeito humano transformado em problema para si mesmo – faz todo um mundo desse obstáculo, dessa contrariedade insolúvel que é o conjunto da *realidade*. Neste ponto, o homem se transforma no êmulo e na réplica dos deuses que ele mesmo propugnou com tanta fecundidade à sua imagem e semelhança: esses deuses ou Deus criam o mundo como realidade, e o homem o faz seu – ou seja, humanamente habitável, embora seja no terror e na perplexidade – como trama simbólica inteligível, como concepção mental. Assim diz Bernard Groethuysen no prólogo de sua obra principal (*La formación de la conciencia burguesa en Francia durante el siglo XVIII*): "A visão do mundo é, nesse sentido, sempre e antes de mais nada criação do mundo, modelação do mundo." Hannah Arendt afirmou alguma coisa parecida a respeito do conhecimento (em *El pensar y las reflexiones morales*): "A atividade de conhecer é uma atividade de construção do mundo, tal como o é a atividade de construção de casas." O conhecimento global constrói o mundo na própria medida em que o compreende: e o torna habitável.

Esta concepção do mundo uma vez ou outra entra em crise por causa da inadequação dos materiais com que é tecida. Não sabemos do que o mundo é feito, embora desejássemos que fosse composto de vontade divina deliberada para que, desse modo, se parecesse um pouco mais conosco. Um certo personagem de Shakespeare, em *A tempestade*, diz que nós, seres humanos, somos feitos "do mesmo material com que se fazem os sonhos"; seria oportuno e cômodo que

---

* Literalmente, "fazer um mundo desta ou daquela coisa", correspondendo aproximadamente a "fazer tempestade em copo d'água". (N. da T.)

a realidade compartilhasse essa substância, mas tudo parece indicar que não é assim. Nossas concepções do mundo, esses mundos simbólicos criados e modelados pelos homens para que sejam humanamente habitáveis, têm uma textura diferente daquela do próprio mundo que tentam apreender. Conceber o mundo com idéias e palavras é algo como tentar reproduzir com lápis e papel, em forma de desenho, a sinfonia que estamos ouvindo. Pode-se desenhar a música? Pode-se pensar o mundo? O resultado, em ambos os casos, será medíocre ou, pelo menos, notavelmente arbitrário. Em suma, revisável.

    A música continua soando, misteriosa, e o desenho que satisfez a uma comunidade durante uma época é corrigido, retocado, apagado, refeito. Assim uma vez e mais outra. Em cada um desses esboços o semblante de quem desenha aparece com maior nitidez do que o rosto inapreensível do real. Creio que me lembro de que um certo poema de Borges propõe uma alternativa plausível às doutrinas tradicionais sobre as recompensas e castigos do Além. O poeta diz que os passos de cada um dos homens ao longo da vida traçam com seus meandros labirínticos um retrato, talvez o próprio retrato desse indivíduo ou o da múltipla divindade: contemplado para sempre depois da morte, esse rosto será inferno para alguns homens e paraíso para outros. Pois bem, as concepções do mundo também provêm da deambulação polêmica e trabalhosa da mente humana de cada época, cuja imagem antropológica elas representam com seus medos e seus anseios. No entanto elas não são eternas, mas se interrompem, se solapam e se substituem umas às outras. Sempre hóspedes do incessante universo, para o qual não existe alternativa possível, nós homens mudamos pelo menos de concepção simbólica do real... já que não podemos mudar de realidade.

    Seguindo essa colocação, a tarefa do filósofo é dupla: por um lado, contribui para cunhar e modelar a concepção do mundo que irá vigorar durante um certo período de tempo; por outro, estuda o trânsito dessas concepções sucessivas, suas transformações graduais ou radicais, os elementos novos que se incorporam ao desenho e os que perduram, mais ou menos modificados, como rastro duradouro das anteriores. Segundo diz Groethuysen no mesmo prólogo da obra já citada, "o que o filósofo vê, o que ele interpreta, não é, com efeito, o mundo simplesmente, mas justamente esse mundo de que ele e todos os outros homens de seu tempo são nativos: o mundo do espírito, pátria de todos eles". Porém esse mundo do espírito, por sua vez, revela antes de mais nada o perfil dos homens que ali habitam. Groethuysen também assinala esse aspecto, agora na introdução à sua *Antropologia filosófica*, e o aproxima da tarefa da literatura: "A filosofia da vida cria uma imagem do homem. Seu esforço para representar o homem e a vida do homem o aproxima do poeta, inclusive lhe assegura um lugar importante no desenvolvimento da literatura mundial. Certamente o que é só imagem não lhe poderia bastar. Um vínculo muito particular liga nele a representação à coisa vivida. Quer compreender sua vida e a dos outros homens. Sua representação é sempre, de algum modo, uma resposta à pergunta: *Quem sou?* e *o que é a vida em geral?* É justamente isso que faz dele filósofo. E no entanto toda a sua filosofia refere-se incessantemente apenas à figura humana sob cujas características ele representa a si mesmo ou o homem. Essa filosofia só existe em sua relação com a vida."

Essa foi a tarefa que Groethuysen aprendeu com seu mestre Dilthey, que em *Erlebnis* conceituou essa apreensão característica da vivência humana cuja expressão e compreensão constitui o assunto das assim chamadas ciências do espírito. Trata-se, sem dúvida, de uma antropologia a meio caminho entre a imaginação literária e o rigor científico ou, mais ainda, que se deve às contribuições de ambas, mas criadora de uma perspectiva própria. Nesta linha, Groethuysen não se limita a simplesmente repetir a lição ilustre de Dilthey, mas ele traz um estilo próprio que, por um lado, reforça e destaca ainda mais a vertente expressiva – literária, portanto – da construção antropológica e, por outro, reforça sua ligação com a objetividade histórica.

Em primeiro lugar, Groethuysen é mais existencialista que seu mestre. Como ele mesmo diz: "O que importa só pode ser, em todo caso, o ponto de vista de quem interroga, a pergunta que o homem faz a si mesmo, e não a forma de responder a ela." Sua antropologia nunca quis ser um mero catálogo de soluções melhor ou pior articuladas, mas a crônica das inquietudes que as convocam. Nas palavras introdutórias do apêndice de sua obra principal, em que reúne os sermões religiosos que foram seu principal material de trabalho para realizá-la, ele fala de seu método e seu propósito: "Deve-se deixar a palavra o mais possível aos próprios homens daquele tempo, a fim de ter constantemente presente na consciência a relação de seu pensar e sentir com sua vida individual e social e escapar ao perigo de pretender reduzir o variável e múltiplo de uma manifestação social, multitudinária, do espírito ao esquema de uma sucessão de idéias suscetível de ser considerada objetivamente." Do ponto de vista humano, o que conta é a vida como problema, a perpétua problematização da vida que nenhuma resposta resolve definitivamente, de uma vez por todas. Ter a última palavra que esclarece tudo é propósito da religião, ao passo que a filosofia se empenha antes em manter sempre aberta a indagação instigante. Essa perspectiva vital, existencial, dá a todos os estudos de Groethuysen seu tom narrativo peculiar: sua antropologia é escrita em primeira pessoa, nela tomam a palavra, um após o outro, Platão e santo Agostinho, Petrarca e Nicolau de Cusa, etc., sempre com voz própria, ligada à perplexidade, ao sofrimento ou à ação política. Há muito de poético nessas expressões que não renegam a subjetividade da qual brotam.

Mas, ao lado desse reforço do elemento existencial e literário diante do esquematismo mais abstrato de Dilthey, na antropologia de Groethuysen também há uma nova ancoragem na objetividade científica. Isso vem de sua consciência histórica, à qual não são alheias nem as contribuições de Marx (que para Dilthey mereceram menos reflexão teórica) nem as de Max Weber. É particularmente interessante comparar, na busca de semelhanças e divergências, *A ética protestante e o espírito do capitalismo*, deste último, com *La formación de la conciencia burguesa* de Groethuysen, sobre cujo projeto teve evidente influência. Enquanto Weber alcança, sem dúvida, um vôo especulativo mais alto e audacioso, o admirável estudo de Groethuysen se atém passo a passo ao concreto, ao testemunhal, num magistral exemplo de história das mentalidades. Se Weber é o profeta clarividente e polêmico do fundamento ideológico do capitalismo na consciência religiosa, Groethuysen é o cronista minucioso das raízes antropológicas do novo tipo de homem que iria culminar historicamente na Revolução Francesa. Em sua obra combina-se a investigação sobre o homem como estudo de seu processo simbólico com uma consciência aguda da temporalidade social, sem cujo conhecimento esse processo é ininteligível. Para compreender a nova burguesia ilustrada ele recorreu às arengas ideológicas que lhe dirigiam os pastores de almas, cada vez mais inquietos com a rebelião incipiente que desembocou em revolução; em nossos dias, talvez ele tivesse estudado o conteúdo dos concursos da televisão ou da publicidade para mostrar a evolução que afasta dos ideais ilustrados o sujeito da nova sociedade de massas..., processo que ainda não sabemos onde irá desembocar.

Completam-se agora cinqüenta anos da morte de Bernard Groethuysen, nascido em Berlim, de pai holandês e mãe russa. Ele estudou na Alemanha com Dilthey e foi condiscípulo de Heidegger e Jaspers, até que a chegada de Hitler ao poder o levou a se instalar definitivamente na França, onde foi professor de Malraux, de Jean Paulhan, de Francis Ponge e de outros não menos ilustres. Para nós, que hoje vivemos numa época em que se sucedem vertiginosamente os relatos micro-históricos e quase ninguém ousa propor paradigmas de maior calado, sua obra é nostalgicamente distante e exemplarmente necessária.

Os caracteres do espetáculo

Pelo que se depreende da leitura de seu único livro e dos escassos dados biográficos que conhecemos a seu respeito, Jean de la Bruyère – cuja morte completou trezentos anos no mês de maio de 1996 – sofreu de uma doença pouco freqüente entre os mestres literários da sátira, em cuja nômina antes rigorosa sem dúvida ele figura: deve ter sido muito boa pessoa. Em suas páginas não se percebe a presunção do sábio contrariado, ao qual parece ofender pessoalmente a patente imperfeição do gênero humano, nem o gracejo certeiramente ressentido de quem se vinga do mundo e seus desdéns por meio da pena, nem a turbulência concupiscente dos que castigam nos outros as debilidades que torturam sua própria carne ou humilham seu espírito. Também não nos consta que tenha feito qualquer esforço para, graças à admiração, ao temor ou ao respeito que suas sátiras pudessem inspirar, alcançar a primazia social que lhe era negada por falta de linhagem ou riqueza. Como diz Pierre Sipiriot: "La Bruyère é um dos raros polemistas que não pretende tornar-se mais poderoso do que os poderosos maldizendo-os." Um detalhe simpático, contado por um de seus contemporâneos, o retrata: durante anos esteve a serviço dos príncipes de Condé em Chantilly, primeiro como preceptor, depois como bibliotecário e finalmente como hóspede conselheiro, mas acabou por se tornar impopular diante de protetores tão influentes por seus constantes esforços para evitar qualquer pedantismo. Insistia em diminuir a originalidade ou a ênfase de sua obra dizendo que "só se trata de pensar e falar conforme é devido (*juste*)". O escândalo o rodeava, é claro, mas sem que ele condescendesse em torná-lo rentável ou negociasse sua mordacidade.

No entanto, *Os caracteres*, o livro que ele ampliou e aprimorou durante toda a sua vida, é tudo menos uma obra plácida e complacente: numa das prosas francesas mais perfeitas e variadas do Grande Século, ele encerra um contido vendaval de indignação contra a injusta ridicularia da sociedade em que vivia. Denúncia ainda mais eficaz por apoiar-se em apuradíssimas descrições concretas de modos, modas e atitudes. O moralismo de seu coetâneo La Rochefoucauld baseia-se em um pressuposto teológico, de raiz agostiniana passada por Jansenius: o de que cada ser humano sempre *prefere* a si mesmo, até quando parece sacrificar-se por outro, e esse pecado original de amor-próprio corrompe qualquer esforço virtuoso. A história e a sociedade são conseqüências dessa greta perversa em nossa condição, não suas causas. Em contrapartida, La Bruyère, cujo pessimismo é menos quietista, considera que a transformação da sociedade causou a corrupção de costumes em que vive. Nossa má índole não provém de uma queda prístina, mas vamos caindo pouco a pouco, embora cada vez mais aceleradamente. E nem todo o mundo cai do mesmo modo, nem é obrigatório que todo o mundo caia: os artesãos honrados, as pessoas modestas e caridosas, os que rejeitam filosoficamente as ilusões monstruosas da sociedade atual, resistem no declive.

Enquanto La Rochefoucauld vai diretamente à motivação íntima das pessoas e se recusa a se deter no circunstancial dos gestos que a revelam, La Bruyère é um excelente pintor das *aparências*. Porque aí está precisamente o pecado no qual nos movemos, o primado da aparência sobre a substância, pois são aparências a riqueza e a pobreza, a virtude e o vício, a grandeza e o mérito intelectual. A sociedade inteira se nutre de aparências, as persegue, as aplaude e se pavoneia em perpétua representação: tudo é espetáculo social, tal como trezentos anos mais tarde proclamará celebremente Guy Debord. Por isso a crítica moral não pode ser meramente abstrata e íntima como a de La Rochefoucauld, mas deve se expressar concretamente em paradigmas reconhecíveis. La Bruyère retrata com destreza os principais títeres da farsa, os propósitos que volta e meia se misturam ao cenário dos salões encarnados por atores que se acreditam inconfundivelmente originais... Cria personagens, e alguns deles, como o distraído Ménalque, são verdadeiros clássicos do humorismo universal. Por isso há algo de *teatral* no moralismo desse contemporâneo de Molière, embora seja um parentesco de estilo e não de conteúdo: nada é menos moralista, até mais imoralista às vezes, do que a óptica aristocratizante e só por isso antiburguesa do dramaturgo brincalhão.

Para o leitor atual, é curioso repassar os caracteres viciosos admoestados por La Bruyère. Seria de imaginá-los distanciados pelos costumes cronologicamente remotos, mas logo se comprova que são muito familiares. No terreno social, La Bruyère denuncia os indivíduos alienados pelo dinheiro, o qual substitui todos os outros valores respeitáveis e pode comprar a carreira política, a estima pública e a benevolência dos poderosos, ao passo que corrompe o casamento ou o afeto familiar. Nesse clima em que só conta o pecuniário, o rico e o pobre – representados por Giton e Phédon – são cúmplices da mesma degradação da relação humana, um com sua satisfação ostentosa e o outro com sua insegurança invejosa, mesquinha. Prevalece a ambição de ser mais porque se tem mais, de destacar pela moda indumentária ("se o mérito de Filemon são suas roupas, que me mandem seus trajes e fiquem com ele"), a hipocrisia domesticada dos cortesãos arrivistas. No campo intelectual, La Bruyère arremete contra o literato moderno, que escreve sobre qualquer coisa com toda pressa e sem competência real, deteriorando o bom gosto com seu artificialismo cheio de efeitos; contra o resenhista, que se acredita capacitado para julgar criticamente obras que não entende; e contra o panfletário satírico, que vive de zombarias, de calúnias e de denúncias partidaristas supostamente justiceiras. Todos esses protótipos não lhes dizem alguma coisa? Na época de La Bruyère correram várias *chaves* que davam nome e sobrenome a cada personagem caracterizado; mas também hoje poderíamos brincar de identificar à nossa volta essas caricaturas censoras... de três séculos atrás. A vigência da tipologia e, sobretudo, da *maneira de ver* de La Bruyère despertou a admiração e até o plágio de excelsos autores posteriores da literatura de costumes, como Flaubert ou Proust, e de neomoralistas como André Gide.

Em certos aspectos, La Bruyère foi conservador, até mesmo reacionário, se quisermos. Seu discurso de ingresso na Academia foi um provocador elogio da literatura do passado, que instigou as zombarias do partido dos *modernos*, como Fontenelle ou Thomas Corneille, originando uma polêmica longa e recorrente. Defendeu as crenças religiosas tradicionais e atacou os *esprits forts* que preludiavam as irreverências enciclopedistas futuras, com argumentos doutrinais que fizeram Voltaire comentar: "Quando fala de teologia, La Bruyère está por baixo até dos próprios teólogos." Foi monárquico fervoroso e isentou seu príncipe de toda crítica, transformando-a em uma defesa melancolicamente impune de uma providência cujo reino não é deste mundo. No entanto, em muitas ocasiões não só se adiantou aos ilustrados como superou a maioria deles em sinceridade humana socialmente dolorida. Por exemplo, sua repulsa aos procedimentos brutais da lei ("deixando de lado a justiça, as leis e demais necessidades, para mim é sempre novidade contemplar a ferocidade com que uns homens tratam outros homens"), sua descrição do grão-senhor que, ao sair de uma esplêndida refeição, bem regada, assina um decreto que poderia arruinar toda uma província ("como pode alguém conceber, na primeira hora da digestão, que em algum lugar haja pessoas morrendo de fome?"), sua convicção cosmopolita ("a prevenção do país, aliada ao orgulho da nação, nos faz esquecer que a razão é coisa de todos os climas e que se pensa devidamente em todos os lugares em que haja homens").

Também escreveu estas linhas, que resumem a perspectiva de sua visão implacável e justa: "O povo não tem engenho e os grandes não têm alma: aquele tem bom fundo e não tem aparências, estes só têm aparência e simples superfície. É preciso optar? Pois não vacilo: quero ser povo." É o primeiro relâmpago, grave e sombrio, da tormenta revolucionária que levará um século para estourar.

Cândido: *o indivíduo sai da história*

> "*I have a Garden of my own.*"
> (ANDREW MARVELL)

Autor de uma obra imensa – alguns dirão *desmesurada* –, Voltaire é no entanto um dos clássicos cuja criação literária é menos lida fora dos círculos acadêmicos. Volta-se de vez em quando a seus panfletos mal-intencionados e nervosos, às vezes irresistivelmente cômicos; recupera-se seu *Dicionário filosófico*, seu extenso e comovido arrazoado em favor da tolerância, suas diatribes contra os fanáticos religiosos, contra as guerras, contra a tortura ou o racismo: é natural, pois seus inimigos continuam sendo os nossos, embora os séculos tenham mudado alguns nomes e muitos endereços dos que foram destinatários de seus dardos. Os aficionados da história continuam freqüentando *O século de Luís XIV* ou o *Ensaio sobre os costumes* e, sobretudo, sua correspondência monumental, pois constitui o melhor afresco possível – ao mesmo tempo ambicioso em seu contorno e detalhista até a minúcia – da vida cotidiana naquele que mereceu ser chamado o *século das luzes*. Acima de tudo, voltamos reiteradamente à própria figura de Voltaire, o primeiro intelectual, combativo e pacífico, rancoroso e nobre, cáustico e compassivo, presa das paixões e enamorado pelo raciocínio: um paradigma da modernidade mais do que seu mentor, ao mesmo tempo inquietante e necessário. Heinrich Mann disse-o muito bem em algumas linhas: "Voltaire, como a esperança da humanidade, funde-se nos estratos profundos de seu povo, que não sabem nada a respeito de sua cultura, que nada sabem também a respeito de suas carências e de seus limites, e para os quais ele é sempre a própria liberdade."

Mas onde ficou toda a produção teatral e narrativa de Voltaire, seus poemas, suas ficções didáticas, em suma, o grosso de sua obra e o que lhe conferiu, antes de mais nada, o apreço de seus contemporâneos? Em sua imensa maioria, tudo isso está esquecido, salvo pelos especialistas; um punhado de obras breves, no entanto, ou de fragmentos de obras, continuam sendo estudadas habitualmente nos cursos médios e superiores de língua francesa. Por último, há uns três ou quatro contos ou pequenos romances breves que os aficionados da leitura sem *status* acadêmico ainda saboreiam por puro prazer: *Cândido, Zadig, Micromegas* e alguns outros. Nada mais? Nada mais. Em seu estrondoso cânon ocidental, Harold Bloom só inclui os dois primeiros contos citados, ao lado das *Cartas da Inglaterra* e do poema sobre o terremoto de Lisboa. Na verdade Bloom não cita Voltaire mais do que duas vezes, e nas duas ocasiões como crítico de Shakespeare, embora sem mencionar que foi seu introdutor na França. Seja como for, já sabemos que a especialidade do crítico americano não costuma ser sublinhar obviedades ou canhonaços...

Não creio que essa decantação do julgamento da posteridade seja fundamentalmente equivocada. Voltaire é um grande escritor, embora não um grande autor de ficções. Gosta de criar personagens, até demasiados (Occam o repreenderia por multiplicar os entes sem necessidade!), mas poucas vezes consegue dotá-los de uma densidade psicológica minimamente convincente.

As anedotas e os incidentes argumentais de suas peças também são variadíssimos e com freqüência muito engenhosos, embora dêem uma certa impressão de deliberação excessiva e deixem transparecer um certo abuso de cálculo pedagógico ou retórico: Voltaire é sempre demasiado *intencional* para ser bom narrador. Seu mundo é ordenado demais, até quando tenta reproduzir o lado caótico e apaixonado da existência humana. Seus personagens e suas tramas são constantemente exemplos de alguma coisa, carecem de altos e baixos fortuitos e sempre *dizem*, mas nunca conseguem *sugerir*. Walter Benjamin assinalou a ambigüidade como característica da boa narração, e Borges observa que os melhores autores do gênero conseguem contar suas histórias como se não as entendessem totalmente. Nenhum desses dois critérios corresponde à invenção voltairiana, perceptivelmente dona de si mesma em todos os seus detalhes e clara tanto em colocações como em conseqüências... embora a conseqüência obtida seja a confusão do mundo. Além do mais, a busca permanente de elegância e bom gosto segundo critérios neoclássicos proíbe a Voltaire o *deixar-se ir* que constitui o atrativo de Shakespeare ou de Sterne em suas melhores obras.

No entanto, embora cada uma das obras de ficção de Voltaire, na grande maioria dos casos, não chegue a nos convencer literariamente e proporcione hoje ao leitor eventual um prazer menos do que moderado, seu *conjunto* não pode deixar de suscitar admiração. Como disse René Pomeau, autoridade máxima no assunto, trata-se de uma autêntica comédia humana na qual se passam em revista todos os países, todas as épocas e todos os costumes imagináveis. É incrível o quanto foi vasta e lancinante a *curiosidade* de Voltaire. Apesar de compartilhar com a maioria de seu século um eurocentrismo básico, seu interesse em conhecer o remoto no tempo e no espaço foi inesgotável. Seu desejo teria sido pintar todos os homens e mulheres, seus gostos, seus caprichos, seus raciocínios e superstições, seus costumes. Outros são fascinados pelo exótico como parte do insólito; o que interessa a Voltaire é mostrar que nós nos admiramos com surpresa com o que é rotina para muitos. Mais ainda: com o que no fundo coincide com a rotina de paixões, cobiças e temores que também exercemos. Simplificando ao máximo, Voltaire chega à conclusão cosmopolita por excelência, a de que em todos os lugares se cozinham favas*... até onde não há favas ou é proibido comê-las. Mas essa conclusão final não sacia seu interesse em conhecer detalhes peculiares e os múltiplos cenários que cercam, como ele mesmo diz, a representação da mesma tragédia em todos os lugares. Seus dramas e seus relatos podem carecer de profundidade nas análises, mas nunca lhes falta preocupação com a variedade circunstancial da peripécia humana nem o propósito de abrangê-la do modo mais completo possível. Às vezes ele peca por ser desconcertado e redutor, mas não sabe ser localista. Os séculos, nosso planeta, até as estrelas e mundos mais longínquos, tudo se torna pequeno ou tudo se torna

---

* Tradução literal da expressão espanhola "*en todas las partes se cuecen habas*", que corresponde em português aproximadamente a "é tudo farinha do mesmo saco". (N. da T.)

próximo para sua impaciente vivacidade peregrina. Não há ninguém menos bairrista do que Voltaire, pois, embora acreditasse habitar o centro do mundo, como costuma acontecer com todos nós, pelo menos tinha certeza de que esse centro podia *deslocar-se* junto com ele.

Só num ponto Voltaire conseguiu que a posteridade fosse unânime a seu respeito: *Cândido ou o otimismo* é seu feito literário supremo no campo da ficção. Trata-se de uma obra de maturidade, uma vez que a escreveu em 1758, já com mais de sessenta e cinco anos de idade, e não deixou de retocá-la praticamente até o fim de sua vida. Em *Candide*, não só se realiza a plenitude de seu estilo – um dos mais apurados e inconfundíveis de seu tempo –, como também a quintessência intelectual da experiência de uma vida singularmente rica em peripécias e conhecimentos. Também o gênero do conto filosófico corresponde particularmente bem à arte voltairiana, que exige brevidade – requisito da malícia – e moralidade intelectual (Voltaire gosta de escrever sempre para *atuar*, para interferir na organização social). Mas principalmente *Candide* goza de um estado de graça especial, de uma animação jubilosa e feroz, de uma força sublevada que finalmente se resigna a se resignar, no entanto apenas – como diria o lobo do conto – para se rebelar melhor... Diz a tradição que o relato foi escrito em poucos dias, e eu não duvido, pois há nele uma velocidade tão endiabrada – como bem notou Italo Calvino –, que é inimaginável uma elaboração tediosamente prolongada. Há escritores que têm pressa para demonstrar que são geniais, mas Voltaire só mostrava que era genial quando tinha pressa.

A segunda parte do título diz... *ou o otimismo*. Costuma-se assinalar sempre como uma das características do Iluminismo seu otimismo metafísico e sobretudo social, o que dois séculos e muitas conflagrações revolucionárias depois se prestou a todo tipo de censuras jocosas ou doloridas. No entanto, o otimismo ilustrado, pelo menos o dos mais notáveis representantes da batalha das luzes (como Voltaire, Diderot, sem falar em Rousseau), não é beato nem ingênuo, mas crítico, até suspicaz, e mais orientado para tonificar a militância do que para se acomodar no conformismo. Voltaire, particularmente, não pode ser adscrito sem reservas a nenhum triunfalismo otimista, nem no que se refere aos poderes da razão, nem no que diz respeito aos limites da perfectibilidade humana – a seu ver bastante restritos –, nem, é claro, quanto a sua cosmologia. Para comprová-lo, basta reler seu poema sobre o terremoto de Lisboa, seu *Zadig* ou *As viagens de Scarmentado*. E, por certo, *Candide*: justamente um dos textos mais emblemáticos do Iluminismo é uma sátira do otimismo. Quando Cacambo pergunta a Cândido o que é o otimismo, obtém a seguinte resposta: "É a mania de sustentar que tudo vai bem quando se está mal." Voltaire não pode ser honradamente acusado de se ter deixado levar por essa mania, entre outras coisas porque teria paralisado seu ímpeto combativo e regeneracionista. A única coisa que se pode dizer de Voltaire é que esteve mais longe ainda do desespero do que da beatice que acha que tudo está bem ou em via de estar.

A maioria dos contos filosóficos voltairianos confronta as doutrinas livrescas com os conhecimentos obtidos através da experiência vital. Os protagonistas, sejam eles Zadig ou Memnon, decepcionam-se mais cedo ou mais tarde com as grandes teorias tradicionais que glorificam a secreta harmonia universal. Mesmo que seja um anjo que lhes apareça para tentar convencê-los do quanto é positivo o rumo cósmico, como acontece aos dois anteriormente citados, eles confiam mais nas dolorosas lições empíricas dadas pela vida. Esta é a raiz de uma diferença fundamental entre Voltaire e pensadores mais conservadores de seu tempo, como Pope. Segundo o poeta inglês, é o orgulho que impulsiona o homem a raciocinar contra dogmas de fé obscuros mas em parte necessários; para Voltaire, em contrapartida, os motores do raciocínio são a dor e a *dira necessitas*, a cruel necessidade, que só pode ser compensada pela clara compreensão de suas leis nada indulgentes. Longe de uma manifestação de soberba, a aprendizagem racional que desacredita a tranqüilizadora mitologia de nossos antepassados provém da fustigada humildade diante do real. Afinal, é neste ponto que Voltaire resolverá a disputa entre os antigos e os modernos, pois o verdadeiro debate se faz entre os modernos que pensam como os antigos e os modernos que aprenderam a pensar por si mesmos, a partir de sua experiência histórica concreta.

De todos os protagonistas de relatos voltairianos, Cândido é o mais imperturbavelmente fiel à lição aprendida em sua adolescência. Como foi adestrado para nunca pensar por si mesmo, ele se espanta com os que o fazem, mas também sente fascínio por eles. Daí sua vinculação com Martinho e a atenção, não menos atenta por ser escandalizada, que mostra em cada lugar aos que ultrajam a ordem universal. No entanto, Cândido não irá substituir o sistema da teodicéia leibniziana que lhe foi ensinada por Pangloss por outra doutrina oniabrangente mais de acordo com as revelações impiedosas que os acontecimentos de sua vida lhe vão fazendo. Simplesmente irá relegando o otimismo filosófico ao limbo que corresponde a toda teoria por demais ambiciosa que pretende conhecer a chave oculta do devir universal. Em contrapartida, ele conservará um certo otimismo mitigado, diretamente ligado ao exercício abarcável das tarefas cotidianas. Não é possível justificar tudo o que ocorre, mas é possível e aconselhável legitimar racionalmente o que fazemos dia a dia para nos conservar, evitando com prudência os males mais evidentes. Numa ocasião, já no final do relato, Cândido pergunta a Martinho: "Mas com que finalidade este mundo foi então formado?" E Martinho lhe responde: "Para nos enfurecer." Cândido não replica, mas decide, em silêncio, que também não se enfurecerá, porque enfurecer-se é tão inconsistente quanto louvar a harmonia universal.

Talvez a verdadeira originalidade de *Candide* seja mostrar pela primeira vez um indivíduo humano que se subtrai à obrigação avassaladora da história. Os protagonistas dos relatos do passado, fossem heróis ou príncipes, atuavam como agentes destacados do decurso histórico e de seus altos desígnios, encarnado em suas figuras. Os personagens da narrativa picaresca, por sua vez, manobravam nos interstícios da história, sem a confirmar nem a desmentir, como parasitas astutos de seu processo grandiloqüente. Mas poderia ser Cândido a primeira criatura literária a começar sua peripécia convencido de que deve *sustentar* ideologicamente o devir dos acontecimentos mundiais e a harmonia que coordena o cosmo natural e o social, para depois ir pouco a pouco se desvinculando de tão ambiciosa pretensão. Cândido passa por guerras, sofre inquisições, esgota os países e os mares, causa mortes e recebe ferimentos: até mesmo é hóspede e beneficiário eventual do Eldorado, ou seja, da utopia (um lugar entre os outros, pois a imaginação ambiciosa também contribui para a cartografia irônica do mundo que habitamos). Em todo momento ele se esforça para conservar o arrimo dogmático que absolve os acontecimentos e os bendiz contra toda evidência. Mas paulatinamente, com lágrimas e sobressaltos, ele vai perdendo... a inocência ou a candidez? Não: a arrogância historicista que desejaria coordenar em uma única trama inteligível, baseada na ponderação ou no ultraje, o caos arbitrário de acontecimentos em que nos movemos e somos. No final do relato, Cândido não abandona a ação que melhora e aproveita o que está a nosso alcance – como Voltaire, ele conhece a ingenuidade do otimismo juvenil, mas não essa outra ingenuidade pior e senil: o desespero –, mas a presunção teórica que vincula cada ato individual à voracidade do delírio justificador que não deixa cabos soltos. De antemão, Cândido deserta da vocação unânime hegeliana que prolongará a teodicéia leibniziana poucas décadas depois. E se resigna ao ideal caseiro e decaído, Cunegundes, pertinaz Dulcinéia atrasada e duvidosamente límpida desse discreto Dom Quixote, que não precisa morrer para se tornar definitivamente sensato.

Arquivo Wells

Alguns cientistas americanos acabam de descobrir indícios de vida em Marte, justamente quando se completam cinqüenta anos da morte de George Wells, que introduziu a sombra ameaçadora dos marcianos na imaginação universal. Pouco antes, no início do verão, estreou com enorme sucesso *Independence Day* em todas as telas grandes, pequenas e médias dos EUA. O filme, dotado de um roteiro politicamente correto e patrioticamente entusiasta, de imbecilidade modelar, narra o assalto catastrófico dos marcianos ao planeta Terra – representado por sua antonomásia, os Estados Unidos – e sua derrota final em mãos do líder audacioso que pernoita na Casa Branca. Na história original, os invasores derrubavam todas as defesas humanas para finalmente perecer por obra dos humildes micróbios que protegem nossa atmosfera; *Independence Day* substitui os vírus mefíticos pelo presidente e os rapazes do Pentágono, com acerto irônico, sem dúvida involuntário. É claro que os ianques, tanto mais infantilmente auto-afirmativos quanto mais civilmente retrógrados, se empenharam em reforçar o pior diagnóstico crítico de Vicente Verdú em seu ensaio *O planeta americano...*

Mencionei a história original, e será justo lembrá-la de novo. Os exegetas fílmicos de *Independence Day* assinalaram como precedente *A guerra dos mundos*, de George Pal (1953), geralmente sem dizer que é estarrecedoramente superior em emoção humana e originalidade visual ao filme de hoje. Os mais eruditos remontaram ao seriado de rádio com mesmo título que causou um pânico famoso no final dos anos 30 e deu início à merecida celebridade de Orson Welles. Mas não foi Welles, e sim Wells, quem patenteou essa fábula aterradora, e a origem não foi um filme nem um programa de rádio, mas um romance genial publicado em 1897. Bertrand Russell elogiou a mestria com que Wells descreve nele as reações da multidão apavorada pelo ataque de um inimigo aparentemente invulnerável, dotado de armas de destruição maciça: a fuga cega, o heroísmo desesperado, a quebra dos valores convencionais e da rotina social, o refúgio na oração ou na orgia, etc. Tudo isso escrito às portas do século em que haveria de ser encenada muitas vezes essa tragédia ainda inédita!

A guerra dos mundos pertence à primeira fornada literária de H. G. Wells, quando com apenas trinta anos ele escreveu uma rápida sucessão de maravilhas que fascinou o público da época: *A máquina do tempo, A ilha do doutor Moreau, O homem invisível* (enaltecida por alguém tão adverso aos elogios como Vladimir Nabokov), *Os primeiros homens na Lua, Cuando el durmiente despierta...* Não são simples literatura de entretenimento, embora seja difícil encontrar alguma coisa que entretenha mais. Para ter idéia de seu nível, basta compará-las aos romances de Júlio Verne, como fizeram os contemporâneos: o simpático romantismo do francês inventa expedições e aparelhos que ampliam as possibilidades da aventura individual, ao passo que Wells dedica sua imaginação a planejar parábolas sociais complexas e temíveis. Verne se apaixona pelo que os homens podem chegar a fazer com as coisas; Wells se interessa pelo que, através de seu domínio das coisas, uns podem fazer aos outros. Seja, por exemplo, a viagem à Lua: o escritor francês dedica muitas páginas engenhosas em *Da Terra à Lua* a descrever o canhão gigante que irá disparar o projétil tripulado na direção do nosso satélite e calcular sua trajetória, os efeitos da perda de gravidade terrestre, etc., ao passo que os protagonistas devem contentar-se com esboços arquetípicos e psicologicamente rasos; em *Os primeiros homens na Lua,* Wells não perde tempo com minúcias técnicas (postula uma substância que repele a gravidade, a *cavorita*, tal como Cyrano dotou seu viajante de garrafas cheias de orvalho, que antigamente se acreditava atraído pela Lua) para concentrar-se num sombrio arrazoado antiimperialista e na cruel traição da amizade. A geração que hoje se deleita com

Arquivo X deve saber que as fábulas críticas de Mulder e Scully provêm diretamente do estilo com que H. G. Wells abordou a ficção científica.

Wells foi um grande romancista, a meu ver um dos maiores da história do gênero, e não se destacou apenas no fantástico, mas também por seus excelentes retratos de personagens de classe baixa e média lutando por se ajustar de maneira modestamente feliz na sociedade implacável que conhecemos muito bem (*Kipps*, *Mr. Polly*, *O amor e o sr. Levisham*, *Tono Bungay*...), assim como em tentativas do sempre frágil romance *de idéias*, algumas tão bem-sucedidas como *A investigação sublime*. Em um de seus relatos mais curiosos e menos conhecidos, *Star Begotten* (*Progênie estelar*), uma série de pessoas concebe uma idéia fantástica – a de que supostos marcianos estejam alterando os genes de recém-nascidos com raios cósmicos – e essa conjectura acaba por alterar de fato sua realidade vital. Mas ele queria ser *algo mais* do que um romancista: um reformador social, um guia ideológico para a nova era tecnológica e massificada a que os homens estavam chegando. Em suma, um utopista. Como todos os membros desse grupo energicamente pedagógico, sentia viva impaciência com a abulia desordenada dos humanos, sua curteza de idéias e a obtusa submissão a preconceitos do passado. Provinha de um meio familiar muito humilde, era praticamente autodidata e estava convencido de que a determinação pessoal, ilustrada pela ciência e animada pela perseverança, pode derrotar as convenções gregárias. Daí ter-se lançado a uma série de relatos ensaísticos sobre a organização desejável da sociedade vindoura. O primeiro deles e o que melhor resume o eixo ideológico de toda a sua obra foi *Antecipações*, publicado em 1901.

Segundo Wells, os reinos e democracias tradicionais estavam moribundos e era preciso traçar o perfil da Nova República que os substituiria em escala mundial. Ela seria dirigida por uma nova raça de homens, samurais (assim os chamou depois, suponho que para deleite do general Galindo) sem escrúpulos burgueses, dispostos a limitar as liberdades públicas e acabar com a desordem reinante. A educação controlada dirigirá as mentes e a engenharia social, reforçando a homogeneidade racial para fazer desaparecer as criaturas fracas, feias, preguiçosas ou ineptas. As raças inferiores – negros, amarelos e esses "térmitas do mundo civilizado", os judeus – teriam de deixar de procriar, por bem ou por mal. O suicídio das pessoas presas de melancolia incurável ou qualquer outra disfunção grave deveria ser considerado um gesto de altruísmo social. "O mundo – sublinha Wells, desnecessariamente – não é uma instituição de caridade": para que o melhor da civilização se salve e progrida, é preciso sacrificar o resto, sem contemplações. *Antecipações* foi acolhido pelo pensamento avançado da época com entusiasmo, ou pelo menos reverência. O fundador do socialismo fabiano, Sidney Webb, proclamou-o seu livro favorito do ano e Arnold Bennett saudou-o com admiração levemente estremecida. Só alguns reacionários se atreveram a discordar: o jovem Chesterton considerou a obra "aterradora, até horripilante", e Conan Doyle, falando por uma vez também como médico, disse que "qualquer um que conheça alguma coisa de ciência e medicina sabe que esse livro é lixo mental; qualquer um que tenha humanidade sabe que é horrível". Décadas mais tarde, Aldous Huxley escreveu *Um mundo feliz* diretamente contra outro dos projetos futuristas de Wells, *O alimento dos deuses*. Quem hoje deplora desoladamente o desmoronamento de todas as utopias deveria lembrar de vez em quando a urdidura desumana com que se teceram os sonhos *radicais* deste século...

No coquetel ideológico de Wells, mistura-se o marxismo elementar com o darwinismo e a eugênese, mas provavelmente o que o tornou irresistível para tantos paladares de seu tempo foi outro ingrediente: a antecipação do impacto político e social de inventos apenas esboçados. Quando o automóvel era pouco mais do que uma atração de feira, Wells escreveu sobre largas rodovias pelas quais circulavam enormes caminhões transportando mercadorias; antes de os primeiros aviões serem uma realidade efetiva, falou da importância da aviação e fez de seus samurais aviadores, tal como antes outros dirigentes de elite foram ginetes; em *O mundo libertado*, publicado em 1914, descreve o colapso da ordem social por causa do uso de bombas atômicas numa guerra que começa com a invasão da França pela Alemanha através da Bélgica, e também que a invenção de um motor atômico aumentará o desemprego de maneira catastrófica por volta de 1956. Anos depois, em *A forma das coisas que virão* (1933), prediz uma guerra mundial que começará em 1939, na qual a Alemanha e a Itália conquistarão a Europa ocidental, ao passo que a oriental se tornará toda comunista; o Japão continuará tentando apoderar-se da China e por isso enfrentará os Estados Unidos numa batalha que irá perder, etc. Paradoxalmente, H. G. Wells muitas vezes teve mais visão para o futuro do que para o presente. De sua visita a Stálin para fazer uma entrevista com ele (publicada há pouco tempo pela edição dominical de *El País*), teve a seguinte impressão: "Nunca encontrei um homem mais cândido, limpo e honrado, e são essas qualidades, não algo oculto e sinistro, que lhe garantem sua tremenda ascendência indiscutida sobre a Rússia."

Nos anos 40, seu magistério ideológico já havia terminado. Havia tempos sofria de uma doença que ele mesmo diagnosticara: "O homem de letras leva consigo, em sua cabeça, uma coleção de utensílios cortantes: seu vocabulário. E às vezes acontece de ele cortar a si mesmo." Durante os bombardeios alemães negou-se a abandonar sua casa no centro de Londres e desafiou o destino em Hanover Terrace, tomando chá e lendo jornais. Mas estava tomado por um pessimismo atroz. Seus últimos pensamentos afirmam que "nosso universo está em total bancarrota: não deixa nenhum dividendo... Qualquer tentativa de traçar uma linha de conduta é absolutamente vã... Outras espécies acabaram sua história com dignidade, amável e generosamente, não como bêbados covardes num labirinto ou como ratazanas num saco. Mas é questão de preferência individual, que cada um deve resolver por si mesmo". O território do futuro, que ele tanto explorou, fechava por demolição. Foi diagnosticado nele um câncer. Em 13 de agosto de 1946, sentado na cama, pediu à criada um pijama limpo. Quando ela lhe perguntou se desejava mais alguma coisa, respondeu: "Não, continue você, já tenho tudo." Meia hora depois Herbert George Wells, primeiro cronista da guerra dos mundos, havia passado definitivamente a engrossar a lista de baixas.

A derrota de Julien Benda

Dos intelectuais que exerceram um magistério influente na Europa de nosso século, talvez não haja nenhum cujos ensinamentos tenham sido hoje tão conspicuamente abandonados quanto os de Julien Benda. E no entanto, segundo afirmou seu lúcido admirador José Bianco, "durante vinte anos Julien Benda exerceu um verdadeiro episcopado na *Nouvelle Revue Française*, ao lado de Gide, Valéry, Claudel, Alain, Suarès". Foi no período entre as guerras; depois da segunda grande contenda mundial, seu prestígio começou a se esfumar, mas ainda por ocasião de sua morte – em 1956, quase nonagenário – Sartre o elogiou do cume crítico que então ocupava: "Vai nos fazer falta sua vigilância." O certo é que já estava praticamente esquecido e só o título do mais famoso de seus livros, *La trahison des clercs* (que com certa inexatidão pode ser traduzido por *A traição dos intelectuais*), ainda flutua por catálogos e bibliografias depois do naufrágio do resto de sua obra.

Benda sempre foi não só polêmico como também particularmente *incômodo*: seus adversários não puderam deixar de admirar a vivacidade de seu estilo e sua imaginação dialética, ao passo que seus partidários nunca puderam aceitar totalmente o radicalismo paradoxal das idéias que ele expunha. Foi mestre na arte delicada de suscitar antagonismos. Sua própria figura os encerra, e não são pequenos: paladino de um intelectual historicamente desencarnado e abstrato, por cima de qualquer tomada de partido sectária, batalhou com empenho nos grandes confrontos que dividiram a época, desde o caso Dreyfuss até o Congresso de Intelectuais Antifascistas, adotando inclusive posições tão controversas quanto seu apoio em 1949 à farsa dos processos de Moscou. Quis ser frio, exato e científico em suas argumentações, mas o mais memorável delas é a paixão sabiamente retórica com que as fundamentou e a erudição desconcertante e muitas vezes caprichosa que apresentou para apoiá-las. Certa vez comentou que seu sonho seria levar uma vida espiritualmente ascética em um meio confortável: "Ler a *Imitação de Cristo* em um bom quarto do Ritz." Mas não fez nenhuma concessão ao populista ou trivial a fim de angariar fundos para financiar esse ideal. Considerava a si mesmo um intelectual de esquerda, e em certa ocasião comentou, com razão, as desvantagens que essa adscrição supõe para o dia-a-dia da notoriedade: "O escritor de direita não é só aprovado de olhos fechados por seus pares; por menos mérito que tenha, é exaltado por eles com uma atenção e uma constância de que o escritor de esquerda, com o mesmo valor, está longe de encontrar a seu respeito (...). Assim, Bainville, durante mais vinte anos, poderá repetir lugares-comuns sem perder um só leitor, ao passo que eu estou condenado até o fim de meus dias, se quiser manter os meus, a ter idéias." Escreveu estas linhas em 1930: a partir de então, chegamos a nos familiarizar com um tipo de escritor de esquerda ao qual se pode aplicar o mesmo comentário que o honrado Benda reserva aqui para seu adversário... a não ser que tal modelo literário e o público que o elogia pertençam à direita eterna de que Benda fala, embora episodicamente travestida de esquerda.

Na realidade, faltaram-lhe discípulos e interlocutores (embora não imitadores: são inúmeros os que pretenderam ou ainda pretendem reinventar o êxito de *La trahison des clercs* aplicando a fórmula censora a um ou outro grupo) e talvez nisso mesmo se baseasse o fascínio que ele exerceu sobre vários de seus mais destacados contemporâneos. O último número da excelente revista valenciana *Debats* dedica-lhe um dossiê em que se podem ler depoimentos agridoces de André Gide, Walter Benjamin ou Norberto Bobbio. E não é totalmente despropositado imaginar que, se algum de seus livros pudesse ser encontrado agora fora dos sebos, talvez alcançasse uma relativa notoriedade: a de sustentar as idéias mais desabridamente opostas que se possa conceber às hoje majoritárias. Não me refiro ao fato de

Julien Benda ser politicamente incorreto, mas a ser politicamente incompreensível, que é um pecado muito mais grave e a derrota definitiva em face do espírito deste século. Um fracasso que Benda previu e do qual se orgulhava, a julgar pela carta que escreveu em seus últimos anos a um par de diretores de revistas literárias: "Minha sombra lhe será infinitamente grata se o senhor puder conseguir que meus colegas não me dediquem artigos necrológicos. De quase todos eles, só conheci hostilidade, malevolência sistemática. Desejo que continue esse tratamento honroso e não quero sofrer as deferências hipócritas, até os pequenos elogios que as conveniências necessariamente lhes imporiam."

Faço essas considerações relendo seu *Discurso à nação européia*, resposta em parte aos dedicados por Fichte no século anterior à nação alemã. O livrinho foi publicado em 1933 – não é preciso ressaltar a importância da data – e corresponde a uma vocação europeísta ligada à sua própria idéia do intelectual: o retrato de Erasmo sempre presidiu a seus diversos gabinetes de trabalho. No entanto, como é remota e quase fantástica para nós a Europa que Julien Benda reclama! Alguns de nós podem simpatizar bastante com seu antinacionalismo, expresso com virulência quase profética: "Intelectuais de todos os países, deveis lembrar a vossas nações que elas estão perpetuamente no mal pelo simples fato de serem nações; deveis envergonhar-vos de ter uma nação... Atraí, com todas as vossas forças, o ridículo sobre a paixão nacionalista." Mas só os muito ousados o seguirão por esse caminho até as conseqüências que lhe parecem evidentes. Nada é tão reverenciado por nossa época quanto as diferenças entre culturas (ou melhor, entre simples costumes) e a diversidade de sacrossantas identidades, cada uma das quais conta com zelosos caudilhos e administradores, que defendem o *distinguo* porque neles está seu poder; pois bem, Julien Benda previne contra a proliferação de narcisismos interessados: "Construtores da Europa, não vos enganeis: todos os sectários do pitoresco estão contra vós." Acontece que um mundo do qual se desvanece o pitoresco multiforme será mortalmente monótono! Melhor, diz Benda: "A Europa será séria ou não será. Será muito menos *divertida* que as nações, que o são ainda menos do que as províncias." Não perderemos então a calidez do íntimo, do lar, do nutridor? Necessariamente, ele conclui implacável: "Agora tendes lares, esposas, filhos, bens, rendas, empregos. Essas coisas... vos ligam a vossa nação, vos tornam solidários com seu destino. Não é assim que fareis a Europa. A Europa é uma idéia. Fá-la-ão os devotos da Idéia, não os homens que têm lar." É isso.

Para sermos justos, notemos que Benda não se opõe à própria diversidade do pitoresco (que, como qualquer pessoa sensata, ele considera inevitável e perpétua), mas à *complacência* para com ela, à sua beatificação como expressão mais alta do humano. Porque, em contrapartida, para ele o mais alto nível do humano é o conceito, cuja imaterialidade abrange as diferenças na unidade que as transcende, não a sensibilidade que se regozija no polimorfismo material das aparências. A ciência situa-se, assim, acima da literatura: "O espírito científico, como já se disse de maneira excelente, é a identificação do diverso. Poderíamos acrescentar que, simetricamente, o espírito literário (pelo menos moderno) é a diversificação do idêntico." A conclusão não pode dar margem a dúvidas: "A Europa será mais científica do que literária, mais intelectual do que artística, mais filosófica do que pitoresca." E os grandes gênios do espírito literário são os que se puseram a serviço do universal, não do nacional. A objeção salta imediatamente: esses talentos universais o foram a partir do enraizamento no nacional. Quem é mais inglês do que Shakespeare, mais italiano do que Dante, mais espanhol do que Cervantes, mais francês do que Voltaire? Julien Benda não pensa assim. Não está claro que outros autores muito menores não tenham sido mais *nacionais* do que ele, embora não produzam menor orgulho coletivo. Os grandes escritores pregaram o universal, não o nacional, fossem de onde fossem: "Treischke e Barrès eram eminentemente nacionais; não serviram ao universal. Erasmo e Spinoza lhe serviram e não tinham nação. Fareis a Europa com o que disserdes, não com o que fordes." Porque a Europa provirá do espírito, que é vontade livre, e não do ser, que é adscrição necessária: "Não há um *Ser* europeu." E também por isso a Europa não deve ser concebida segundo limites e interesses materiais, mas a partir de um princípio espiritual permanentemente em expansão: lembremos o exemplo do império romano, que desmoronou quando negou aos bárbaros o direito, havia tanto tempo vigente, de ser acolhido em sua órbita...

Fiel a esses critérios, Benda tem saudade do latim como língua comum de cultura e deplora o momento em que até a oração se fez nacional. A Europa projetada deverá ter também uma língua comum, uma linguagem racional e precisa que esteja mais apta a expressar a clara objetividade do espírito do que a confusa diversidade dos subjetivismos sentimentais. E essa língua, afirma ufanamente Julien Benda, já existe, não é preciso inventá-la: é o francês. Ora, estava indo tão bem! Depois de nos ter prevenido tão adequadamente contra a "má-fé e a injustiça inerentes ao nacionalismo"! O literato pode desprender-se de todos os parentescos carnais que o escravizam ao particular, menos da mística de *sua* língua. Mas talvez essa contradição final seja a que nos torne mais próxima a altivez de seu discurso derrotado em favor de uma Europa possível.

Ferlosio em comprimidos

> *Caminito de Elea va
> una tortuga...* *

A repreenda mais imediata que vem à mente do leitor impaciente – eu mesmo, sem dúvida: há tanta coisa para ler! – diante da maioria dos artigos e ensaios de Rafael Sánchez Ferlosio é quanto à *prolixidade*. Voltaire afirmou que o segredo de ser enfadonho é dizer tudo, e segundo Oscar Wilde só os medíocres se empenham em *desenvolver* tudo o que abordam (idéias, tramas, etc.), mas nem um nem outro figuram entre os santos patronos do estilo ferlosiano. Quando um tema lhe interessa ou uma perspectiva o persegue incansável por todos os meandros imagináveis, divagando sem pudor, mas sempre voltando a pôr o focinho no rastro do objeto de inquisição, acumulando esclarecimentos e testemunhos, exprimindo argumentos, momentaneamente envolvido em disputas que lhe surgem de passagem, refazendo de repente, com um dar de ombros quatro parágrafos depois, a argumentação extraviada... Retoricamente, carece de qualquer malícia. Não exige um leitor, mas um cúmplice infatigável, interessado nos devaneios intelectuais e sem urgências práticas, alarmado com o universo, mas disposto a explorá-lo completamente e em todas as direções ao mesmo tempo, sem pressa, sem relógio. Oscar Wilde ou Voltaire escrevem para seduzir, dirigindo-se a remissos com cuja atenção inquieta só se conta enquanto estão deslumbrados; Ferlosio escreve para os já seduzidos, com quem com-

---

* Tradução livre: "Pelo caminhozinho de Elea / vai uma tartaruga..." (N. da T.)

partilha não seus raciocínios, mas seu entusiasmo por raciocinar. Vulgarmente falando, ele nunca está disposto a *encerrar o assunto*, o que, sobretudo nas colaborações jornalísticas, costuma ser excludente e fatal. Certo dia observei-lhe isso carinhosamente, mas ele replicou com honrada contundência: "Eu gosto é de tricotar, não de fazer pulôveres."

Essa prolixidade é, pois, um método, uma derivação da paixão pela teoria, mas não deve ser tomada como sintoma de incapacidade para a expressividade fulgurante que condensa ao mesmo tempo força e profundidade em uma fórmula breve. Quase tudo o que provém do tear raciocinante de Ferlosio, por mais disforme e pesado que seja em seu conjunto, alcança em algum momento esse tino feliz, mesmo que seja em uma simples divagação de rodapé. Às vezes trata-se apenas de um adjetivo, outras de uma imagem, talvez una à maneira de jaculatória reflexiva que inverte o ritual estéril da rotina. Nunca esquecerei aquela passagem de um artigo... do qual esqueci todo o resto. Ferlosio comentava ali as palavras de um parlamentar basco que pretendia atenuar a infâmia do assassinato de uns guardas civis por membros do ETA dizendo que os terroristas eram contra o uniforme, mas que nada tinham de pessoal contra suas vítimas. Rafael observou: "O grave é que não tivessem nada impessoal a favor." É impossível assinalar com maior lucidez e concisão a especificidade da perspectiva ética diante das alegações do fanatismo político. Está sobrando entulho, vamos à quintessência. É raro que, mesmo no texto mais indigesto e enroscado de Ferlosio, quando o leitor já começa a maldizer de confusa impaciência, ele não tropece em alguma jóia como essa – seja acerto teórico ou mero e nunca desprezível alvo verbal, no mais das vezes as duas coisas juntas – que compense seu esforço de atenção.

Mas também, em certas ocasiões, Ferlosio sabe ser voluntária e voluntariosamente breve. São esses comprimidos de sua mestria – que ele costuma chamar de *pecios** – que nós, alguns leitores impacientes mas devotos, preferimos dele. *Pecios?* Talvez porque cada um deles seja o que resta do naufrágio de um texto mais longo que não chegou a existir e no qual deveriam ter se desenvolvido até se

---

* Destroços de navio naufragado. (N. da T.)

tornar exaustivos, amplamente confusos. Boa parte deles (embora eu acredite que em sua maioria anteriores ao próprio nome de *pecios* com que depois os designou) estão reunidos no livro *Vendrán más años malos y nos harán más ciegos* [Virão mais anos ruins e nos farão mais cegos], junto com vários poemas e algumas parábolas. É supérfluo dizer que esse livro de Ferlosio é muito *pessoal*, talvez o mais pessoal de todos os seus. Supérfluo porque, quando escreve, Ferlosio só sabe ser pessoal: ignora solenemente o que é convenção ou tudo o que dita a impessoalidade vulgar, o formalismo dos gêneros, da imitação ditada pela moda. Excelente, bom ou regular, sempre carrega nos próprios ombros o mérito ou a culpa de si mesmo. Cada obra de Ferlosio é inevitavelmente ferlosiana, assim como tudo o que é escrito por seu coetâneo Agustín García Calvo é sempre inevitavelmente garciacalvista: a única diferença é que Ferlosio de vez em quando gostaria, talvez, de que fosse de outro modo, e García Calvo certamente não. De maneira que, nem mais nem menos pessoal do que os outros, a única coisa que cabe dizer é que este livro de Sánchez Ferlosio é um dos mais bonitos, inquietantes e profundos publicados durante o último quarto de século em língua castelhana.

Estou relendo *Vendrán más años malos y nos harán más ciegos*. Seria uma traição direta à obra (semelhante à de quem acaba transformando Montaigne ou Nietzsche em discurso acadêmico) tentar obter uma doutrina unitária desses escritos episódicos. Equivaleria a transformar um punhado de idéias em ideologias, contra o que o próprio autor nos previne: "Ter ideologia é não ter idéias. Estas não são como as cerejas, mas vêm soltas, a ponto de uma mesma pessoa poder juntar várias que se acham em conflito umas com as outras. As ideologias são, em contrapartida, como pacotes de idéias preestabelecidas, conjuntos de tiques fisionomicamente coerentes, como características classificatórias que se co-pertencem em uma taxonomia ou tipologia pessoal socialmente congelada." E, no entanto, nessa miscelânea de leitura variada não falta algo comum, coerente, que provém de um mesmo talante, ou melhor, de uma mesma *forma de pensar*. Deixo de lado a óbvia unidade de estilo literário, cuja força não está apenas na sempre saborosa e rica perspicácia verbal, mas também na esplêndida cunhagem de imagens difíceis de esquecer, como a cabeça cortada que rola ricocheteando, enquanto anseia por gritar pelo menos uma última vez o nome da amada. Digamos que não existe uma ideologia ferlosiana, mas certamente existe uma perspectiva própria e reconhecível da qual as idéias são vistas. E esse ponto de observação garante um *air de famille* a todas elas, que, embora não as enganche, como cerejas, umas às outras, também não as deixa tão inocentemente livres como parece supor o autor. De sua perspectiva, Ferlosio consegue ver muitas coisas diversas e até contraditórias no plano superficial, mas *nunca olha para outro lado*, não gira o ângulo intelectual, que seria a única coisa capaz de garantir idéias de qualidade totalmente diferente.

Em que consiste essa forma de pensar? Poderíamos dizer que consiste em um pensar *do contra*, em uma permanente vocação negativa, mais do que negadora, cujo manifesto insuperável é o *Villancico* que encerra o livro (que, de passagem, também condensa de modo ágil e atraente o que é mais próprio da tarefa que Agustín García Calvo levou a cabo durante anos). Mas essa disposição antagonista contra as afirmações positivas de nosso mundo tem em Ferlosio sua vertente peculiar. Nele não há, por exemplo, nem rastro do narcisismo lúgubre – e no fundo bastante estulto – que leva alguns prebostes culturais de certa idade a apresentar sua emenda a toda a contemporaneidade em que vive, seja a partir de posições de direita (por exemplo, Sábato) ou de esquerda, como Haro Tecglen ou o tedioso Saramago. Em Ferlosio, ao contrário, sempre se agita aquele ímpeto juvenil que não guarda as costas inscrevendo-se insubstancialmente no mais irrelevante de todos os partidos, o dos ideais traídos. Suas objeções não são as do que posa de magoado por ter perdido uma partida ética imaginária com a chusma inferior e a partir dessa catástrofe augura ou denuncia grandes males, mas as do que resiste a jogar em qualquer um dos tabuleiros *ontologicamente* estabelecidos. Em suma, sua rebelião é contra a *eficácia*, quer a chamemos pelo nome prestigioso de virtude ou pelo de verdade. Ferlosio aceita a tradução mais animosamente adolescente do *non serviam* luciferino, que transforma o *não servirei* em *não servirei para nada*, não serei útil. Embora saiba, é claro, que essa versão do grito rebelde é impossível, isto é, necessariamente ineficaz (afinal, Satã não se contentava em não obedecer, ele queria reinar!): por isso ele assinala que o menino que denuncia a nudez do imperador talvez também seja, afinal de contas, um funcionário imperial. Mas é essa própria impossibilidade, até a suspeita de conluio, em última instância, com o príncipe positivo deste mundo, que certifica para ele a limpeza de sua atitude: "Se uma condição tão pouco aristocrática como a que expressa um lema semelhante me credenciasse para ter minha própria insígnia, esse lema seria LADRO MAS NÃO MORDO. Tornar-se o justo tão eficaz quanto o injusto é tornar-se tão injusto quanto ele."

A ineficácia como insígnia detém todas as críticas, antecipando-se a elas. Apressa-se em renunciar à única coisa que o censor pode lhe lançar na cara como deficiência, ao admitir que não pretende colaborar para que o bom abra espaço. E também a própria virtude e a verdade são suspeitas de positividade afirmativa. Ferlosio orgulha-se modestamente de nunca ter advogado pela virtude, cujo fundamento ontológico só pode derivar da petulância narcisista e às vezes farisaica de seus paladinos, e nem sequer pela verdade, perversão da palavra uma vez que esta nascera apenas para expressar a ficção. Os *motivos* que transformam a virtude em virtude e a verdade em verdade as ancoram no reino deste mundo, aparentando-as irremediavelmente aos motivos do vício e da falsidade ou mentira: não caem do céu, como parecem pretender, mas brotam do lodo, como tudo o mais. Essa contaminação é decisiva para Ferlosio, como, antes dele, para tantos acerbos denunciantes do real: começa-se afirmando o bem e se acaba assumindo o mal como corolário imprescindível; mais ainda, afirma-se o mal *desde que se começa a afirmar o bem.*

A assim chamada virtude, o assim chamado vício, a assim denominada mentira, tudo provém do mesmo poço: do suborno do existente, da confirmação apaixonada e sem contemplações do que é e continua amando a si mesmo, do ímpio amor-próprio que às vezes se torna cego para o que convém mas nunca renuncia à sua conveniência, caia quem cair. Talvez tenha sido La Rochefoucauld o primeiro dispensador de comprimidos aforísticos a denunciar claramente essa cumplicidade entre o alto e o baixo, já presente no repúdio de santo Agostinho às virtudes pagãs que sustentavam a Jerusalém terrestre como *vícios magníficos*. O eco produzido por essa denúncia jansenista é muito bem recolhido por Saint-Beuve: "Os que habitam o primeiro andar na casa do amor-próprio pretendem não ter nenhuma relação com os que ocupam o térreo. Não perdoam La Rochefoucauld por ter mostrado que há uma escada secreta de comunicação." Deveria ter acrescentado que o próprio La Rochefoucauld nunca perdoou a realidade humana por ser o que é, depois de ter feito essa descoberta. Ferlosio compartilha o diagnóstico e a desolação, embora seu olhar nunca seja altivo como o do duque – muito pelo contrário – e seu tom seja mais cordial, freqüentemente compassivo, com um senso de humor agridoce mas excelente, às vezes tingido por essa orientação progressista que marca a crítica em nosso século: sendo como são os homens e seus símbolos, os que mandam têm mais culpa do que os que obedecem, porque eles representam melhor do que os outros o triunfo da eficácia. Também não falta o matiz antiprogressista, paradoxal mas tão necessariamente moderno quanto o outro: o de ontem não era bom, mas era menos mau do que o de hoje por ser menos assentado e definido, mais frágil. Sem dúvida, o presente é sempre mais culpado de eficácia do que o passado, porque o passado já perdeu – se perdeu – e o presente ainda não.

Da litania fúnebre de agravos contra a existência e do niilismo como *pose* pedantemente metafísica que iguala tudo em sua derrogação (da primeira quase não se livra nem mesmo Cioran, do segundo freqüentemente não se livra García Calvo), Ferlosio escapa incessantemente, pelo milagre de uma escrita demasiado saborosa para não ser constantemente cúmplice da vida e por uma reflexão demasiado atenta à minúcia do que poucos sabem ver para se contentar com esquemas de refutação universal. Todos os seus requisitórios acertam quanto ao literário e muitos também quanto à denúncia concreta de perigosas rotinas tiranizantes (por exemplo, a insuperável página sobre o "merecido descanso" e a "saudável alegria"). No entanto, a mera negatividade é tão intelectualmente perversa que até ele, finalmente, comete um comprimido literalmente *imperdoável*, uma concessão desse grande debelador de tópicos ao mais velho, mais ocioso, mais insincero de todos eles: "(*Ao Criador*). Senhor, tão uniforme, tão impassível, tão liso, tão branco, tão vazio, tão silencioso, como era o nada, e foi preciso ocorrer-te organizar este artifício horrendo, estrepitoso, incompreensível e cheio de dor!" Tantas páginas contra o engano ímpio da eficácia não evitam esta triste reverência traidora à única eficácia universal que tritura tudo, contra a qual alenta – no gozo dolorido do infrutífero – nosso empenho finito. Por uma vez, mas quão significativa, vemos Ferlosio do lado do mais forte e do mais cruel.

Volta a Erich Fromm

Sempre hesitamos um pouco ao voltar a ler, décadas depois, os livros que nos inspiraram arrebatamentos na primeira juventude: tememos não nos reconhecer, ver-nos ridículos no espelho de tais preferências, até nos detestar. Quando se trata de romances ou poemas, ainda vale a desculpa de que cada idade da vida requer seus próprios clássicos, mas isso alivia pouco se os amores antigos que nos repelem pertencem ao campo da filosofia ou à teoria social. Os entusiasmos literários abandonados nos fazem sentir ingênuos, mas os doutrinais nos denunciam como estúpidos. E isso apesar de a terrível velocidade ideológica de navegação deste século oferecer um álibi aceitável até para os desvarios mais vergonhosos, com o pretexto de que se passaram uns bons anos desde aquele fervor obsoleto.

De modo que hoje releio com certa apreensão *O medo da liberdade*, de Erich Fromm, o livro que tanto significou para mim e para muitos outros jovens de minha geração, às vésperas de 68 (antes que o epílogo de *Eros e civilização* de Herbert Marcuse o interditasse para nós). Pois bem, creio que em linhas gerais ele passa pela prova com notável galhardia. Continua sendo um diagnóstico preciso e nítido do conflito que o indivíduo moderno enfrenta diante das exigências da sociedade que o possibilita, no qual se identifica a raiz original de alguns dos piores males do século que está acabando..., os quais, segundo tudo parece indicar, não acabarão com ele. Certos méritos do livro devem ser lembrados previamente para aliviar comentários críticos mais injustos do que impiedosos: em primeiro lugar, a prematuridade da análise, pois a obra foi escrita *antes* do fim da Segunda Guerra Mundial e mantém sua vigência graças à amplitude de um enfoque que sabe transcender o momento terrível em que ela foi escrita. Mas também entra em conta sua inteligente correção do ponto de vista freudiano, não apenas ao censurá-lo justificadamente por subestimar a importância da condição sócio-histórica na gênese dos caracteres psíquicos como também ao fazer uma observação profunda e à qual se dá menos atenção: "Os atos livres – ou espontâneos – são sempre fenômenos de abundância. E a de Freud é uma psicologia da escassez." A análise freudiana sempre utiliza como princípio explicativo o afã de aliviar tensões e tranqüilizar inquietudes, no entanto talvez assim se perca a dimensão *pletórica* sem a qual aquilo que denominamos liberdade deixa de merecer esse nome.

Fromm tem contra ele o fato de ser um autor do que poderíamos considerar a *linha clara* do ensaísmo contemporâneo e, para agravar as coisas, bem-intencionado. Nele não há tenebrismo, nem truculência, nem o titânico desespero global diante da modernidade que tanta excitação propicia no plano sempre confortável de nossas academias. São sérios inconvenientes, pois o enigma verboso e a emenda à totalidade tiveram constantemente prêmio de consolação no clima ideológico do pós-guerra. E hoje também, sem dúvida: recentemente falamos muito dos desvarios racistas e reacionários de alguns professores conservadores, mas eu conheço prédicas universitárias não menos antidemocráticas nem mais sábias que, como dizem basear-se em Foucault ou Alain Badiou, são tidas em alta conta progressista. É claro que Erich Fromm também denuncia grande parte dos embustes ideológicos vigentes, mas é óbvio que ele está mais interessado em animar as pessoas do que em desolá-las ou angustiá-las. É inteligível, cautelosamente edificante... o que mais é preciso para que os pedantes atrabiliários lhe voltem as costas com um gesto de comiseração? E às vezes, sem dúvida, é insuficiente ou se envolve em névoas piedosas, como na parte final de *O medo da liberdade*, quando propõe uma "espontaneidade", cujas qualidades são difíceis de definir, para depois enredar-se num tépido elogio da economia planificada, que não parece de imediato compatível com ela, nem mesmo advertindo que "uma das tarefas principais da sociedade é... a forma de combinar a centralização com a descentralização". Não devemos esquecer, então, que ele escreve no final dos anos 40 e nós o lemos depois da queda do muro de Berlim. O grande mérito de Fromm está em compreender o individualismo não como o vício insuperável da modernidade, mas como sua maior *inovação social*, assinalando no entanto que potencializar o indivíduo exige um reforço das estruturas integradoras da sociedade e não seu abandono em proveito exclusivamente da lei do mais forte. O problema da sociedade contemporânea não é o excesso de individualismo, mas os curto-circuitos que o bloqueiam, aproveitando o medo da solidão e da responsabilidade que o uso da liberdade suscita na convivência da multidão. Então, a tentação é renunciar a ela para se aferrar à coletivização forçosa ou à hierarquia fascista: no primeiro caso, aspira-se a suprimir as desigualdades pela coerção e no segundo são consagradas como resultado de uma biologia mítica dos povos. Tanto a publicidade comercial como a propaganda dos grandes partidos políticos contribuem para automatizar as reações individuais, com promessas paradisíacas cuja mensagem oculta é de fato o repouso na uniformidade.

O cidadão das sociedades inundadas pela informação esmagadora – cujo despontar não passa despercebido a Erich Fromm – se debate em uma massa caótica de dados, à espera do especialista que os dote de sentido, que ele aceitará com mais alívio do que espírito crítico. Nasce assim a cumplicidade característica de nosso tempo entre o ceticismo, que não acredita em nada do que lê ou ouve, e o cinismo, que aceita sempre o soco autoritário na mesa, enquanto todas as opiniões se tornam *respeitáveis* porque cada um renuncia a argumentar as próprias ou a examinar racionalmente as do vizinho. Fromm previne contra esse conformismo resmungão assim como contra os supostos rebeldes – encabeçados em sua época por Hitler –, em quem se mistura o ressentimento de uma classe média que substitui a consciência política pela busca de bodes expiatórios com o oportunismo a serviço da demagogia populista. Enfim, o que então se sabia de sobra e se sabe agora, principalmente agora, aqui: basta escutar o discurso governamental vigente em nosso país e sobretudo o jornalismo *insubornável* que lhe fornece as alegações.

Sem dúvida essa avaliação já foi repetida e ampliada com freqüência desde a publicação de *O medo da liberdade* e por isso não soa com tanta eficácia como quando a lemos pela primeira vez, há várias décadas. O próprio Erich Fromm aprofundou suas colocações teóricas em obras posteriores, sobretudo em *Man for Himself*, que a meu ver é seu melhor livro. Considero, no entanto, que ler ou reler essas páginas continua sendo um exercício que instrui, estimula e sugere, o que não é um butim desdenhável em um mercado editorial no qual aparece diariamente tanta letra caduca. Se por uma vez a boa moeda expulsasse a ruim, e não o contrário – como a lúgubre economia ensina que acontece –, *O medo da liberdade* deveria novamente ganhar espaço, sobretudo entre os jovens. Pois são eles os mais interessados em buscar resposta urgente para as perguntas aparentemente ingênuas que nele se colocam: "*Independência* e *liberdade* são inseparáveis de *isolamento* e *medo*? Ou existe, ao contrário, um estado de liberdade positiva em que o indivíduo vive como um eu independente sem se achar isolado, mas unido ao mundo, aos outros homens, à natureza?"

Um puritano libertino

Historicamente, os filósofos e o sexo não se dão muito, pelo menos até o século XX. Más vibrações. Os poetas se enamoram, os pintores e escultores se deleitam com o nu, os romancistas analisam os dramas do adultério ou a promiscuidade, até os padres contribuem para a volúpia da espécie com sua doença de confessionário. Os filósofos olham para o outro lado e não falam no assunto. Entrincheiram-se no celibato, não por virtude, mas por distração: são anoréxicos eróticos. Alcibíades entra em vão debaixo da mesma manta que Sócrates, pois sairá tão intacto como entrou. Da tumultuosa vida doméstica de Sócrates e Xantipa, não há nada a acrescentar ao que Nietzsche já disse: que um filósofo casado é um personagem de comédia bufa. Suponho que por isso a maioria dos outros prefere não se casar, e o próprio Nietzsche, que propôs casamento a Lou Andréas Salomé, foi profilaticamente rejeitado. Ao amor que sublima seu desejo a ponto de não tocar a carne amada dá-se o nome (com bastante inexatidão, é justo dizer) de amor platônico. Os poucos sábios que saem desse roteiro austero podem acabar castigados, por menos que tenham outros pecados, tal como o famoso Abelardo. De modo que é lógico que os pensadores costumem ser tão pouco prolíficos quanto os mulos, embora por razões diferentes. Há um que procria vários filhos, o chamado Jean-Jacques Rousseau, e os abandona na porta de uma igreja! Enfim, da maioria dos integrantes do grupo pode-se dizer o que Madame du Deffand comentou do filósofo D'Alembert (que viveu durante anos em casta parceria com Julie de Lespinasse):

"Dá a impressão de ser uma alma que se encontrou num corpo por acaso e se ajeita como pode."

Se a biografia erótica e matrimonial dos filósofos é desoladora, suas teorias também não transbordam sexo, por assim dizer. De modo geral eles previnem a concupiscência pelo simples expediente de ignorá-la. As exceções à regra costumam vir de franco-atiradores da filosofia: um poeta como Lucrécio, um diletante como Montaigne, um literato como Diderot atreveram-se a dizer coisas notáveis sobre o assunto escabroso. Como conselheiros conjugais, os filósofos também não valem muito mais. Se alguém insiste em se casar depois de ler a definição kantiana do casamento como "arrendamento mútuo dos órgãos genitais", não há dúvida de que tem vocação autêntica... Até Schopenhauer não se produz uma verdadeira reflexão filosófica em profundidade sobre a dimensão sexual do humano, de um ponto de vista realmente perspicaz, sem preconceitos e *adulto*. Com Schopenhauer a filosofia finalmente abandona sua longa adolescência grega e seu infantilismo cristianóide para se transformar em um exercício "para maiores formados" (como se dizia antigamente na classificação moral dos filmes) em que a morte e o sexo têm um lugar condigno. Falta, infelizmente, a alegria, que virá depois com Nietzsche, bom leitor de Spinoza. Mais tarde ainda, a reflexão sobre a sexualidade será o tema central do grande pensador que ligará os dois séculos, Sigmund Freud. E depois, em sua esteira, Bataille, Foucault...

Bertrand Russell não se ocupou da ontologia da sexualidade, mas da moral e das instituições que regulam esse instinto poderoso. Diferentemente de seus colegas em geral, na vida de Russell a sexualidade sem dúvida ocupou um lugar predominante até uma idade muito avançada (ele morreu com noventa e oito anos de idade, lúcido e combativo). Casou-se quatro vezes e teve inúmeros casos amorosos, um deles com a própria nora, a acreditar no *gossip* póstumo. Nada verdadeiramente insólito se o compararmos com personagens do cinema, do esporte ou da literatura, mas um recorde no âmbito filosófico. Em todo caso, o mundinho acadêmico – sempre tão fácil de escandalizar com qualquer mostra de *vitalidade* que pareça comprometer, por contraste, sua gestão amortecida – considerou-o sempre um verdadeiro libertino. E não só a Academia: sua nomeação como professor no City College de Nova York foi impugnada por uma senhora iracunda cuja filha ia estudar naquele centro, que temia vê-la seduzida por tal sátiro. No julgamento sobre o caso, o promotor argumentou que os livros de Russell eram "libidinosos, devassos, venéreos, erotomaníacos, afrodisíacos, ateus, irreverentes, de visão estreita, fanáticos falsos... e carentes de fibra moral". O leitor ou leitora que tenham hoje nas mãos *Velha e nova moral sexual*, um dos títulos de Russell que em sua época foram mais provocadores, provavelmente ficará muito confuso se considerar esse rosário de xingamentos literalmente e os comparar com o que estiver lendo. Seja como for, o juiz americano sentenciou contra Russell e sua nomeação foi revogada.

No entanto Bertrand Russell não foi de modo algum um simples libertino, se entendermos por isso alguém dedicado a obter prazer sexual a todo custo e seja com quem for. Os libertinos de verdade não costumam teorizar sobre suas façanhas eróticas: no máximo se gabam delas ou as recordam em sua velhice, com o bendito candor de um Casanova. As coisas são de tal modo que, quando alguém justifica teoricamente sua assim chamada imoralidade, transforma-a imediatamente em moral, como aconteceu com o marquês de Sade, André Gide ou Bataille, autênticos puritanos do excesso e da transgressão. Também há em Russell um certo puritanismo de tipo muito mais tradicional – do qual costuma ter consciência –, que provém sem dúvida de uma educação rigorosa na qual se mesclaram a Bíblia e Stuart Mill. De modo algum ele chegou a achar que qualquer comportamento sexual fosse igualmente aceitável pela sociedade ou que a perspectiva moral em tais assuntos passionais fosse irrelevante. A suposta libertinagem de Russell se baseia em um princípio subversivo que ele sustentou durante toda a vida, com obstinação característica: só a mais triste das superstições pode considerar *mau* que dois adultos consintam em se dar prazer mútuo sem pedir licença ao clero nem às forças de ordem pública. O que ele queria não era a imoralidade sexual, mas uma moral nova, que partisse desse princípio e expusesse conseqüentemente outro código de conduta.

Esse código já é, mais ou menos, o nosso. Refiro-me aos europeus menos fanáticos, porque em muitas regiões dos Estados Unidos ou na maioria dos países islâmicos as coisas continuam funcionando de acordo com superstições acrisoladas. De modo que o atual leitor espanhol de *Velha e nova moral sexual*, na bela tradução de Manuel Azaña, agora editada em Sevilha por Abelardo Linares, corre o risco de achar o livro um tanto óbvio e até obsoleto, em alguns aspectos. Será difícil para esse leitor – sobretudo se for aventuradamente jovem – ter idéia da coragem e da honradez intelectual necessárias em sua época para publicá-lo, e lhe será custoso compreender por que foi uma das poucas obras de Russell (ao lado de *Casamento e moral* ou *Por que não sou cristão*) que era difícil encontrar nas livrarias durante a ditadura franquista. Acredite-me quando digo que sua afortunada perplexidade deve-se ao fato de finalmente Bertrand Russell e mais alguns como ele terem ganho a mais difícil das batalhas, a que luta por tornar respeitável o que é evidente. Não foram muitos os filósofos deste século que se rebaixaram a realizar uma tarefa tão *trivial* e tão emancipadora.

Agora se fala com freqüência em educação sexual e, confidencialmente, devo sussurrar-lhes que não me agrada muito esse nome. Naturalmente, acho muito oportuno que se informem crianças e adolescentes de certas verdades fisiológicas e higiênicas tão imprescindíveis para uma vida adequada como saber que o fogo queima ou a água mata a sede. Mas não creio que seja necessária uma *educação* especial para desfrutar do sexo: qualquer um pode consegui-lo de um modo ou de outro, desde que não viva oprimido pelo temor de inquisidores celestiais ou perseguido pela polícia. O importante, o urgente, não é educar para o sexo, mas educar para o amor. Tarefa muito mais difícil, tanto hoje como ontem, ameaçados que estamos por novas superstições eróticas (o sexo como primeiro produto do grande mercado consumista), diferentes das que Russell combateu valentemente, mas não menos tristemente daninhas.

A verdadeira história de Gonzalo Guerrero

A conquista da América pelos espanhóis (pois tratou-se sem dúvida de conquista, ousemos chamar as coisas por seu nome e deixemos de lado *encontro*, *descobrimento* e outros eufemismos) foi uma empreitada em que se mesclaram alguns elementos do espírito medieval (o afã intransigente de propagar a fé católica, o fervor em localizar *fisicamente* o Jardim do Éden, a vassalagem leal à Coroa da Espanha – salvo exceções isoladas, como a de Lope de Aguirre – e o sonho cavalheiresco de conquistar glória a golpes de sabre) com outros muitos de marca inequivocamente renascentista: a ânsia de lucro econômico, a vocação para viagens e descobertas, a ímpia curiosidade pelo desconhecido, a afeição às novidades, o individualismo empreendedor e com freqüência depredador, a utilização inescrupulosa da *técnica* nas artes da guerra e no domínio dos vencidos, a consagração política do êxito como legitimação dos meios empregados para consegui-lo, etc.

Se o homem medieval em seu conjunto se caracteriza por sua fé e o homem do Renascimento por sua inventividade e sua audácia, como julgaremos Gonzalo Guerrero? Ele foi capaz de romper com seu passado, com suas fidelidades e crenças, como qualquer renascentista, mas reinventou uma nova lealdade a uma forma de vida arcaica e sem possibilidades evidentes de vantagem pessoal, que lhe eram apresentadas por alternativas mais de acordo com os novos tempos. Sua adaptação a uma sociedade completamente diferente da que conhecia e seu apego à nova família que lá se criara transformam-no em uma figura realmente diferente, tanto de seus companheiros europeus como de seus novos compatriotas maias: algo como o protomártir da futura América mestiça... O mais engraçado, porém, é que certamente (ou *quase* certamente) ele não teve nenhum vislumbre do quanto seria insolitamente frutífero o precedente assim estabelecido. É muito provável que considerasse a si mesmo apenas como alguém que se adapta mais ou menos às circunstâncias irremediáveis.

O início? Tudo começou com um naufrágio, como em tantas histórias desde Homero até Salgari, passando por Shakespeare. Ou talvez ainda antes, em um dos muitos confrontos que costumava haver entre os conquistadores, pessoas de caráter forte, dadas ao excesso de orgulho e sobretudo ao de cobiça. No istmo de Darién, as coisas em 1511 estavam extremamente convulsionadas (frei Diego de Landa chama o conflito de o "desbarato" de Darién, em sua obra *Relación de las cosas de Yucatán*, que a partir de agora tanto teremos de consultar) por causa da enorme intriga entre *don* Diego de Nicuesa e *don* Vasco Núñez de Balboa. O funcionário Valdivia saiu de Darién para Santo Domingo para informar ao Almirante e ao governador o que estava acontecendo assim como para trazer vinte mil ducados do rei. Pelo menos é essa a versão dessa viagem fornecida pelo frei Diego de Landa, porque Andrés de Tapia – que recolhe o depoimento de Jerónimo de Aguilar, um personagem importante dessa história verídica e do qual logo também nos ocuparemos – diz que o trajeto seguido por Valdivia no momento de seu naufrágio era o inverso, ou seja, de volta para Darién.

Seja como for, Valdivia e sua tripulação navegavam no ano de nosso Senhor de mil quinhentos e onze pelas águas freqüentemente traiçoeiras de um mar que ainda não se chamava Caribe. Viajavam numa pequena caravela. Detenhamo-nos por um momento nesse modelo de barco, verdadeiro *fórmula um* da navegação da época, sem o qual a travessia do Atlântico continuaria sendo uma empreitada de duração proibitiva. As primeiras caravelas aparecem em Lisboa, na segunda metade do século XV. Seu nome provavelmente deriva do nome de um barquinho árabe muito menor, o cáravo, que inicialmente, durante o século XII, foi usado exclusivamente para pesca. É um barco de três mastros, com uma só ponte, que transporta aproximadamente cinqüenta toneladas. A maior originalidade de sua concepção é que a superfície total de seu velame é o dobro da que normalmente têm os barcos do mesmo tamanho, o que lhe permite vencer o vento e navegar velozmente em alto-mar, em vez de se limitar a margear as costas. A travessia dos oceanos torna-se então imaginável: trata-se *apenas* de dar valor ao assunto... A partir de seu início, em Lisboa, e durante todo o século, a caravela continua se aperfeiçoando e difundindo-se por toda a Europa. Acrescentam-lhe mais um mastro, e ela é utilizada especialmente para viagens em que a rapidez é mais importante do que o volume de mercadorias transportadas. Logo irá ganhar um irmão maior, o galeão, de formato mais robusto e com maior capacidade de carga. A caravela tem apenas um ponto fraco, que, poderíamos dizer, fica inevitavelmente a dever a sua rapidez e ligeireza: resiste mal às tempestades. Isso nos leva de volta à história que tínhamos começado a contar.

Seja indo de Darién para Santo Domingo, como parece mais provável, ou voltando de Santo Domingo para Darién, como afirma o cronista informado por Jerónimo de Aguilar, o certo é que a nau de Valdivia, a pequena caravela especialmente apta a levar *informações* (a mercadoria moderna por antonomásia, cuja primazia começava precisamente na época renascentista) naufragou nas proximidades da Jamaica, ao trombar com uns baixios, que na época se chamava de Víboras. Só vinte homens conseguiram se salvar, entre os quais estavam o próprio Valdivia, o várias vezes mencionado Jerónimo de Aguilar e um marinheiro natural de Palos, do qual continuaremos nos ocupando: Gonzalo Guerrero.

Os náufragos se resguardaram precariamente dos rigores do mar em um bote sem velas "e com uns remos ruins e sem mantimento algum ficaram treze dias no mar", segundo conta o exato Diego de Landa. Durante essa travessia de pesadelo, quase a metade deles morreu de fome. Por fim chegaram a terras de Yucatán, e certamente seu maior anseio, depois de pisar terra firme, deve ter sido encontrar alguma coisa com que encher seus estômagos judiados. No entanto seu destino seria mais cruel, pois o que esperava a maioria deles naquela península continental que estavam descobrindo sem saber não era exatamente comer, mas, ao contrário, serem comidos.

Os náufragos arribaram em seu frágil salva-vidas em algum ponto das costas orientais de Yucatán, não muito longe da ilha de Zazil-Ha (à qual mais tarde, como contaremos adiante, deu-se o nome enganosamente sugestivo de ilha das Mujeres ou ilha Mujeres, que hoje ainda contribui para exaltar na imaginação dos turistas os encantos dessa grata estação de recreio caribenha). Frei Diego de Landa comenta que eles chegaram a uma província chamada de La Maya, da qual recebem o nome de *mayathan*, a língua maia falada pelos iucateques e seu próprio grupo étnico. No início do século XVI, os maias já estavam em franca decadência com relação à grandeza de que haviam desfrutado mais de seis séculos antes, no período clássico de seu esplendor. Algumas grandes cidades ou lugares sagrados (Chichén Itzá, Uxmal...) estavam praticamente abandonados e eram contemplados pelos tataranetos de seus construtores com o mesmo assombro reverente com que hoje o são por nós, curiosos aficionados da antropologia, que os visitamos. A sociedade maia era extremamente conservadora, um pouco ao modo egípcio, e a decadência provavelmente contribuíra para anquilosá-la ainda mais. As diversas linhagens ou castas sociais permaneciam impermeáveis umas às outras, como na cultura dos verdadeiros índios, os nativos do Industão que Colombo nunca chegou a encontrar (mas será que algum dia se propôs de fato procurá-los?). Todo o sistema maia repousava sobre três pilares fundamentais: a monarquia mais absoluta que se possa imaginar, de direito divino, as relações de parentesco estritamente codificadas e o culto aos antepassados. O estudioso mexicano Miguel León Portilla chegou à conclusão de que a vida inteira dos maias era orientada por um padrão cultural forjado essencialmente sobre o tema do tempo, o que explica a enorme importância que a morte merecia em sua ideologia (embora na verdade a morte seja a idéia fundamental em toda cultura humana, tendência que se aguça extremamente em períodos de decadência). Sua ciência incluía conhecimentos astronômicos bastante desenvolvidos, mas fundamentalmente orientados num sentido religioso, pois imaginavam os acontecimentos do tempo submetidos à ditadura impassível e cíclica das estrelas.

Na época em que Valdivia e seus demais colegas náufragos foram lançados nessas costas iucateques, a grande península estava dividida em quinze senhorias, cada uma tendo à frente seu cacique correspondente. Esse cacique era senhor com direito absoluto de morte e vida sobre seus súditos, como emissário da ordem celeste que ele representava e chefatura suprema tanto no terreno militar como no religioso. Um dos títulos que ele recebia era o de Halach Uinic, o homem verdadeiro (o que revelava que a humanidade dos demais era submetida a certas limitações notáveis...). O canibalismo, para desgraça dos recém-chegados, não era prática pouco freqüente nessas senhorias maias. Os inimigos capturados (ou os náufragos resgatados!) tinham grande probabilidade de serem sacrificados aos deuses para depois sua carne ser cozida e devorada em um grande banquete ritual. Nossa proibição cultural da antropofagia está tão cristalizada que temos dificuldade em compreender como práticas semelhantes podiam fazer parte de uma religião institucionalizada (embora nós, cristãos, devêssemos ser um pouco mais compreensivos, pois o simbolismo canibal da eucaristia tem grande importância entre nossos mistérios sagrados). Como até que os espanhóis levassem àquele continente cavalos, ovelhas, porcos, vacas, cães, cabras, etc., não houvesse nele abundância de mamíferos comestíveis de bom tamanho, antropólogos como Marvin Harris explicam a antropofagia maciça dos astecas e outros povos pré-colombianos como uma forma cruel e expeditiva de conseguir as proteínas animais necessárias à sua nutrição. Dir-se-ia que essa explicação, não muito convincente, encobre uma intenção de tornar racionalmente tolerável uma prática social que é para nós demasiado repugnante...

Do ponto de vista mitológico, os maias tinham certas lendas que poderiam tê-los predisposto em favor dos náufragos espanhóis. Conservavam a memória de um rei ancestral, Kukulkán, de grandes virtudes e poder, que havia reinado em uma época áurea do passado e que depois partira para o Oriente, pelo mar grande, com alguns de seus fiéis. Mais cedo ou mais tarde o grande Kukulkán deveria voltar e talvez resgatar os maias do marasmo decadente em que viviam então. Essa lenda tem evidente semelhança com a de Quetzalcóatl, a serpente emplumada dos astecas, da qual se contavam também uma partida e um regresso triunfal. Em ambos os casos fazia-se menção especial às barbas que deveriam diferenciar as hostes do rei que retornava dos imberbes maias ou astecas, o que favorecia os hirsutos hispânicos. Essa referência às barbas levou alguns estudiosos a pensar se esses mitos não seriam registros muito deformados da passagem por aquelas terras de antigos viajantes nórdicos, pois sem dúvida os *vikings* foram os primeiros navegantes europeus que chegaram ao continente americano, embora, como eram gente de poucas palavras, não tenham feito muito alarde sobre o assunto. Supunha-se também que as hostes de Quetzalcóatl e/ou Kukulkán fossem apoiadas por animais e acessórios assombrosos, crença da qual Cortés, mais tarde, não deixou de tirar proveito, com seus cavalos e arcabuzes, mas que pouco servia aos náufragos de Valdivia. Resumindo, todos esses relatos míticos poderiam ter contribuído para uma recepção favorável e até entusiasta aos espanhóis em Yucatán, mas o mecanismo não funcionou assim. Talvez o peso dessas lendas não fosse muito grande e elas fizessem parte antes de um saber quase esotérico dos *chilanes* maias, que mais tarde começou a se difundir pouco a pouco, ao ver os sucessos dos invasores, mas que em princípio não influenciou para que lhes fosse dispensado um tratamento de deferência especial.

Em todo caso, Valdivia e seus companheiros tiveram pouco tempo para fazer trabalho antropológico de campo, quando caíram nas mãos de um dos caciques maias particularmente pouco hospitaleiro. De imediato ele sacrificou aos deuses o probo funcionário e outros quatro espanhóis, cujos restos serviram de jubiloso pasto à tribo, deixando os demais sobreviventes como reserva *no cevadouro para engordá-los*, segundo conta o próprio Jerónimo de Aguilar, com certo humor negro. O grupo de prisioneiros, cumprida sua hora de comer com intenção de engorda para consumo posterior, não esperaram a hora de ser comidos e escaparam de seus perigosos anfitriões, determinação ajuizada que ninguém lhes poderia reprovar. De seis ou sete deles perdemos então qualquer pista, e é lógico supor que sua sorte não foi muito melhor do que a de Valdivia e demais protomártires. Em contrapartida, os outros dois, Jerónimo de Aguilar e Gonzalo Guerrero, saem-se muito melhor e são adotados por grupos maias de costumes alimentares menos ominosos que os anteriormente conhecidos.

Aguilar era natural de Écija e pessoa de certa instrução, pois em sua mocidade havia estudado para sacerdote e até chegara a receber ordens menores. Ficou como escravo na tribo que o acolheu, mas sem receber maus-tratos e sendo até especialmente estimado por seu cacique, em razão de sua notável castidade. No entanto, uma vez salva a pele, Aguilar só pensa em voltar aos seus, conforme demonstrará quando os espanhóis enviados por Hernán Cortés chegarem à península e lhe derem oportunidade de se unir a eles. Seu caso é parecido com o de Alvar Núñez Cabeza de Vaca, que viveu entre nativos da América do Norte e até atuou como xamã da tribo, mas sem jamais renunciar ao objetivo de, mais cedo ou mais tarde, reintegrar-se a seus compatriotas de origem.

A seu companheiro Gonzalo Guerrero, protagonista desta breve crônica, as coisas ocorrem de modo diferente e, sem dúvida, muito mais favorável. Ele também é acolhido amistosamente pelo cacique Nachancán, mas não se integra ao grupo como simples escravo (apesar de, depois, apresentar-se como tal diante de Montejo, quando este lhe propuser que abandone os maias e una-se a eles na conquista da península) e chega até a se casar com a filha de Nachancán, adquirindo um *status* importante na tribo, sobretudo no terreno militar. Guerrero era natural de Palos e, sem dúvida, havia interferido ativamente nos confrontos civis de Darién, embora os especialistas não estejam de acordo sobre se ele era homem de Vasco Núñez de Balboa ou de Francisco Niño. O que parece claro é que ele honrava seu nome e que foi pessoa de tomar armas, ou melhor, de armas tomadas. Provavelmente submeteu-se a todos os rituais de iniciação dos varões maias antes de se casar com a filha de Nachancán. Segundo conta o frei Diego de Landa, começavam com uma cerimônia de sentido parecido com a do batismo, chamada *caputzihil* ou *novo nascimento*, a partir da qual se considerava o iniciado apto para participar proveitosamente da comunidade. Mas Gonzalo Guerrero não se contentou com esse primeiro rito de integração ao grupo: também deixou seu cabelo crescer, ao modo maia, tatuou seu corpo segundo a dolorosa exigência com que os guerreiros iucateques mostravam sua valentia viril e furou profundamente as orelhas para poder usar argolas como o resto de seus novos vizinhos. Frei Diego acrescenta escandalizado que "é até de acreditar que fosse idólatra como eles", problema teológico que não saberíamos elucidar. Em contrapartida, não se pode formular tal suspeita com respeito ao piedoso Aguilar, que deu um jeito de conservar seu livro de horas, guardar mais ou menos os feriados e cumprir as demais obrigações cristãs a seu alcance em circunstâncias tão desfavoráveis.

Nachancán devia ser um cacique mais inteligentemente flexível do que outros, mais *moderno*. Em vez de devorar Guerrero, sem tirar maior proveito dele, preferiu utilizar seus conhecimentos militares: é curioso que até nas sociedades mais estólidas e menos amigas das inovações sempre há um certo interesse pelos progressos das artes da guerra... Também é possível que os *chilanes* (xamãs ou sacerdotes entre os maias) dessa senhoria tivessem particularmente presente a lenda de Kukulkán que mencionamos anteriormente... O certo é que Gonzalo Guerrero se transformou em algo como a *arma secreta* do cacique maia: o exército rudimentar e decadente de Nachancán viu-se reforçado por um homem do renascimento europeu, que os ensinou a fabricar fortes e bastiões, assim como a disciplina operacional dos movimentos de tropas. As quinze senhorias maias achavam-se em permanente estado de hostilidade umas contra as outras: logo a utilidade dos ensinamentos de Guerrero se revelou nos confrontos cotidianos, e Nachancán, encantado, pôde orgulhar-se das retumbantes vitórias sobre os chefetes vizinhos. Mas a verdadeira prova de fogo de Guerrero chegou pouco depois, quando lhe coube dirigir as hostes não contra outros caciques, porém contra seus antigos companheiros, os invasores vindos de além dos mares...

No ano do Senhor de 1517, quando Gonzalo Guerrero e Jerónimo de Aguilar já estavam vivendo havia perto de um lustro entre os maias (caso admirável de sobrevivência que não teria deixado de ser registrado no Livro Guiness dos recordes se tão educativa publicação já existisse naquela época), *don* Francisco Hernández de Córdoba saiu com três navios de Santiago de Cuba para Yucatán. Embora os bem-intencionados digam que talvez tenha saído para descobrir novas terras, vocação muito própria do momento, os mais realistas afirmam que seu objetivo era recrutar à força novos escravos para as minas porque seu número "estava escasseando", conforme reconhece frei Diego de Landa, querendo dizer que os trabalhos exaustivos e os maus-tratos estavam acabando maciçamente com aqueles desventurados nativos obrigados a procurar a grandeza do império espanhol (cada império tem sua própria forma de *canibalismo*, como se pode ver, e, segundo disse o zombeteiro Montaigne, a escolha é entre os que matam as pessoas para devorá-las ou os que as vão comendo vivas até morrerem...). Para saber o que fazia *escassear* o número de mineiros escravos entre os nativos submetidos aos rigores daquele capitalismo nascente pode-se consultar a *Brevísima relación de la destrucción de las Indias*, do bispo Bartolomé de Las Casas, crônica às vezes exagerada de fatos muito seguros e que defende princípios de dignidade humana universal que honram tanto a pessoa que se atreveu a sustentá-los como a cultura inovadora que os foi estabelecendo. Hernández de Córdoba com seus três navios chegou à ilha de Mujeres e a ele se deve, se Landa não estiver mentindo, seu nome *glamuroso*, baseado nas grandes estátuas de deusas pétreas que encontrou nos templos do enorme penhasco marinho. Certamente tais edificações o "espantaram", sempre segundo frei Diego de Landa, mas ele também encontrou algumas coisas de ouro e as levou, o que revela que sabia manter a cabeça fria, mesmo dentro do espanto, em face dos abusos da idolatria...

Prosseguiram viagem e chegaram à península, para sermos mais precisos a Campeche, onde de início foram bem recebidos pelos índios, que se admiravam com seus trajes e suas barbas (o assombro com as barbas dos conquistadores espanhóis é uma constante em todos os encontros com os nativos americanos, de norte a sul do Novo Mundo, e ocorria devido a lendas como a de Kukulkán ou à extravagância do fato em si). Continuaram avançando, e os índios se tornaram menos amistosos: embora não muito entusiasmado com a obrigação de travar combate, em vista da óbvia desproporção numérica, Francisco Hernández acabou lutando e, apesar de recorrer à artilharia das naus e aos arcabuzes (espantosos engenhos bélicos que naquelas terras, é claro, deviam parecer armas horríveis, como as que os marcianos dos romances de ficção científica contemporâneos costumam utilizar contra os pobres terrestres), não conseguiu dobrar os maias. Teve numerosas baixas, ele mesmo foi ferido e teve de se retirar novamente para seus quartéis de Cuba, onde morreu em conseqüência dos ferimentos sofridos na refrega, não sem proclamar que aquelas terras eram muito boas e que nelas podia-se encontrar o cobiçado ouro que tanto deslumbrava os invasores europeus. Uma segunda expedição, pouco depois, na qual estava *don* Francisco de Montejo, o famoso *adelantado*, não teve melhor fim do que a primeira. Nos dois casos, a se acreditar no detrator Jerónimo de Aguilar (empenhado em que não o confundissem com seu renegado ex-companheiro), a culpa dessas derrotas espanholas foi da destreza bélica que Gonzalo Guerrero demonstrava à frente das tropas iucateques.

Talvez se trate de um exagero interessado, mas o certo é que foi assim que começou a se forjar a lenda de Guerrero.

Mais alguns anos se passam. Em 1519 inicia-se um dos episódios cruciais de toda a grande epopéia da conquista da América, tão cheia de atrocidades como de façanhas (ou de façanhas que, no fundo, foram *além do mais* atrocidades): Hernán Cortés resolve sua longa querela com o governador Diego Valázquez e – meio o enganando, meio lhe desobedecendo – parte de Cuba para Yucatán (que então ainda era considerada uma ilha) com onze naus, quinhentos homens, vários cavalos, tudo sob um estandarte de cores brancas e azuis, em honra de Nossa Senhora e impresso com uma cruz escarlate rodeada pela seguinte inscrição: "*Amici sequamur crucem, E si nos habuerimus fidem in hoc signo vincemus*." Assim começava a tomada de Tenochtitlán, o final do império asteca representado por Moctezuma e a história moderna desse grande país deslumbrante e dramático que primeiro se chamou Nueva España e agora se chama México. Da expedição de Cortés também faziam parte alguns veteranos das viagens anteriores a Yucatán: o piloto Alaminos, que o fora com Francisco Hernández de Córdoba e na viagem seguinte, Francisco de Montejo (cujo papel na tomada de Yucatán será fundamental posteriormente) e o índio Melchor, um intérprete que também os havia acompanhado nas duas ocasiões.

A primeira etapa de sua viagem foi a ilha de Cozumel, onde os expedicionários desembarcaram e saquearam um povoado para depois se tornarem amigos da mulher e dos filhos do cacique do lugar e devolver-lhes tudo o que fora espoliado. Cortés já iniciava sua habitual tática de dureza e flexibilidade que tão bons resultados lhe traria em sua incrível tarefa de demolição de todo um mundo. Ao ver as barbas dos invasores, os nativos comentavam com assombro reverente "*castillán, castillán!*", donde Cortés concluiu imediatamente que deveria haver espanhóis vivendo nas senhorias de Yucatán. Nada poderia ser mais útil ao ambicioso extremenho do que compatriotas que conhecessem bem a língua dos povos com quem iria se enfrentar, assim como seus costumes e artimanhas. Ele decide então enviar-lhes uma carta com os próprios índios que já havia engabelado para lhes pedir (ou melhor, ordenar) que se incorporassem imediatamente a seu pequeno exército. Há várias versões da carta, conforme os cronistas; a que se segue é a de nosso informante habitual, frei

Diego de Landa: "Nobres senhores: parti de Cuba com onze navios de armada e quinhentos espanhóis, e cheguei aqui, a *Cozumil*, de onde lhes escrevo esta carta. Os desta ilha me garantiram que há nesta terra cinco ou seis homens barbados e em tudo muito semelhantes a nós. Não sabem dar outras indicações, mas por estas conjecturo e tenho por certo que são espanhóis. Eu e estes fidalgos que vêm comigo povoar e descobrir estas terras rogamos muito aos senhores que dentro de seis dias depois de receberem esta carta venham a nós sem mais adiamentos ou desculpa. Se vierem, reconheceremos e gratificaremos a boa obra que este exército receberá dos senhores. Envio-lhes um bergantim para que venham nele, e duas naus de segurança." Outras transcrições da mensagem fazem alusão à condição de "prisioneiros" de algum cacique sofrida por Aguilar e Guerrero, mas essa menção não é compatível com o pedido – quase ordem – de incorporar-se com a maior brevidade possível a suas fileiras, que constitui o núcleo do apelo de Cortés. Em todo caso, o tom dominante e ao mesmo tempo sedutor do conquistador extremenho – escritor nada medíocre e retórico muito hábil, de um pragmatismo político pouco escrupuloso – está bem presente no texto fornecido por Landa.

Os mensageiros levaram essa missiva envolta em seu próprio cabelo através do estreito verdadeiramente estreito que separa Cozumel da península iucateque. De nossa óptica carimbada pela agonia definitiva do correio (que exala os últimos suspiros entre as empresas privadas de transporte de mensagens e o fax), é surpreendente comprovar o quanto funcionava bem a correspondência em seus asselvajados inícios: sem dúvida chegaram a Felipe II as epístolas desafiantes de Lope de Aguirre, e Jerónimo de Aguilar certamente recebeu em tempo o proclama de recrutamento de Cortés. Mas o audaz capitão era homem do Renascimento e, portanto, já estava inventando a mais moderna das paixões, a *pressa*. Como os misteriosos barbudos não se apresentassem às fileiras, deu-os por mortos e ordenou que se levantassem âncoras. Felizmente uma das embarcações se acidentou e teve de voltar ao porto para ser consertada, o que permitiu que Aguilar a alcançasse. Cruzou o estreito de Cozumel de canoa e acompanhado por vários remadores índios. No início, todos o tomaram por um nativo, pois estava adereçado como qualquer um deles, até que, choroso e em um espanhol "mal mascado e pior pronunciado" (segundo conta Bernal Díaz del Castillo) exclamou: "Dios y Santa María y Sevilla!" Então foi acolhido com todo o cerimonial reservado aos filhos pródigos.

Segundo a versão de frei Diego de Landa, Jerónimo de Aguilar contou, no relato de todas as suas peripécias, que incluíam o fim de Valdivia e dos demais companheiros, que não tivera tempo de avisar a Guerrero, pois estava a mais de oitenta léguas dele. No entanto, Bernal Díaz e outros cronistas afirmam que Aguilar se encontrou com Guerrero e tentou convencê-lo a voltar com ele ao redil de seus compatriotas. A resposta negativa de Gonzalo Guerrero é um dos documentos mais significativos desta história insólita: "Irmão Aguilar: sou casado e tenho três filhos, e aqui me têm por cacique e capitão quando há guerras; vá com Deus, que eu tenho a cara lavrada e as orelhas furadas. O que dirão de mim quando me virem desta maneira aqueles espanhóis! E veja estes meus filhinhos como são bonzinhos! Por sua vida me dê dessas contas verdes que traz e direi a meus irmãos que as mandaram de minha terra." A mulher índia de Guerrero também interferiu na discussão, apostrofando o tentador Aguilar com um vigor que confirma sua origem principesca e a importância que estava certa de ter no afeto do renegado de Palos: "Veja só como vem esse escravo chamar meu marido; vá-se embora e deixe de conversa." O assombrado Aguilar, incapaz de compreender como seu companheiro de labuta rejeitava aquela ótima ocasião de voltar à *normalidade*, insistiu com argumentos religiosos – "lembre que você era cristão, etc." – e até lhe disse que se o problema eram a mulher e os filhos podia levá-los junto oportunamente. Mas, por mais que lhe dissesse e o admoestasse, Guerrero continuou se negando a acompanhá-lo.

O mais interessante de todo esse colóquio, do qual se pode dizer que *se non è vero, è ben trovato*, é que ele representa o choque de uma concepção pública da vida com a sua noção *privada*. Para Aguilar (provavelmente, nessa perspectiva tradicionalista, igual aos próprios maias que desprezava) o indivíduo só pode, logicamente, querer viver entre os que compartilham seu lugar de nascimento e no âmbito da cultura à qual pertence por origem, da qual recebe – segundo o detestável dogma tão repetido – sua *identidade*. Nada pode acontecer posteriormente ao indivíduo para apagar-lhe esse selo primordial, e nada ele pode fazer com sua vida para extirpá-lo. Mas Guerrero pensa de outro modo. Se as razões para se negar a acompanhá-lo tivessem sido (como talvez quisessem os ideólogos atuais do indigenismo) o fato de preferir a forma de vida dos maias à dos espanhóis ou de considerar que estes cometiam um injustificável atropelo invadindo terras alheias, continuaria no mesmo terreno da vida pública que Aguilar e só estaria optando por uma identidade coletiva em lugar de outra. Seus argumentos, em contrapartida, são de índole exclusivamente privada: o afeto pela mulher e pelos filhos, a adoção de sinais externos de incorporação a um grupo que provavelmente tornariam sua vida insuportável em outro por causa dos preconceitos habituais, o próprio *status* alcançado na nova comunidade da qual deseja fazer parte, etc. Razões iguais às que daria qualquer cidadão moderno para não deixar sua atual empresa e a cidade em que vive e da qual gosta pela exigência de voltar ao trabalho na aldeia natal que abandonou há muito tempo. Até pede quinquilharias que possam ajudá-lo a melhorar sua posição no novo grupo, o que revela que o conhecia bem sem ter esquecido os usos daquele ao qual pertencera antes. Se a capacidade de romper os vínculos do passado e empreender individualmente uma nova caminhada, por mais chocante que possa parecer aos imobilistas, é um dos traços caracteristicamente modernos do Renascimento, não há dúvida de que Guerrero – tatuado e emplumado como qualquer índio – representa a modernidade melhor do que o ex-seminarista Aguilar, empenhado a todo custo em voltar para casa com *os seus*...

De modo que, no final das contas, Jerónimo de Aguilar foi sozinho com Cortés lançar-se à desaforada empreitada de desmantelar o império asteca. E seu papel nos acontecimentos não foi nada pequeno. Em Tabasco, os nativos deram a Cortés o melhor dos presentes: uma índia de berço nobre e, naturalmente, viva inteligência, chamada Malinche, que depois se transformou em *doña* Marina. Malinche conhecia a língua maia de Yucatán, que, por razões óbvias, Jerónimo de Aguilar também dominava. Estabeleceu-se assim o círculo de intérpretes que, desde o início, permitiram ao conquistador extremenho a comunicação com as aldeias que invadia: Malinche traduzia do asteca para o iucateque e Aguilar deste para o castelhano.

Segundo Tzvetan Todorov, em seu excelente livro *A conquista da América*, a chave do êxito de Hernán Cortés foi seu domínio flexível das comunicações, que lhe permitiu decifrar seus inimigos, argumentar com eles, formular ameaças ou hábeis trapaças, em suma, dominá-los também e sobretudo *a partir de dentro*. Nessa tarefa, a contribuição do náufrago Jerónimo de Aguilar foi sem dúvida decisiva, sendo que assim, mais uma vez, o destino de grandes instituições e milhões de pessoas foi decidido por incidentes aparentemente menores, como uma disputa interna entre ambiciosos, uma tempestade marinha e a obstinada capacidade de sobrevivência de um só personagem, talvez em si mesmo nada grandioso.

Assim partiu Hernán Cortés com seu pequeno exército para o interior do continente, não sem a convicção de que Gonzalo Guerrero era um perigoso traidor, causador das dificuldades que os espanhóis haviam encontrado na conquista de Yucatán e até prevendo o papel de astuto chefe militar entre os maias que ele poderia continuar desempenhando no futuro. Bernal Díaz del Castillo assinala inequivocamente que Guerrero "foi o inventor de que nos dessem a guerra que nos deram", e o próprio Cortés afirmou ominosamente sobre o renegado: "A verdade é que gostaria de tê-lo nas mãos porque nunca será bom." Mais tarde, de fato, a atividade de Gonzalo Guerrero confirmará amplamente essas prevenções dos conquistadores sobre a ameaça potencial que ele representava para seus planos. Quem quer que tentasse dominar Yucatán haveria de saber a partir de então que a primeira coisa seria conseguir o apoio de Guerrero ou destruí-lo para que não continuasse dificultando sua tarefa.

Durante seis anos, Gonzalo Guerrero continua vivendo sem interferências na senhoria de Nachancán. Tem tempo de sobra para se familiarizar com seu complexo calendário e para adquirir algumas noções de sua astronomia, que era antes astrologia, pois para os maias, como dissemos, os corpos celestes determinavam rigidamente todos os incidentes das vidas humanas. É muito provável que durante esse tempo ele tenha assistido a mais de um sacrifício humano e também tenha participado, para não destoar, em banquetes canibais rituais. Enquanto isso, Cortés consumava a derrota e a espoliação de Tenochtitlán, fundando o que por muito tempo deveria chamar-se Nueva España. Em 1527, Francisco de Montejo, nomeado *adelantado* de Yucatán, desembarca na península com quatrocentos homens e cento e cinqüenta cavalos perto de Tulum, que então ainda tinha o nome de Zama. Imitando seu destacado mentor extremenho, queima suas naus e se aventura terra adentro. As doenças e as emboscadas vão diminuindo o número de suas forças de forma alarmante. Finalmente ele decide dividir suas tropas já escassas em dois grupos: um, encabeçado por seu lugar-tenente Alonso Dávila, marcha para Chetumal, enquanto o segundo, comandado pelo próprio Montejo, caminha para o sul. Novamente Montejo se lembra do espanhol renegado que vive entre os índios e envia uma missiva a Guerrero exortando-o a unir-se a ele. A carta é bajuladora, seu cabeçalho qualifica Guerrero de "irmão e amigo especial", e nela ele lhe promete tratamento dos mais deferentes e a isenção de qualquer represália possível por suas ações anteriores. Como é de rigor, lembra-lhe sua condição de cristão e os demais vínculos de lealdade que o unem às esfalfadas coortes expedicionárias. Mas Guerrero volta a se escusar, com palavras submissas em que soa certa dissimulação irônica: "Senhor, beijo as mãos de vossa mercê; e, como sou escravo, não tenho liberdade, embora seja casado, tenha mulher e filhos e me lembre de Deus; e o senhor e os espanhóis têm em mim bom amigo..." Quem tem amigos como este, deve ter pensado Montejo, não precisa de inimigos... O chefe militar dos maias, genro diletíssimo de seu cacique, tinha a desfaçatez de se apresentar como um simples escravo! O maior inimigo dos invasores espanhóis pretendia oferecer-se a eles como um amigo sincero, quase um irmão extraviado pelas circunstâncias!

O cronista Fernández de Oviedo relata a armadilha urdida por Guerrero para desconcertar e debilitar os espanhóis: depois de fortificar Chetumal, fez Montejo acreditar que seu lugar-tenente havia sido derrotado com todas as suas tropas e da mesma coisa o *adelantado* conseguiu convencer Alonso Dávila. Ambos desesperados, cada um deles iniciou por seu lado uma retirada do tipo *salve-se quem puder*. Dávila foi o primeiro a se dar conta do logro, pois continuou avançando com mil dificuldades e chegou a Chetumal, mas apenas para encontrar a cidade abandonada e sem provisões, o que mais uma vez transformou sua retirada em um pesadelo de fome e sofrimento. Como disse indignado González de Oviedo, Gonzalo Guerrero "já estava transformado em um índio e muito pior do que um índio...".

Montejo decidiu prudentemente que seria melhor iniciar a consolidação do poder hispânico sobre Yucatán por Veracruz e Campeche, a partir do golfo do México. Seu avanço foi muito mais lento e mais cauteloso, embora nunca tenha cedido num empenho que a longo prazo lhe dava todas as vantagens. Anos mais tarde, em 1536, chegamos ao desenlace desta história. Como os maias de Higueras, na baía de Honduras, estavam sendo atacados pelos espanhóis, Gonzalo Guerrero organizou toda uma frota de canoas para ir em sua ajuda. Foi sua última batalha. Andrés de Cereceda, em seu informe datado de 14 de agosto daquele ano, registra o seguinte: "O cacique Cicumba declarou que durante o combate que ocorrera dentro da albarrada no dia anterior, um cristão espanhol chamado Gonzalo Aroca Guerrero tinha sido morto por uma arcabuzada. É o que vivia entre os índios da província de Yucatán por vinte anos ou mais. É o que dizem que arruinou o *adelantado* Montejo. Esse espanhol que foi morto estava nu, com o corpo pintado e com aparência de índio."

Assim acaba a biografia oficial de Gonzalo Guerrero. De seus filhos e netos nada sabemos, salvo que os teve; unidos e defrontados com os filhos e netos de seus matadores, herdaram o que hoje chamamos de América hispânica.

· BIBLIOGRAFIA

CHAMBERLAIN, ROBERT S.: *Conquista y colonización de Yucatán*, Porrúa, México.
DÍAZ DEL CASTILLO, B.: *Historia verdadera de la conquista de la Nueva España*, col. Historia 16, Madri.
FERNÁNDEZ DE OVIEDO Y VALDÉS, G.: *Historia General y Natural de las Indias, islas y tierra firme del mar Océano*, Biblioteca de Autores Españoles, Madri, 1959.
LANDA, DIEGO DE: *Relación de las cosas de Yucatán*, col. Historia 16, Madri, 1985.
LÓPEZ DE GÓMARA, F.: *Historia de la conquista de México*, Porrúa, México.
THOMPSON, J. E.: *Historia y religión de los mayas*, Siglo XXI, México.
TODOROV, T.: *La conquista de América*, Siglo XXI, México.

Anjos decapitados

Uma das vantagens indubitáveis das ditaduras é transformarem a cultura em algo extremamente importante para todo o mundo: para as autoridades do regime, que a controlam, reprimem e censuram como se das opiniões emitidas num determinado livro ou das cenas de determinado filme dependesse a estabilidade do sistema; para os escritores e artistas, que calculam o peso de cada pincelada ou de cada palavra como assunto de vida ou morte, de prisão ou liberdade; e para o público em geral, que busca com denodo nas manifestações culturais a voz que politicamente lhe é negada ou a rebelião contra a imposição, de que ele necessita para respirar. Graças à ditadura, cada um descobre que as artes plásticas, a literatura e até a música não são simples recreações para ociosos, mas potências daimônicas, carregadas de vigor público positivo ou negativo: escolas inevitáveis de domesticação, mas também de audácia emancipadora. O mal – tudo tem seu lado mau, até as ditaduras – é que transformam a cultura em algo forçosamente *militante* e a carregam com um suplemento heróico que só raramente a beneficia. Descobrir as implicações sociais e políticas da cultura, sua transcendência comunitária, é algo altamente benéfico que os tiranos propiciam; o reverso mau da moeda é que governantes, criadores e usuários acabam por medir os valores culturais com o critério único da excitação política e social que eles podem provocar. Nós que crescemos sob o franquismo tivemos experiência tanto desse reverso como do anverso.

Os que não viveram a ditadura poderão compreender, se tiverem imaginação e sensibilidade política, os aspectos *dramáticos* da perda dessas liberdades básicas que hoje na Espanha são dadas como favas contadas, mas dificilmente conseguem ter idéia de seus aspectos *ridículos*. Há pouco tempo, a propósito de uma caricatura do rei Juan Carlos publicada num jornal, comentei com meu filho que eu vi a primeira caricatura de Franco quando estava prestes a fazer dezessete anos: foi na revista francesa *Paris Match*, que minha mãe comprava em Biarritz todos os fins de semana quando de San Sebastián *passávamos para a França*. Meu filho, que ainda não tinha um ano quando o ditador morreu, achou estranho: como se pode viver tanto tempo sem ver desenhos satíricos contra as autoridades?, é o que pensa ele, que praticamente não vê outra coisa quando abre um jornal. Contei-lhe que uma simples caricatura podia levar ao fechamento de uma publicação e à prisão de seu autor; o menino me olhou com um pouco de ceticismo, convencido de que eu estava exagerando. Acontece que, de fato, há algo de inverossímil, de ridiculamente incrível, no fato de um poder que conta com o exército, a polícia e todo o resto da parafernália repressiva se dedicar a perseguir caricaturas ou a proibir um parágrafo em um artigo de jornal. No entanto, a tirania busca não só obediência como também unanimidade aparente e fervor entusiasta entre suas vítimas: deseja não só ser temida, mas também respeitada e amada, e por isso qualquer indício de desafeto desperta sua ira. Como o amante ciumento, vê em qualquer cenho franzido ou qualquer piscadela o início da traição absoluta...

O regime franquista deve ter sido em seu início tão fascista e trovejante quanto seu primo italiano; porém, quando atingi certo uso de razão, ele já tinha sido desbastado pelo tempo e pela necessidade de se ajustar a um contexto europeu que não marchava a passo de ganso. Na cultura oficial ainda permaneciam, no entanto, ressaibos do antigo estilo e não faltavam aqueles que Borges chamou de "gritadores" e definiu como "feitos de espuma e patriotice e de insondável nada" (*Inquisiciones*), cujos representantes na televisão do final dos anos 50 e início dos 60 poderiam ser um Jesús Suevos ou um Adolfo Muñoz Alonso. A prosa jornalística nutrida pela retórica falangista também abundava em tais espécimes, descendo até a canalhice, por efeito de uma evolução inversa – do homem ao macaco de imitação –, desde talentos indubitáveis mas politicamente repulsivos, como César González-Ruano, Eugenio Montes ou Rafael García Serrano, até níveis ínfimos, dos quais hoje pode dar idéia o sobrevivente Jaime Capmany, surpreendente *mestre* atual de colunistas simplórios que talvez o mereçam como tal.

Falar da cultura *oficial* serve para nos lembrar que a ditadura queria extirpar as manifestações culturais críticas ou comprometedoras para sua hegemonia (a maior parte das mais ativas naquela época), mas não renunciava a estabelecer as suas próprias. Com efeito, o franquismo transformou a Espanha em um *deserto* cultural, isto é, em um páramo unânime, estéril e monótono pelo qual aparentemente só circulavam os graves e sonolentos dromedários da propaganda do regime, alguns dos quais bancavam os prudentemente *críticos* dentro da lealdade inquebrantável e diferiam dos mais conformistas, não em seu garbo ou em seu perfil geral, mas pelo fato de terem duas corcovas em vez de uma só. Mas, como em todo deserto que se preze, no Saara cultural do franquismo existia muito mais vida do que se podia vislumbrar à primeira vista: pequenos seres que se escondiam por entre a areia, que se camuflavam como podiam à passagem dos dromedários da censura ou que só saíam ao ar livre durante as horas escuras da noite. Mais ainda: alguns desses animaizinhos fugidios porém tenazes viviam como parasitas nas corcovas dos camelos fascistóides, aproveitando seus descuidos ou mal-entendendo deliberadamente seus ditames. Desse modo, culturalmente o franquismo foi um deserto, sem dúvida, mas um deserto *vivo*, como o daquele filme de Walt Disney de que tanto gostei quando o vi ainda pequeno, justamente em plenos anos desérticos.

Quando cheguei à adolescência, a política cultural do regime franquista era mais proibitiva do que doutrinária. Como já disse, durante os primeiros anos da ditadura não foi assim, e quem desejar conhecer sua faceta de imposição escolar a modo de lavagem cerebral poderá consultar *El florido pensil* de Andrés Sopeña, um florilégio justamente célebre das barbaridades nacionalistas, do catolicismo integrista, da fobia antiliberal e anticomunista, que foram inculcadas durante aqueles anos a quem menos podia se defender contra elas. Por essa via pretendeu-se criar a reserva espiritual do Ocidente, entendendo a palavra *reserva* em seu sentido mais zoológico: um espaço demarcado onde vivessem em falsa liberdade formas de vida artificialmente segregadas da contaminação da modernidade. Porque, em suma, o franquismo foi antes de tudo e sobretudo *antimoderno*, diferentemente do nazismo e do fascismo mussoliniano, que representavam uma forma infausta da modernidade, mas moderna, ao fim e ao cabo. A ideologia franquista era um conservadorismo patrioteiro, militarista, santarrão e clerical, que odiava tudo o que cheirasse a modernidade, desde o individualismo até a emancipação sexual, desde os partidos políticos até a impiedade científica, desde a liberdade de consciência religiosa até as formas estéticas ou simplesmente indumentárias que se desviassem do tradicional. O franquismo foi *reacionário* no sentido mais estrito e literal do termo: queria impedir alguma coisa muito mais do que propor alguma coisa. Em sua última década, o desenvolvimento econômico e a chegada dos tecnocratas da Opus Dei ao governo, assim como o contágio benéfico do turismo europeu e seus exemplos *corruptores*, dissolveram ou aliviaram o que havia de mais estrepitosamente antimoderno nesse conglomerado ideológico. E depois não ficou nada, pois não havia mais nada. Daí a facilidade com que, com a morte de Franco, os aspectos externos do franquismo desapareceram da vida pública e até da memória da quase totalidade dos espanhóis. Por certo, alguns aspectos desse antimodernismo estão renascendo agora, e nem sempre a partir da direita conservadora, mas também com pretextos antiianques, neo-espiritualistas, ecologistas, nacionalistas, etc. Há algumas pessoas que não se incomodariam em reinventar hoje uma espécie de franquismo... sem Franco, até mesmo um franquismo *de esquerda.*

De modo que o franquismo de minha adolescência já propunha poucas coisas no campo cultural, mas em compensação proibia muitas. Tomarei como exemplo o terreno da leitura, que é o que sempre me interessou prioritariamente. Durante o franquismo havia duas censuras, a eclesiástica e a política, que se complementavam mutuamente, mas nem sempre se sobrepunham. Por razões eclesiais, proibiam-se os livros críticos com relação à religião cristã e sobretudo à Igreja católica, assim como as obras licenciosas (que paradoxo semântico, proibir a licença!). O famoso *Índice* de livros proibidos, resíduo do Santo Ofício, continuava tão vigente quanto a Bula da Santa Cruzada: quando fiz o curso de Filosofia na então chamada Universidade Complutense de Madrid (na segunda metade dos anos 60), os alunos católicos ainda tinham que pedir na capela dispensa por estudos para ler obras tão escandalosas como, por exemplo, o *Discurso do método* de Descartes. Naquela época, publicar uma edição do *Dicionário filosófico* de Voltaire era um feito de audácia quase inimaginável, pois dificilmente teria conseguido o *nihil obstat*. Não é preciso falar em Albert Camus ou Jean-Paul Sartre... A Igreja católica, hoje tão zelosamente preocupada com a liberdade de consciência, padecia então de uma curiosa amnésia a esse respeito. A censura política perseguia antes de tudo os *vermelhos* espanhóis de qualquer tendência, desde simples republicanos ou nacionalistas conservadores até a extrema esquerda (era mais fácil encontrar um livro de Trótski do que de Azaña), os historiadores estrangeiros que davam uma versão da guerra civil contrária a Franco ou simplesmente neutra, e os clássicos do anarquismo e do marxismo. As obras de autores espanhóis analisando a realidade sociopolítica de nosso país só foram tíbia e vacilantemente permitidas nos últimos anos do franquismo, embora se limitassem a explicar os fundamentos do Estado de direito ou em que consistiam os partidos políticos. Quando finalmente obtiveram, mais do que permissão, uma saudável vista grossa, nos estertores de Franco e do regime, produziram-se *best sellers* quase milagrosos, improváveis em qualquer outro país: soube de amigos que chegaram a comprar até três edições diferentes de *Materialismo e crítica empírica* de Lênin, suponho que apenas por pura revanche histórica...

A censura nos vedava o acesso a muitos livros, mas também servia para nos revelar *a contrario*, com suas proibições, os autores mais dignos de serem buscados. Um guia insubstituível nesse sentido foi, para mim e para um grupo de colegas, o anuário de leituras boas e más que era publicado pelos jesuítas de Deusto, sob a direção sagaz do padre Garmendia de Otaola. A obra herdara o empenho inquisitorial de uma outra, anterior à guerra civil, do padre Ladrón de Guevara, que a intitulava *Lecturas malas y buenas*, especificando que esse rótulo se devia ao fato de serem muito mais abundantes as primeiras do que as segundas. O padre Ladrón de Guevara não hesitava, em seu repertório alfabético, em colocar verbetes fulgurantes como este: "Galdós: veja-se em Pérez o quanto este autor é ruim." A versão *aggiornatta* de Garmendia de Otaola tinha a vantagem de ser muito completa e de incluir a menção de livros ou autores que só podiam ser conseguidos por contrabando cultural. Os desvios religiosos, políticos ou eróticos dos autores eram detalhados com tal minúcia que forneceu a nós, grupo de perversos principiantes que o manejávamos em conciliábulo, algumas inestimáveis cartas de recomendação. Graças a esse prontuário de heresias, fiquei sabendo, por exemplo, da existência de André Gide, cuja produção era despachada com sentença tão definitiva e argumentação tão obscuramente sugestiva do nefando, que o achado de *Se o grão não morre* (na edição argentina de Losada, constituiu uma de minhas maiores emoções pré-universitárias. Acontece que a velha e perversa toupeira da perversão sempre sabe se infiltrar, alimentando-se sobretudo da aversão de seus perseguidores...

Nesse contexto pouco propício, mas por isso mesmo culturalmente estimulante, alguns de nós aprenderam a sobreviver graças ao conhecimento do idioma francês (o inglês ainda não tinha sido inventado no âmbito da bibliografia, embora estivesse despontando no terreno musical, que eu não freqüentava) e às editoras hispano-americanas. O francês era muito útil, sobretudo para quem vivia perto da fronteira, como era meu caso, e podia visitar com freqüência livrarias geograficamente próximas, mas separadas das espanholas por subversivos anos-luz; também me foi indispensável, mais tarde, nas livrarias de Madri que vendiam livros estrangeiros, como as alemãs Bucholtz ou Miessner e a francesa Henri Avellan, onde se conseguiam obras forâneas que nunca poderiam ter sido apresentadas em língua castelhana. Mas a dívida mais profunda e indelével, nós, que então éramos jovens, temos para com as edições dos países irmãos do outro lado do Atlântico. Sem o Fondo de Cultura Econômica, teríamos ignorado quase tudo no campo da sociologia, da antropologia, da economia e boa parte do que há de mais importante da filosofia (*Ser e tempo*, *A fenomenologia do espírito*, etc.); se não fosse a editora Losada, muitos de nós teriam ficado sem Sartre, Gide, Kafka, Pasolini e um longo e estimulante etcétera; graças à Sur, lemos a *Dialética do Iluminismo* de Adorno e Horkheimer, os primeiros ensaios de Walter Benjamin e outros pensadores alemães relevantes, nas traduções para o espanhol de H. Murena. O que teria sido de nós sem elas e sem Joaquín Mortiz, Sudamericana, Emecé, ou sem o que foi publicado na Argentina e no México pela Aguilar...? A chegada de alguns títulos dessas coleções à Espanha era irregular, nem sempre por razões de censura, e em algumas livrarias eles eram reservados para nós, iniciados, com gesticulação semiclandestina, que deslumbrava meu ânimo adolescente. Para mim, quem os guardava na livraria Aguilar da *calle* Goya de Madri era um balconista chamado Ángel (bendito seja, onde quer que esteja!), que me arranjou o volume encadernado em couro das obras completas de Baudelaire e o volume de Gide da coleção de Prêmios Nobel, ambos editados no além-mar pela Aguilar e proibidos na Espanha. Ele também me guardava os livros de Borges editados pela Emecé, que chegavam em conta-gotas ou não chegavam. A parcimônia com que eu me via obrigado a ler quem desde o primeiro momento se tornou minha maior paixão literária – e continua sendo – literalmente me desesperava. Portanto, aproveitei uma de minhas visitas a Biarritz com meus pais para conseguir em francês *História da infâmia* e *História da eternidade*, nas traduções de Roger Caillois. Quando contei a Borges que o original de alguns de seus livros, para mim, era em francês, ele o tomou com sua habitual surpresa irônica...

Mas também algumas editoras espanholas proporcionavam alimento para o vício de quem, como nós, não sabia fazer outra coisa que não ler. Nos romances baratos de banca de jornal da coleção Plaza, e mais tarde da coleção Reno, achavam-se maravilhas ao lado de plúmbeos *best sellers* da época. Não desejaria por nada no mundo ser obrigado a ler Pearl S. Buck, Lajos Zilahy, Cecil Roberts ou Louis Bromfield, mesmo sabendo que sou tão injusto para com seus méritos quanto quem deixa de comer macarrão pelo resto da vida porque era a única coisa que serviam no internato. No entanto, continuo relendo Chesterton, Somerset Maugham, Stefan Zweig e pode até ser que gostasse de ler de novo *O egípcio*, de Mika Waltari. Como o que é subversivo na cultura raramente está na obra e quase sempre na visão do oprimido, devorei obras não pouco indigestas de autores que minha mãe, a grande leitora da casa, me havia indicado como *fortes demais*. Assim, por exemplo, algumas de Maxence Van der Meersch, carregadas de uma sombria problemática social abordada a partir da perspectiva antes penitencial do catolicismo *progressista*: em especial *A máscara de carne*, cujo tratamento da vida e das desgraças de um jovem homossexual logicamente não me afastou de Gide nem de Oscar Wilde. Outra dessas drogas pesadas era Vicki Baum, prolífica e tediosa mas de enorme sucesso na época, cujos livros eu folheava a toda velocidade, tentando encontrar as cenas eróticas com maiores possibilidades masturbatórias. Parece-me lembrar que um de seus romances se chamava *O anjo sem cabeça*, e daí o título que dei a estas anotações, pois acho que expressa bem o que as autoridades culturais franquistas queriam conseguir da população submetida: um rebanho de dóceis anjos decapitados.

Na imprensa, os escritores faziam filigranas para sobreviver: lembro nebulosamente de um artigo de Azorín dedicado a comentar as excelências literárias do Caudilho. Só retive uma frase, dessas que transformam um autor em paródia forçada de si mesmo: "A prosa do Caudilho é parca em adjetivos." O jornal que contava com o melhor plantel de colaboradores culturais era o *ABC*, que nos últimos anos do franquismo foi desbancado pelos bem mais avançados *Informaciones* e *Madrid*. Adolescente, eu me encantava com os artigos de César González-Ruano e me interessava pelas críticas *rigorosas* de obras ensaísticas perpetradas por Gonzalo Fernández de la Mora, que me orientavam *a contrario* sobre o que deveria ler, conforme o mecanismo anteriormente apontado com referência ao padre Garmendia de Otaola. Como jornal, o *ABC* condensava então, a meu ver, todas as essências pomposamente retrógradas, hipocritamente liberais e cheias de unção curial e militar que representava, ai!, a face mais *humana* do regime. Em suas páginas, mesmo antes de chegar a campanhas tão abjetas como a que encobriu o assassinato de Enrique Ruano pela polícia, aprendemos, alguns de nós, a detestar a *seriedade* e aristocrática *dignidade* que se resume em insídias, cumplicidade e dissimulação libidinosóide. No entanto, e apesar de não parecer fácil, a partir da morte de Franco esse jornal piorou muito, politicamente. Em tal contexto, é difícil exagerar o que nos tempos finais do franquismo representaram revistas como *Cuadernos para el diálogo* ou *Triunfo*, e não apenas por suas análises políticas meio disfarçadas para tentar evitar as freqüentes apreensões, mas também porque lá se falava com louvor libertador de escritores, pintores, cineastas ou pensadores que só tínhamos ouvido mencionar – se é que eram mencionados! – entre tergiversações e anátemas.

Mas, como eu disse no início, a contribuição decisiva da ditadura foi despertar um fervor cultural de oposição do qual alguns de nós, que o vivemos, não podem deixar de ter saudade... embora, é claro, não sintamos a menor saudade das circunstâncias políticas que o provocaram. Se não fosse pela censura ditatorial a tantos autores e a tantas obras teatrais, não teríamos conhecido calafrios tão deliciosos de transgressão emancipadora ao assistir a uma estréia de Buero Vallejo ou ao *Marat-Sade* de Peter Weiss em versão de Alfonso Sastre, direção de Adolfo Marsillach (o público aplaudia com emoção as perorações de Marat e até lançava panfletos em seu favor, enquanto a polícia vigiava os acessos ao teatro!). Só a censura cinematográfica, que transformava o casal de *Mogambo* em irmãos para evitar o adultério e assim o agravava como incesto, justifica nossas filas devotas à porta dos cinemas de Arte y Ensayo, onde depois engolíamos filmecos chatíssimos, mas também podíamos descobrir *To be or not to be* ou *Repulsión*. Graças à fastidiosa esterilidade da universidade oficial, da qual foram expulsos os representantes mais críticos como Aranguren, García Calvo, Tierno Galván e Aguilar Navarro, descobrimos a magia de espaços alternativos de expressão e debate, como o Instituto Alemán de Madrid. Alguns de nós serão sempre gratos a seu diretor, Herr Plinke, por nos ter aberto as portas da douta casa quando éramos algo como *hooligans* juvenis da filosofia, mais dados ao *ex-abrupto* e ao etilismo do que a sóbrias meditações. Até um humilde recital de poesia podia transformar-se em uma aventura subversiva, então mais exaltante do que hoje pode ser assistir à mais radical das manifestações antigovernamentais. E isso sem falar nos recitais de cantores-autores como Raimon, Luis Llach ou Pi de la Serra, alguns dos quais (o famosíssimo de Raimon na Facultat de Económicas de Madrid, por exemplo) alcançaram verdadeira relevância *histórica*, embora naquele tempo a história não fosse mais do que a soma de esforços que alguns de nós faziam não tanto para derrubar a ditadura quanto para não nos deixar derrubar totalmente por ela.

O franquismo, como todas as ditaduras, temia a cultura. Acontece que as ditaduras – seja o ditador Franco, Pinochet ou Castro, tanto faz – são uma cultura em si mesmas, uma cultura da unanimidade inócua, da autocelebração, da antimodernidade, do receio da *conspiração estrangeira*, do gregarismo patriótico, do puritanismo sexual, da intromissão estatal no que os cidadãos amordaçados pensam, sonham ou desejam. E essa cultura ditatorial nos serve para desenhar na contraluz o perfil da cultura livre: uma cultura da discordância e também da cacofonia, crítica e autocrítica, defensora do presente e promotora do futuro, internacionalista e até estrangeirizante (tudo menos a tribo, tudo menos o castiço, tudo menos as *essências*), individualista, libertina, ao mesmo tempo íntima e pública, mas nunca oficial. Eu acrescentaria por minha conta e risco mais um aspecto: democrática. Porque em oposição à cultura da ditadura ou à ditadura como cultura só pode haver a cultura da democracia, a democracia como máxima realização cultural. A precisão é importante, uma vez que, sob Franco, havia no mundo semiclandestino muitos antifranquistas, mas relativamente poucos democratas; depois da morte do ditador, muitos antifranquistas compreenderam a importância cultural da democracia, mas outros se reciclaram em simples antigovernamentais... ou em pró-governamentais da razão de Estado (estes aplicando uma máxima esquerdista cristalizada: tudo é puro se é feito pelo puro em nome do partido, mesmo que suje as mãos). As conseqüências são visíveis. Por isso o empenho emancipador e conforme o caso negativo da cultura continua sendo tão importante hoje quanto foi ontem. Mas que ninguém se confunda nem confunda os outros: os males de hoje não são equiparáveis aos de ontem, e a pior democracia é melhor – politicamente melhor, mas também culturalmente melhor – do que a melhor ditadura. Quem provou sabe.

INTERVALO
Afeições cinematográficas

O rapto da besta

O sábio Spinoza afirmou que não existem o Mal e o Bem em termos absolutos, só o mau e o bom segundo cada um. O que é, então, o mau? Aquilo que faz mal a alguém. Os cogumelos venenosos, por exemplo, não são maus em si, mas nós os chamamos assim porque podem causar transtornos e ate a morte de quem os come. Para quem não pretende comê-los, são cogumelos tão *bons* quanto todos os outros. Como não lembrar a propósito, já que estamos em uma revista para cinéfilos*, a aula de micologia ética que Fernando Fernán Gómez dá às crianças em *El espíritu de la colmena*...

E então por que são *más* as mulheres más, que não devem ser confundidas com as más mulheres, que só podem ser más porque não podem ser outra coisa? Pois são más porque fazem mal. A quem? A quem as ama. Para quem não as ama, as mulheres más são tão boas, regulares ou indiferentes quanto quaisquer outras. Mas ai de quem as ama! Elas lhe darão indigestão e até podem chegar a lhe ser fatais. A culpa não é delas, é claro: são inocentes e letais, como os cogumelos venenosos que se oferecem nos bosques do Senhor. Não tocar não levá-las à boca, não beijar, não acariciar! A culpa, se é que onde há dor sempre deve haver alguma culpa, será de quem as amou, do apaixonado. E não é que o bom homem opere entre trevas, sem vislumbrar o que o espera: muito pelo contrário. A mulher lhe

---

* *Nosferatu*, editada pelo Donostiako Udal Patronatua. (N. do A.)

faz mal porque ele a ama, mas ele, é isso que é engraçado, a ama porque *sabe* que ela lhe faz mal. No final de *Os três mosqueteiros*, quando Milady de Winter (Lana Turner) vê se aproximar o machado do carrasco, tenta comover o marido traído, Athos (Van Heflin) lembrando-lhe que um dia a amou: "Sim, eu te amei – responde o mosqueteiro. – Amei-te como amei a guerra, como amei o vinho, como amei tudo o que me prejudicou." Amar, para alguns (para todo aquele que ama de verdade, talvez?), significa que a pessoa decidiu que não pode viver sem aquilo que mais a machuca.

Para não ficarmos em generalizações, vamos tomar o exemplo de *King Kong*, o macaco que por razões de peso sempre teve mais dificuldade para subir nas árvores. O rei dos gorilas vivia respeitado e temido em sua ilha, como um autêntico paxá. Não carecia de donzelas: em vez de ter uma noiva em cada porto, como certos marinheiros salazes do mar de sal, ele mesmo se transformara no porto final das mais lindas namoradas da tribo que o venerava. Todas morenas, ai! Como bem observou alguém, naquela ilha não havia abundância de loiras... até que chegou Fay Wray. A verdade é que não as houve em abundância nem mesmo quando chegou Fay Wray, pois então a única loira dos arredores era ela. Mas para King Kong isso foi suficiente: inaugurava-se para ele um mundo novo, o paraíso impossível do desejo do insólito, que depois sempre se transforma em inferno do inacessível. Pode ser inacessível, deve ter dito a si mesmo o valente Kong, no entanto também eu sou inacessível ao desalento.

Mas por que uma loira acabou sendo tão preferível às infinitas morenas da oferenda anual (ou mensal: ignoro a freqüência do débito conjugal de Kong, mas suporemos que estivesse submetido à lua cheia do mês, a ponto de suas namoradas, ao se verem arrastadas ao sacrifício, o explicarem a si mesmas dizendo: "Estou com *monstruação*.")? Tranqüilizemos os irritáveis vigilantes do politicamente correto: King Kong não era racista. Para ele, todas as mulheres pertenciam à mesma raça do que lhe agradava, justamente porque não era a sua. Mas, como todo bom selvagem, diga o que disser Rousseau, Kong gostava do nunca visto nem apalpado, do exótico, do inédito. Se tivesse vivido na Escandinávia, teria ido atrás da única negra que rompesse a loira monotonia da paisagem. Nos anúncios eróticos dos jornais costumam ser oferecidas prazerosas companhias cujo atrativo é regional: *galega libertina!*, *asturiana madura*, etc. Ao que parece, dirigem-se a nostálgicos que, mais do que falta de amores, sentem falta de sua terra. Pois bem, nosso King Kong nunca teria mordido a isca. Leria *gorila submissa* e diria *não é para mim*; *morena ardente? Isso eu já tenho*; mas se lhe oferecem uma loira... a esse chamado, lá em sua selva, não pode deixar de responder.

Pobre Kong, meu semelhante, meu irmão! Acreditou que a preciosa novidade fosse para ele, e que fosse para sempre. Provavelmente estava até disposto a se transformar em macaco monogâmico, não monogâmico sucessivo, mas monogâmico definitivo e monoteísta de uma nova divindade, pela qual estava disposto, de bom grado, a renunciar à sua. Acreditou que para conservar uma loira bastassem os mesmos exercícios atléticos que utilizava com tanto sucesso para se apropriar de suas morenas: matar um tiranossauro, estrangular uma serpente gigante ou espancar conscienciosamente um pterodáctilo. Macaquices simples mas insuficientes. As loiras vêm de longe, e o diabo as carrega. Com que doce torpeza com seu enorme indicador fálico ele a foi despindo em sua mão, como quem vai descascando uma cebola que depois o fará chorar! Enquanto isso, ela gritava, gritava irresistivelmente, a malvada, para excitá-lo ainda mais. A ponto de bala.

Depois de perdida a dama, perdida desde que a viu, pois quem estava perdido era ele, King Kong viajou drogado e acorrentado – podia ser de outro modo? – para a outra selva, a do asfalto, onde já não lhe cabia ser rei. Só viajou uma vez em sua vida, mas fez a única viagem que conta: não a do turista nem do explorador, mas a que tem como meta nos reunir a quem amamos. Dessa viagem, não se costuma voltar, mas isso é o que menos importa. Diante da multidão de curiosos que rugia, ele também rugiu seu desejo imenso e rompeu suas correntes: para que ela, sem correntes de outros, o acorrentasse melhor... Fez descarrilar os trens das vizinhanças que transitam entre a rotina e o fastio, quebrou as janelas atrás das quais se esconde o que mais nos tenta, desafiou os aviões assassinos, e fez tudo com brio e sem queixa, como os machos que não podem triunfar. Por fim, lá em cima, descobriu que nenhum arranha-céu, por mais alto que seja, chega até o céu: só se sobe neles para que a queda seja mais dura ainda, mais solitária. Então a deixou delicadamente em lugar seguro e a olhou pela última vez, como se a estivesse vendo pela primeira vez. Tão loira, tão pequenina, tão má, tão de todos os outros. Foi seu último suspiro: ai de mim, Fay! Depois, a guerra desigual e a morte que iguala tudo. No final de seu ensaio *O mito de Sísifo*, Albert Camus afirma que devemos imaginar Sísifo feliz em sua condenação eterna. Também imagino King Kong feliz, enquanto caía do Empire State, porque esses amores maus que matam são os únicos que fazem viver de verdade.

A dignidade do frágil

Como outras paixões menos confessáveis, o amor por John Carradine tem, ao lado de jubilosas grandezas, não poucas escravidões. Durante anos minha devoção por ele me levou a engolir as mais disparatadas séries sub-Z, tanto européias como americanas, nas quais o velho ator – sabedor do final próximo, não de sua carreira, mas de sua vida – aceitava aparecer quase gratuitamente. Digo *aparecer* (não *trabalhar* ou *interpretar*) porque Carradine limitava-se a insinuar-se brevemente como um fantasma, às vezes apenas poucos segundos, na fita – que, para maior fantasmagoria, costumava ser de gênero de terror – para que seu nome pudesse aparecer nos créditos e assim se promovesse um pouco mais o filmeco. Fique claro que não estou contando isso como uma desaprovação, pelo contrário. Acho muito simpática essa disposição nunca desmentida e excessivamente generosa do velho John a dar uma mão aos principiantes. É como se ele dissesse: "Afinal, que diferença isso faz para mim agora: avante, meninos!" De certo modo, parece a anedota mais travessa que conheço de Michel Foucault: recebia convites de todos os continentes, e sua agenda era a mais repleta e complicada do mundo; mas, quando soube que ia morrer, mandou cartas aceitando todos os compromissos *ao mesmo tempo*. Como já não ia cumpri-los com ninguém, pelo menos quis dar uma última satisfação aos organizadores e figurar em todos os programas: "Avante, meninos, boa sorte!" Por certo, John Carradine morreu enquanto assistia como astro convidado a um pequeno festival europeu de cinema fantástico...

Em cinema, o amor a algumas grandes atrizes e atores se baseia na predileção por inesquecíveis papéis principais que eles interpretaram; mas o amor verdadeiramente sublime, no sentido cinematográfico do termo, apóia-se antes de tudo em seu *estilo* pessoal de fazer o papel para o qual fossem sorteados, por menor que fosse. Há atores indeléveis, sobre os quais sempre teremos uma pequena – pequeníssima, se preferirem – suspeita que talvez fossem inferiores aos personagens que representaram (por exemplo, Humphrey Bogart). Em compensação, os bons secundários sempre são maiores que seus papéis, e alguns, como Claude Rains, foram capazes de mostrar seu estilo próprio até fazendo o homem invisível.

O segredo de John Carradine – ou seja, a chave de seu estilo – foi potencializar ao máximo a coragem e também a ameaça que encerra a fragilidade. Magro e alto, um pouco encurvado, parece constantemente a ponto de se quebrar contra os vagalhões da realidade à sua volta. Seus personagens sempre são eminentemente *vulneráveis*, por isso tantas vezes ele foi capaz de morrer inesquecivelmente em cena. Quando interpreta um bom, o espectador se identifica angustiadamente com ele, pois pressente que a cada passo está pondo sua vida em jogo; se seu papel é de mau, os espectadores sentem pânico porque está tão perto de se desintegrar que não terá escrúpulo em levar qualquer um com ele para o túmulo; e, quando seu personagem é cômico, mata-nos de rir porque, desde que entra em cena, parece que o riso de todos nós está prestes a matá-lo. Cabe lembrar, é claro, que aquele esquálido moribundo viveu mais de oitenta anos e enterrou a maioria de seus melhores companheiros de tela...

Tal como acontece com a Virgem Santíssima, que é uma só mas cada devoto reza à advocação que julga mais estimável, também cultivo meu próprio John Carradine preferido entre os muitos possíveis. É o elegante jogador sulino, provavelmente pistoleiro e sem dúvida aproveitador, mas depositário de uma peculiar nobreza, que viaja naquela inesquecível diligência de John Ford e que morre defendendo-a. Aqui se cruzam minhas idolatrias, a cinematográfica e a literária, pois nesse filme John Carradine se parece enormemente com os melhores daguerreótipos que conheço de outro de meus grandes amores, Robert Louis Stevenson: o rosto afilado e enérgico, com um leve toque sonhador nos olhos, no bigode e no cavanhaque, o cabelo comprido... Trata-se de mera mania minha, mas toda vez que volto a ver *No tempo das diligências* – o que, por razões de higiene mental, procuro fazer pelo menos uma vez por ano – gosto de supor que o valente RLS esteja viajando naquela carroça épica e brigando a seu favor contra a horda que a ameaça. Tenho certeza de que, se o próprio RLS tivesse podido trocar seu destino por outro, teria escolhido algo muito parecido...

Depois desse Carradine stevensoniano, segue-o em minhas preferências um outro, também de John Ford (que casualidade, hem!), o politicastro que lança sua arenga no final de *O homem que matou o facínora* apoiando-se em um maço de folhas em branco: "Trouxe um discurso preparado..." Nunca consegui ver nenhum homem público tirar seu maço de folhas para soltar sua consabida arenga – e agüentei várias – sem lembrar a magistral truculência de Carradine naquele filme... e sentir saudade de suas folhas em branco. Por certo, que magníficos atores de comédia, inclusive que grandes cômicos foram os melhores intérpretes do cinema clássico: Carradine, Vincent Price, Boris Karloff, Peter Lorre...! A mais afetuosa homenagem que se dedicou a eles é o precioso *Ed Wood* de Tim Burton.

Em outra de suas mortes memoráveis, em *Johnny Guitar*, Carradine também cai defendendo sua dama, da qual é um discreto e abnegado paladino. Durante a agonia, olha à sua volta e nota que todos os protagonistas se debruçam sobre ele: "Finalmente todos prestam atenção em mim", suspira, com mais ironia do que vaidade. Estas linhas também foram escritas para que por um momento todos nós mais uma vez prestemos atenção nele, tão frágil, tão digno de admiração e carinho. Boa sorte para sempre, John.

Tubarão: *vinte anos depois*

Há muitos anos, na raiz de um rompimento amoroso, comprei meu primeiro vídeo. Sempre acreditei que, através das portas dolorosas da frustração, podemos sair para explorar desejos inéditos que, quando estamos satisfeitos, não têm força para nos tentar. Fernando Trueba me orientou sobre o modelo a ser comprado: Betamax, orientação parcialmente desorientada, pois o vídeo Beta era excelente mas sem futuro (diferentemente do próprio Fernando, que tinha e tem um futuro excelente). Também através dele consegui os três primeiros filmes de minha videoteca: *King Kong, O homem que matou o facínora* e *Tubarão*. Pronto, pensei, novo plano de vida: desfeito o erro de acreditar que a felicidade fosse estar com ela, agora achei uma província mais habitável da felicidade. Fechado em casa, noite após noite viajarei do oeste ao mar e do mar à selva, do pistoleiro ao arpoador e do arpoador ao gorila, passarei de John Wayne a Bruce Cabot e depois me encontrarei com Robert Shaw. Assim terei tudo garantido e imperdível e não precisarei de ninguém mais. Erro crasso, pois, para começar, não parei em casa nem uma noite atormentada e tormentosa, depois descobri que precisava de muitos filmes mais do que os três iniciais, e finalmente acabei concluindo que a felicidade não era estar com ela mas estar com outra. Eu me enganei em tudo, certo, até em seguir o conselho de Fernando e comprar um Beta. Mas aqueles três primeiros filmes, sim, eles me orgulham. Um acerto magistral.

O inesgotável atrativo do mar deve-se não só a ele ser enorme e perigoso, mas também ao fato de ocultar sob a ubiqüidade suntuosa de sua pele azul seres enormes e perigosos. Dê-se lápis e papel a uma criança para que ela desenhe o mar: fará primeiro a listazinha ondulada que separa céus e terra. Se for japonesa, pode ser que pinte uma onda. Depois o inevitável barquinho: *tá güeno*. Em seguida, o lombo arredondado de uma baleia coroada por seu jorro bífido. Depois, imediatamente depois, ou talvez antes, a aleta triangular do tubarão. Se for dos meus, incluirá no fundo também o polvo gigante. E está pronto o mar para todos os sonhos, para os pesadelos: ai do nadador descuidado! Em *Moby Dick*, em *Vinte mil léguas submarinas*, em *O mundo silencioso*, em *Viagem ao fundo do mar* e em muitos outros, levanta-se um pouco a pele do mar, como faz a menina no quadro de Dalí, para que possamos ver o rosto das sombras que deslizam sem trégua debaixo dela. A sombra de *Tubarão* é uma fera tremendamente vigorosa e tenaz, uma fera dedicada a caçar homens, como tantos homens se dedicaram ao longo dos séculos a caçar feras.

É uma tentação quase irresistível comparar a história de *Tubarão* com a de *Moby Dick*. Do ponto de vista literário, não há comparação possível. A epopéia escrita por Hermann Melville é um dos mais altos cumes da cultura moderna, ao passo que o *best seller* de Peter Benchley é uma simplíssima produção funcional que desenvolve sem alardes seu eficaz esquema narrativo. Nem sequer se trata de uma obra-prima do gênero popular de aventuras, como *Jurassic Park* de Michael Crichton, cuja perfeição resiste vantajosamente em seu terreno ao magnífico filme edificado a partir dela. Benchley, além do mais, enreda-se ao longo de muitas páginas em uma peripécia erótica entre a esposa insatisfeita do chefe Brody (quem diria, ao vê-la tão abnegada e maternal na tela!) e o ictiólogo Hooper, que mais tarde é devorado pelo tubarão, como castigo por seu adultério. Ray Bradbury, quando escreveu o roteiro da versão de *Moby Dick* dirigida por John Huston (antes houve várias outras, uma delas muda e creio que com John Barrymore no papel de Ahab), empenhou-se em reduzir as tantas coisas que há no livro de Melville a um formato cinematográfico razoável; em contrapartida, o mérito do filme de Spielberg é conseguir uma história intensa, compacta e rica a partir de algo pouco melhor do que o habitual folhetim de banca de jornal.

Mas, se o romance de Benchley não resiste à comparação com Melville (apesar de alguns lampejos óbvios, como a caçada em três jornadas no final da obra, ou a morte de Quint, arrastado pela corda de um arpão), por outro lado o filme de Spielberg tem mais de um parentesco com a saga de Ahab e Ismael. O que em *Moby Dick* era contenda metafísica (a vontade prometéica do homem lutando contra a resistência da natureza), em *Tubarão* é algo menos sublime mas não menos dramático: a rotineira avidez do cidadão atual em um país desenvolvido em confronto com uma cega voracidade, maior ainda do que a dele. O apetite incansável do enorme animal marinho é a metáfora desse outro apetite de lucro e notoriedade que caracteriza o prefeito de Amity, os repórteres que o assediam e todos os caçadores espontâneos que se lançam na louca perseguição ao tubarão. O excelente coadjuvante Murray Hamilton personifica o *yuppie* praiano encarregado da prefeitura, ao passo que o inesquecível Robert Shaw já é para sempre Quint, intransigente e calejado, que tenta faturar para o macho o medo dos outros, uma vez que foi brutalmente treinado para isso.

Uma gesta épica protagonizada por indivíduos comuns e correntes, com um final feliz talvez porque só não há salvação para os verdadeiros heróis. Mas Spielberg se encarrega de contar a aventura magistralmente, sem lhe acrescentar essas considerações que estou propondo e que, na pior das hipóteses, são ociosas. Quando estreou, alguns críticos americanos, daqueles que querem parecer europeus à força de pedantismo, disseram que *Tubarão* não passava de "uma tentativa trivial de recuperar aqueles sustos modestos dos filmes de monstros dos anos cinqüenta"..., como se tão excelente programa fosse algo desdenhável. Mas nesse desdém o importante é a palavra *modéstia*, pois só a partir dessa modéstia se pode narrar bem: o diretor nunca poderia se colocar por cima da história que conta, acrescentando-lhe seus próprios lampejos hermenêuticos, como faz Coppola no redundante brilhantismo de seu *Drácula* ou Kenneth Brannagh em seu às vezes um pouco fastidioso *Frankenstein*. Estes últimos filmes agradam a quem acha que todos os gêneros melhoram quando são transcendentalizados, como há quem ache que Plácido Domingo é o melhor intérprete para tangos e *rancheras*. Aqueles que, quando preparam um filme de terror ou um filme de aventuras, especificam que será *algo mais* do que um filme de terror ou de aventuras sempre acabam fazendo desandar a maionese por bater os ovos com demasiado espavento. Felizmente, Steven Spielberg se salvou disso em *Tubarão*, realizando aquela que, a meu ver, continua sendo a mais alta e perfeita de suas obras. Foi há vinte anos, e vejam só: não me resigno a que vocês o esqueçam.

Groucho e seus irmãos

Se a antecedência com que devo preparar esta página – que é de vocês – não me induz a erro, calculo que, quando tiverem a bondade de lê-la, estarão prestes a se completar os cento e cinco anos de Groucho Marx, nascido em outubro de 1890. Groucho, centenário! E continua sendo invulneravelmente jovem... Ninguém pode saber com certeza que figuras representarão na imaginação de nossos descendentes este século que vivemos e do qual já começamos a nos despedir. Proust, Kafka, Picasso? Orson Welles, Bertrand Russell, Einstein? Hitler e Stálin, com uma menção no rodapé para Gandhi? Em todo caso, se me perguntassem do futuro com quem ficar (consulta que não parece provável), eu aconselharia que optassem por Groucho e deixassem o resto com os especialistas. *O século de Groucho Marx*: isso basta, realmente. Mas não teremos tanta sorte... (Com efeito, não parece que a teremos. Embora provavelmente seja melhor assim. Um ano depois de escrever estas linhas coincidiram no mesmo verão o vigésimo aniversário da morte de Groucho e da morte de Elvis Presley. Em torno do túmulo do segundo acumularam-se as mais horrendas romarias, acompanhadas da venda de relíquias e figurinhas. Para o primeiro não houve flores nem arpejos: por seus frutos os conhecereis. Claro que qualquer um ousa colocar flores numa lápide cujo epitáfio é uma simples desculpa: "Perdoe por eu não me levantar.")

Sem pretensão doutoral, porque isso também constitui um mau sintoma, Groucho diagnosticou como ninguém a pior praga que faz estragos à nossa volta e em cada um de nós: levar a si mesmo demasiadamente a sério. O arrogante que só se reafirma humilhando o vizinho, o vaidoso que quer que todo o universo seja dependente de seu capricho ou de seu *look*, o violento que está disposto a matar por sua mania favorita (o que ele chama de seu *direito, identidade, pátria, projeto de futuro*, etc.), o rapace convencido de que o amor por suas comodidades merece ser pago com uma montanha de privações alheias, o que se considera sábio porque tem cem títulos e uma oratória pomposa ou sublime...; todos eles são casos terminais de seriedade letal, uma seriedade centrada na idolatria do próprio ego. E o mal daquele que se leva a sério é que ele já não tem vontade nem tempo para levar ninguém mais um pouquinho a sério. Porque a única coisa verdadeiramente séria é que nada pode ser absolutamente sério, que todo monopólio da seriedade é perverso, que a seriedade bem entendida começa por qualquer um, menos por si mesmo.

Não há seriedade auto-suficiente que resista à proximidade de Groucho: sua figura agachada e veloz de patinador louco funciona primeiro como detector dessa grave doença para depois servir de antídoto contra ela. As pessoas que levam a si mesmas com perfeita seriedade andam muito eretas, inflexivelmente tesas... por fora e por dentro. Em contrapartida, Groucho desliza dobrado entre os rígidos, como um gancho sarcástico onde cada um pode pendurar a carapuça de carnaval de sua falsa cordura. Neste mundo cheio de agitação e azáfama, mas no fundo desoladoramente *passivo*, porque cada um não faz senão imitar os desejos alheios, Groucho é uma fera *dinâmica* que produz incessantemente curto-circuitos em todas as rotinas que enfrenta, seja numa loja de departamentos ou num transatlântico, em plena guerra ou em uma ímpia cena de amor. Sua linguagem irreverente, inconseqüente e imprudente pode não ser uma arma carregada de futuro, mas sem dúvida faz voar como confete qualquer presente vigente e decente. Mais parece um trem de faroeste que alimenta suas caldeiras com o material de seus próprios vagões e que corre fora dos trilhos livremente, através do campo. Mais lenha e menos martírio!

Groucho Marx é o único personagem do mundo moderno com quem teria simpatizado Diógenes, que também devia andar meio encurvado de tanto habitar em um tonel; Groucho é Oscar Wilde, mas sem dar importância nem sequer a se chamar Ernesto, é o Newton que descobriu a lei da falta universal de gravidade e depois comeu a maçã, é como Proust mas sem tempo a perder, é Marx embora sem renunciar a ser Groucho.

Para chorar você pode se esconder num canto onde ninguém o veja, mas rir necessita de cúmplices. Oh, lágrimas à parte, lembremos a afirmação de Robert L. Stevenson: "Se quiser, você poderá ler Kant sozinho; mas uma piada você terá de compartilhar com mais alguém." Groucho compartilhou as suas com seus muitos irmãos: com Chico, Harpo e Zeppo, com a incombustível Margaret Dumont, com Louis Calhern (o homem que se perdeu em *The Asphalt Jungle* [*O segredo das jóias*] por culpa de Marilyn Monroe e em Roma por culpa dos idos de março), com crianças negras ou tenores italianos, com os espectadores presentes e futuros. Desde há mais de um século, todos nós fazemos parte dos irmãos Marx.

Boa noite, doctor Phibes

O primeiro filme que *não* vi de Vincent Price foi *Os crimes do museu de cera*. Estava sendo projetado no hoje desaparecido cine Novedades, de San Sebastián, ao lado da porta da minha casa, mas não era permitido. Suplício de Tântalo, passar toda manhã e toda tarde diante do anúncio espantoso, escrutar mil vezes os seis fotogramas que, no vestíbulo do cinema, anunciavam a sombria maravilha, ver que os dias passavam, que ia sair de cartaz e que eu ia ficar sem o ver... O filme era em três dimensões e minha mãe me guardou os óculos de papelão, uma lente vermelha e outra azul, que lhe tinham dado quando ela assistiu à projeção. Eu os colocava pela casa e olhava os objetos familiares tingidos, desfocados, esperando talvez que recuperassem o esplendor gótico que me era proibido contemplar na tela. Como propaganda, ofereciam mil pesetas da época a quem ousasse presenciar completamente sozinho a projeção do *Museu de cera*. Rumores na escola garantiam que um espectador temerário o tinha tentado e morrera de um ataque de pavor, o coração arrebentado ao ouvir no corredor escuro do cinema o que tomou pelos rangidos de uma cadeira de rodas avançando lentamente. Alguns situavam esse trágico acontecimento em Murcia, mas a maioria em Zaragoza. Aventei com meus pais a possibilidade de me apresentar como voluntário para a experiência, supondo que um sacrifício tão dramático não estaria submetido a nenhuma restrição de idade. O risco de morrer de pânico me parecia muito menor do que o de tirarem o filme de cartaz sem eu poder vê-lo. Estava até disposto a renunciar às mil pesetas se saísse com vida do cinema! Nada, heroísmo inútil: tive de esperar dez anos antes de contemplar a sombra ameaçadora – chapéu, capa preta, andar trôpego – perseguindo a jovem aterrada pelas brumas de Londres.

Em Hollywood chamavam Vincent Price de uma dessas coisas que só soam bem em inglês: *the Merchant of Menace*. Com efeito, ninguém soube como ele arquear uma sobrancelha ou resmungar um pouco tão *ominosamente* quanto ele. Seus personagens costumavam ser cruéis, altaneiros, apaixonados pela corrupção ardente da carne, mas também presas da repulsão que ela suscita. E solitários, como o protagonista de *O último homem sobre a terra*, um filme curioso, rodado na Itália no início dos anos 60 sobre o romance de Richard Matheson, *Soy leyenda*, que é um antecessor direto de *A noite dos mortos-vivos*. Além disso, sem dúvida, em seu trabalho sempre esteve presente o humor. Quando ele filmava com Boris Karloff uma das jóias de Roger Corman, *O corvo*, ambos brincavam de fazer rir um ao outro nas cenas mais truculentas, para desespero do diretor, que nunca tinha dias de filmagem sobrando... Numa das cenas mais famosas de *A mosca*, Herbert Marshall e Vincent Price têm de se debruçar ao mesmo tempo sobre uma teia de aranha em que uma mosca com cabeça e braço humanos espera o monstro que vai devorá-la, gritando: "Help me!" Na rodagem, é claro, não havia nenhuma mosca humana na teia de aranha, de modo que, cada vez que Marshall e Price juntavam seus rostos com expressão de susto, morriam de rir; depois de várias tentativas fracassadas, tiveram de rodar a cena de costas um para o outro, para não se verem! O aspecto engraçado do sobressalto à maneira de Price manifestou-se abertamente em *A farsa trágica*, deliciosa comédia de Jacques Tourner na qual ele foi acompanhado nada menos do que por Boris Karloff, Peter Lorre, Basil Rathbone e Joe E. Brown (aquele milionário tolerante ao qual não importava se casar com Jack Lemmon, embora não fosse mulher, pois "ninguém é perfeito"). O melhor do melhor.

Karloff, Rathbone, Peter Lorre, John Carradine, Vincent Price... Sem dúvida grandes atores: alguns deles sentiram-se frustrados por se verem *desperdiçados* em filmes de terror, quando tinham demonstrado ser capazes de desempenhos academicamente mais respeitáveis. Mas não os amaríamos mais nem os recordaríamos melhor se fosse diferente. Todos foram caindo: foram os últimos homens de uma certa terra na qual vivi na minha adolescência. Agora morreu Vincent Price, *the Price of Fear*, com apenas oitenta e dois anos. Meu Deus! Será que não há coisa boa neste mundo que saiba durar o quanto deve?

O ocaso dos heróis

Foi no início deste verão que eles morreram, mas prefiro lembrá-los agora, que está chegando setembro, o mês durante o qual acontecem os festivais de cinema de Veneza e San Sebastián. Justamente no festival de Donostia* foi que eu vi pela primeira e última vez, em carne mortal, ai!, Robert Mitchum. O outro, Jimmy Stewart, meu autor favorito desde a infância, eu nunca encontrei nesta terra, mas sempre na glória, ou seja, na tela. Não é preciso lembrar que foram heróis para muitos, entre os quais eu me coloco, e que sua morte nos deixa uma incômoda sensação de orfandade, como se agora também devêssemos morrer para continuar sendo dignos deles. Mas, claro, como não somos heróis, depois ninguém fará retrospectivas de nós.

Aos doze anos eu queria ser como Jimmy Stewart. Desejo francamente difícil de satisfazer, pois ele era muito alto e magro, ao passo que eu era – e sou – antes rechonchudo, ele tinha argutos olhos azuis de piloto e eu sou um míope estrábico, a ele se rendiam Grace Kelly ou Vera Miles, ao passo que a mim..., mas por que continuar? Nem o mais caprichoso dos Plutarcos teria ousado nos transformar em figuras paralelas. Além do mais, o que eu queria conseguir ia além de seu físico inatingível, e talvez fosse ainda menos atingível para mim: a ingênua retidão que derrota as turvas manobras do cinismo, a energia de uma força que não se compraz na violência, o

---
* Nome basco da cidade de San Sebastián. (N. da T.)

humor um tanto desvalido do benevolente altão, sua cólera justa, isenta de qualquer brutalidade mas intransigente com os brutos. Ser equânime, sincero, apaixonado, valente... e que finalmente alguém se encarregasse de matar Liberty Valance em meu lugar. Impossível? Claro, mas os heróis servem para desejar o impossível.

Também os outros me ofereceram ideais, e não me teria desagradado conseguir o olhar sonolento de bêbado digno que Robert Mitchum ostentava, saber ter o aprumo de Henry Fonda, acompanhar as largas passadas de John Wayne ou sair trotando na direção do horizonte como Alan Ladd, renunciando ao gozo fácil da vitória. Mas devo dizer que meu ideal foi Jimmy Stewart, ao qual sempre caiu bem esse diminutivo que denota fragilidade e companheirismo (ninguém se atreveria a falar em *Johnny* Wayne...). A oferta dos heróis é múltipla, contraditória, às vezes luminosa e outras sombria, porque a vida requer muitos modelos diferentes. Mas é inevitável que de todos os santos padroeiros algum se apodere mais do que outros de nossos sonhos e nos seja mais propício, isto é: mais *próprio*. O meu foi aquele cavaleiro sem espada de quem agora tenho saudade.

Quando morre um de nossos heróis do cinema, repetimos compungidos que ele era o penúltimo dos grandes e que já não há atores assim. Não é verdade. Hoje estão entre nós os heróis que a nostalgia mitomaníaca de nossos netos irá lamentar, chamem-se eles Harrison Ford, Harvey Keitel, Robert de Niro ou Kevin Kostner. Ainda lembro o quanto os amigos zombaram de mim carinhosamente, há vinte anos, quando escrevi em uma revista de cinema que Sean Connery seria tão venerado pelas gerações futuras quanto Humphrey Bogart... Que essa veneração continue não é só mérito dos atores (comparáveis, por outro lado, aos melhores do passado: no cinema atual faltam diretores e sobretudo roteiristas, não bons atores), mas milagre devido ao próprio cinema, grande abastecedor dessas lendas sem as quais a alma humana enlanguesce. Cabe aos intérpretes dar cara e gesto a um ideal que lhes transcende, como antigamente qualquer simples oásis no deserto foi capaz de evocar nas imaginações o eterno paraíso a que aspiramos merecer.

Jasão e os Argonautas

Apesar dos beneméritos esforços de divulgação, como o programa de televisão *O desafio dos deuses*, a ignorância dos jovens em questões mitológicas é tão grande que não me admiraria se algum adolescente, ao ver o título desse filme, o tomasse pela enésima seqüência de *Sexta-feira 13*. Na realidade, o filme também não faz uma aproximação da mitologia grega muito séria ou profunda, razão pela qual um hipotético professor de línguas clássicas que vá vê-lo poderá sentir-se tão decepcionado quanto o adolescente que busque nele assassinatos de colegiais ruidosas. No entanto, os professores também costumam se enganar. Estou convencido de que a maioria dos cidadãos gregos contemporâneos de Péricles consideravam as lendas mitológicas como uma série de contos agradáveis ou aterrorizadores, confundiam os heróis uns com os outros e misturavam ou trocavam suas aventuras. Creio que para o grego comum teria sido mais familiar a mitologia vista segundo *Jasão e os Argonautas* do que através das páginas preciosas mas excessivamente sutis de *As bodas de Cadmo e Harmonia*, o magnífico livro de Roberto Calasso.

Dos quinze filmes fantásticos em que colaborou com suas inesquecíveis criaturas, *Jasão e os Argonautas* é o preferido de Ray Harryhausen. Alguns de nós, seus humildes fãs, discordamos de nosso mago favorito (para mim o melhor de todos será sempre *Simbad e a princesa*), mas é preciso admitir que vários dos *filhos* de Harryhausen que aparecem nesse filme são dos mais bem-sucedidos: as harpias rapaces e perversas, a brônzea estátua animada de Taos, o dragão que guarda o tosão de ouro... E sobretudo o exército de esqueletos que acossa Jasão e seus amigos até jogá-los ao mar. Quando há pouco tempo Harryhausen visitou Donostia, ele trouxe seu pequeno esqueleto num ataúde. Entendam bem: Ray carregava seu próprio e intransferível esqueleto, mas trouxe o outro (seu *filho* cinematográfico) em uma caixinha para mostrá-lo a seus fascinados admiradores *donostiarras*. Demonstrou assim sua preferência por essa criatura delicada mas também maligna.

Para terminar, uma última observação. Grande parte da rodagem desse filme realizou-se em Palinuro, um pequeno povoado litorâneo ao sul de Nápoles (perto também de Paestum, nas ruínas de um de cujos templos foi rodada a impressionante cena das harpias). Pois bem, Palinuro é o nome do piloto da nau de Enéias, um grande navegante que teve de sacrificar sua vida ao deus do mar – talvez com ciúme de sua destreza – para que depois ele respeitasse o resto dos tripulantes da expedição (tomando esse desaparecimento como eixo mítico, Cyril Connolly escreveu um dos mais extraordinários e belos livros do século XX: *La tumba sin sosiego*). Estão vendo como tudo é mitologia, cinematográfica ou literária, no velho Mediterrâneo de nossa cultura?

Nostalgia da fera

Pode-se fazer toda uma tipologia da estultice cinematográfica só com as opiniões que suscitou em sua época *Jurassic Park* [*O parque dos dinossauros*], essa obra-prima perfeita do cinema para adolescentes. Os pontífices indignaram-se diante de sua simplicidade e sua eficácia, lamentando não encontrar nela todas as complexidades psicológicas ou as denúncias sociais que a teriam feito complicada e fracassada, mas digna. Alguns deploraram que ela não passasse de uma simples homenagem aos filmes de monstros dos anos 50, quando na verdade não só é uma homenagem como também o prosseguimento, com meios atuais, do que então se fez com simpático artesanato. Outros censuraram precisamente essa perda de torpe inocência tecnológica, esquecendo que tentar repetir a inocência deliberadamente, quarenta anos depois, teria sido um vulgar embuste.

Houve quem a descartasse como uma idiotice "adequada apenas a crianças de doze anos". Admito que nós adultos que gostamos de filmes adequados a crianças de doze anos sejamos idiotas, mas não tanto quanto esses outros que se indignam quando os filmes para crianças de doze anos agradam muito às crianças de doze anos... que não são idiotas só por terem doze anos. A prova disso é que nem todos os filmes que se destinam a elas lhes agradam do mesmo modo nem no mesmo grau. E não vamos minimizar a importância desse tipo de cinema: uma das razões da perpétua menos-valia da indústria cinematográfica européia com relação à norte-americana é sua incapacidade para fazer um cinema destinado a crianças e adolescentes reais ou vocacionais. Por isso a afeição ao cinema sempre se nutre, originalmente, com filmes norte-americanos, fidelidade à qual depois nunca se renuncia totalmente, com os resultados comerciais sobejamente conhecidos.

Não contentes em se ter enganado uma vez, alguns críticos espanhóis adiantaram seus lúgubres vaticínios na estréia da segunda parte de *Jurassic Park*. Temiam que, ai!, agora Spielberg também não conseguisse criar caracteres humanos que o resgatassem da vulgaridade comercial... Além disso, por que voltar aos dinossauros depois de *A lista de Schindler*? E, sobretudo, indignaram-se virtuosamente com o alto custo de *The Lost World* [*O mundo perdido*], como se os milhões investidos tivessem sido subtraídos de uma organização de benemerência. De fato, a única coisa que se podia garantir de antemão a respeito de *The Lost World* – além da impiedade de seu título – é que se trata de um dos filmes mais *baratos* da história do cinema. Com efeito, depois da estréia nos Estados Unidos, ele recuperou seu orçamento em um par de fins de semana e, a partir desse momento, não fez mais do que render dinheiro, parte do qual será, sem dúvida, empregado em boas obras. Os filmes realmente caros são os que, custem o que custarem, não conseguem cobrir os gastos... e não dão nem para esmolas.

Como era de esperar, as opiniões dos críticos por ocasião da estréia de *The Lost World* prolongaram, na maioria dos casos, a linha de desconhecimento dogmático do gênero que nós, maliciosos, supúnhamos. Para tratar do assunto em seu mais alto nível, alguém tão justificadamente estimado como Angel Fernández-Santos iniciava sua crítica em *El País* lamentando que Spielberg não tivesse sabido ou desejado, nesta segunda parte, redimir com bom cinema "o esquecimento – em três anos transformou-se em antiguidade – que envolve aquela rentabilíssima mediocridade" que foi *Jurassic Park*. Onde o ilustre comentarista terá ido buscar esse tal esquecimento e essa tal antiguidade de um filme a que todos os aficionados e não poucos dos que em sua época o menosprezaram (repetindo o célebre caso de *Tubarão*, do mesmo diretor) já consideram um clássico indiscutível? Sem dúvida do empenho, contra o vento e a maré, de "sustentá-lo e não emendá-lo". Claro que, algumas linhas depois, Fernández-Santos atribui esse sucesso efêmero a uma dessas "erupções de patologia coletiva aplicada ao entretenimento disfarçado de filme". Pelo visto ele considera impossível que o entretenimento e os filmes caminhem juntos, estabelecendo que, se o primeiro está presente, a criação cinematográfica deve ser espúria. Esse critério explica melhor as agonias patéticas do cinema europeu do que vários volumes dedicados ao mecanismo perverso das grandes multinacionais. Completa ignorância de que o cinema é antes de tudo *distração*, no sentido apontado a outro respeito por Octavio Paz em *El arco y la lira*, ou seja, atração pelo reverso deste mundo, pelo que há por trás da vigília e da razão.

Apesar de sua displicência, *The Lost World* parece ter agradado mais do que *Jurassic Park* aos críticos que aqui estamos criticando jubilosamente. Coisa muito lógica, uma vez que é muito pior. Justamente a essa segunda parte cabem algumas das repreensões que se fizeram à primeira: personagens de definição imprecisa ou estereotipada, argumento fraquíssimo, confuso e repetitivo, ênfase exclusivamente na perfeição realista dos animais pré-históricos. Em uma palavra, tem demais de jogo de computador, e não só pela utilização desse instrumento para reconstituir os dinossauros fabulosamente como também pela concepção narrativa do filme. Mas, como ele é superficialmente mais tenebroso e os desavisados podem tomá-lo como sendo mais *adulto* do que o outro (quando na verdade é muito mais *brando* do que o primeiro, em todos os sentidos), deram-lhe a contragosto um beneplácito condicional que confirma com maior nitidez, se é possível, seu extravio. Daí não se deve deduzir, nem de longe, que *The Lost World* seja um entretenimento desdenhável, ou seja, um filme ruim. Mas nota-se que os momentos geniais que ele tem são apenas isso: momentos descontínuos. Está longe a perfeição completa, o apogeu que Spielberg atingiu apenas (e nada menos!) do que três vezes: com *Tubarão*, *ET* e *Parque dos dinossauros*.

Por que os dinossauros nos atraem? Segundo Bruce Chatwin, a sociedade humana nasceu como uma aliança contra as grandes feras que nossos ancestrais tinham como presa favorita. Carregamos na memória genética a nostalgia pela Besta diante da qual nos unimos e vivemos nossa primeira aventura juntos. Agora que todos os animais parecem domesticados, sonhamos com criaturas *realmente* ferozes, anteriores a qualquer domesticação e ao domínio que atingimos sobre os outros. Não nos resignamos à perda definitiva desse arquiinimigo que deu o primeiro – o único? – sentido à comunidade que formamos a partir de então. Talvez tenhamos receio de que agora nosso destino de civilizados se resuma àqueles versos de Borges:

> *Nada esperes, ni siquiera*
> *en el negro crepúsculo la fiera.**

---

* *Nada esperes, nem sequer/no negro crepúsculo a fera.* (N. da T.)

SEGUNDA PARTE
Que a voz corra

Boswell, o curioso impertinente

Com notável ingratidão, os suplementos culturais dos jornais espanhóis não se ocuparam nada, ou se ocuparam muito pouco – serei cauteloso –, do centenário de James Boswell (1740-1795). Esquecimento injusto, pois Boswell foi algo como o pai do jornalismo cultural e, sem dúvida, o inventor desse gênero literário tão apaixonante, supérfluo e inexato: a entrevista. Não foram esses seus únicos pecados. Como outros protagonistas do século XVIII (Voltaire à frente), o maravilhoso de Boswell é o contraste entre seus vícios indubitáveis e seus sucessos irrefutáveis. Segundo observa com malícia Lytton Strachey, a biografia de Boswell é um desmentido cabal das regras do moralismo barato: "Um dos êxitos mais notáveis da história da civilização foi conseguido por uma pessoa que era um vadio, um lascivo, um bêbado e um esnobe" (diz em seus *Retratos em miniatura*). Nada mais edificante do que comprovar como personagens indecentes foram capazes de alguma coisa melhor do que a decência.

Além das características apontadas por Strachey, de um confuso anseio de se destacar a qualquer custo, talvez derivado de seu pertencimento à pequena nobreza escocesa e do gosto pelas viagens educativas, Boswell teve outras características felizes de caráter: a curiosidade e a impertinência. Com esse vime fabricou-se o primeiro repórter. E a grande reportagem que lhe deu fama até desaparecerem por completo os aficionados da literatura chama-se *A vida do doutor Samuel Johnson*. Lembro que há anos, passeando por Cérisy quando assistíamos a um seminário sobre Diderot, fui instado a lê-la por Félix de Azúa (que delícia mordaz e profunda seu recente *Dicionário das artes*!). Como quase sempre, segui sua recomendação e recorri à edição abreviada da obra, em espanhol, preparada por Antonio Dorta, para a velha e insubstituível coleção Austral. Desde então voltei a ela com freqüência, e nunca sem prazer.

Aos vinte e dois anos, Boswell conheceu o doutor Johnson, já filólogo reputado, autor de um excelente dicionário da língua inglesa, de algumas biografias de poetas e de divagações moralizantes que em sua época tiveram êxito. Também foi crítico literário, o melhor de todos os tempos em língua inglesa, a acreditarmos (mas não acreditaremos) em Harold Bloom. Durante outros vinte e dois anos, Boswell se transformou em sua sombra e no cronista de seu círculo de amigos: Oliver Goldsmith, Sheridan, Wilkes, o ator David Garrick, etc. Depois da morte de Johnson e um pouco antes da sua própria, ele publicou sua *Vida de Johnson*, escrita a partir das anotações minuciosas de seu diário e de sua memória portentosa. O mais admirável desse livro admirável é a notável insignificância de tudo o que Johnson disse e fez na vida. Em uma época de talentos libertinos e subversivos, os comentários do bom Johnson são os de um irascível conservador e xenófobo, monógamo, infalivelmente filisteu (só detesta os melhores: Lawrence Sterne, Adam Smith, David Hume, os revolucionários americanos...) embora às vezes capaz de senso comum: "não há nada do que foi concebido até agora pelos homens que produza tanta felicidade como uma taberna", "o patriotismo é o último refúgio dos vadios", etc. Mas Boswell consegue o arroubo do leitor graças a um imperturbável acúmulo de minúcias. Nada escapa a seu levantamento detalhista, nem a dieta de Johnson, nem a aparência e a qualidade de sua peruca, nem seus momentos joviais ou de cólera, nem o bate-papo venial com seus amigos, nem o trajeto de seus passeios, nem suas relações com a criadagem, nem suas indigestões, nem... Grudado ao calcanhar do insuportável erudito, Boswell vê tudo, ouve tudo e conta tudo em sua prosa cristalinamente exata, como um onisciente deus mexeriqueiro. Quando lhe falta material, instiga seu vigiado com perguntas triviais ou desconcertantes ("o que faria se o trancassem num castelo com um recém-nascido?"), às quais hoje seus herdeiros já nos acostumaram. O resultado é uma tal apoteose da indiscrição irrelevante que o leitor submerge numa espécie de êxtase, como quando se lêem de cabo a rabo cinco jornais em seguida e a manhã passa sem se notar.

Mas Johnson não foi o único paciente ao qual o insaciável escocês dedicou suas pesquisas. Em Môtiers, ele entrevistou Rousseau, depois de preparar um memorando com as questões que pensava lhe colocar ("Suicídio. Hipocondria. Hoje o *Emílio* é praticável, ele poderia viver em nosso mundo atual? O que acha de Mahoma?", etc.). Lançou ao genebrino a definição dos inovadores dada por Johnson: "São aqueles que, quando acaba o leite da vaca, tratam de ordenhar o touro." Com melancolia, Rousseau admitiu: "Pois se me conhecesse me consideraria um corruptor, pois sou dos que tentaram ordenhar o touro." Também entrevistou Voltaire e jogou xadrez com ele, anotando sem escrúpulos todas as imprecações joviais que o grande homem proferiu em inglês ao perder a partida. A nenhum deles Boswell regateou sua admiração, que talvez tenha sido ainda maior por outro de seus interrogados, o general Paoli, herói da independência corsa, de quem obteve o seguinte comentário: "Se eu conseguisse fazer este povo feliz, não me importaria ser esquecido. Sou de um orgulho indizível: basta-me a aprovação de meu coração." Também foi importunar o moribundo Hume, acossando-o com perguntas sobre a imortalidade e surpreendendo-se com a imperturbável serenidade com que o filósofo defrontou o nada de que tinha certeza. "Mas", insistiu o repórter, "o senhor não gostaria de encontrar Fulano e Sicrano, seus bons amigos, numa vida futura?". E Hume replicou tranqüilamente: "Ficaria surpreso em encontrá-los lá, pois nenhum deles acreditava nela."

Alguns, entre os quais não me coloco, chegaram à conclusão de que o segredo de Boswell está no fato de que ele era um imbecil. Daí seu impudor e a extraordinária diafanidade em seu trato com grandes e pequenos. Em contrapartida, ninguém duvida de que ele decerto foi, durante toda a vida, um verdadeiro saliente. Seus diários costumam repetir com variantes a mesma peripécia: em casa de amigos respeitáveis, Boswell exagera no vinho do Porto; sai à rua excitado ("não posso conter meu ardor", anota o coitado) e aos trambolhões, para ir com uma ou várias putas; dias depois descobre-se possuidor de uma bela blenorragia. Isso o afasta por algum tempo do *female sport*, como ele o chama. Vai então ao Child's, senta-se com Johnson e outros cavalheiros, anota o que dizem e os questiona para que digam mais. Um desenho humorístico publicado em um jornal britânico por ocasião de seu centenário o representa: os cavalheiros de peruca pontificando ao redor da mesa e o garçom gritando: "Mais cerveja para o doutor Johnson e mais tinta para Boswell!" Assim caminham os dois, caricaturais e sublimes, rumo à eternidade.

O emboscado de Vinogrado

Tenho uma relação bastante complexada com a poesia. Gosto muito dela, mas não gosto de gostar tanto. Sinto-me quase *humilhado* pela facilidade com que um verso me emociona, me inunda os olhos de lágrimas ou me faz vibrar de euforia. Sou um homem fácil demais para a poesia (e sem dúvida acho muito poéticas as mulheres fáceis demais). Às vezes me dá raiva estar sempre tão pronto a renegar a primogenitura crítica e racional por um prato de lentilhas versificadas. De modo que procuro justificações para fazer meu ego ficar bem e poder dizer-lhe paternalmente: "Ego, vamos lá, eu te absolvo."

Montherlant o explicou muito bem explicado, embora com respeito a algo relativamente diferente: "Não amamos esta ou aquela pessoa por sua beleza, mas desejamos que esta ou aquela pessoa seja bela para justificar nosso amor." E eu, que sem dúvida não me emociono com este ou aquele poeta por ele ser inteligente, cáustico, despudorado ou ironicamente metafísico, desejo veementemente que meus poetas preferidos tenham tais atributos (e, como todo atributo, de Spinoza ao pornográfico pesado, quanto maior melhor) para assim legitimar minha emoção. Pequenas misérias de não querer sentir-se pequeno nem miserável...

De meus poetas atuais favoritos, aquele com quem me deleito mais conscientemente e com melhor consciência é Jon Juaristi. Deixo que ele me emocione sem sentir nenhum escrúpulo em tal abandono, porque nele se notam muito agradavelmente esses atributos exculpatórios (inteligência, sarcasmo, despudor, metafísica com uma advertência: avultados atributos!) que transformam a entrega irracional em algo mais racional do que não se entregar. Sobretudo, me compraz a amplitude de registros que tem sua *ironia*. Porque não só ele é irônico quanto aos próprios conteúdos do poema (fingindo ignorar o que sabe muito bem, venerar o que despreza, menosprezar o que mais estima e refutar aquilo em que crê, uma vez que se não se crê não se cria); ele também ironiza com as formas quando versifica, jogando com todas as métricas de modo ora patente, ora subterrâneo (esta é a melhor forma de jogar com qualquer métrica) e sem dúvida *ora pro nobis*. Sem falar de seus jogos com o léxico, e é disso que vou falar agora: palavras que se retrucam em sons para nos desconcertar melhor, cultismos que se avassalam, vulgaridades que obtêm deliciosa licença de armas e se vestem para matar... Só quem leu praticamente tudo o que é importante na *res poetica* pode ser abactor tão eficaz e marcar suas próprias reses com tantos ferros falsos, sem nunca se falsear. Pois nem sequer Jon Juaristi é capaz de ser tudo para todos (como o dúctil são Paulo): não sabe ser bobo – *la bêtise n'est pas son fort* –, nem burro, nem pedante. Imposições do talento, para o qual o mais fácil é impossível.

Claro que estou falando de simples justificações. Jon Juaristi me emociona como poeta, e não por ser inteligente, sarcástico, irônico, etc. Agradeço-lhe, sem dúvida, que saiba me emocionar com o mínimo de humilhações necessárias. Às vezes, penso que acontece com ele, quando escreve poesia, a mesma coisa que acontece comigo quando a leio: emociona-se tão profundamente que, para salvar a aparência racional e desimpedida do homem de mundo (ainda que seja deste mundo, o que vamos fazer?), ironiza, joga e pisca os dois olhos para nos ver melhor. Hipócrita escritor, meu semelhante, meu irmão...

Advertência final, desta vez da minha parte. Vejo Jon Juaristi – agora que não o vejo há muito tempo e que devo evocá-lo nesta página como se o estivesse vendo – em cima da traineira de Ahab, no último dia da caça ao grande cachalote branco. Lembram-se da cena? "Remem mais depressa! Remem, remem!" As pás dos remos se afundavam com febril voleio nas águas revoltas enquanto tubarões enormes nadavam em seus flancos, arrancando a dentadas grandes pedaços de madeira. Os remos tornavam-se cada vez menores, mas a velocidade não diminuía e a caçada continuava. Continue, maldita seja: não há outro fim senão o fim.

Os sonhos de Hitler Rousseau

Nas recentes eleições municipais colombianas, um dos candidatos à prefeitura de Bogotá chamava-se Hitler Rousseau. Sua propaganda eleitoral mostrava a foto de um moreninho austero, sob o nome assombroso, e depois um lema que encerrava um aviso: "Me suena."* Em mim também soou bastante na memória o nome desse político em oferta, que por certo não chegou a prefeito, enquanto eu lia o deslumbrante ensaio de Jon Juaristi, que este ano ganhou o prêmio Espasa Hoy. Pois em qualquer nacionalismo – e sem dúvida no nacionalismo basco, a cuja elucidação mítico-política Juaristi dedica seu livro – há muito do oxímoro encerrado nesses dois sobrenomes sobrepostos. Algo de prístino, igualitário e essencialmente bondoso, acompanhado de algo persecutório e excludente; a utopia originária do melhor como justificação para a atualização lamentável do pior; a nostalgia de uma intenção que se torna historicamente má à força de evocar seu direito genealógico à bondade indiscutível. Uma melancolia verdadeiramente incurável, a que sente falta do que nunca foi e então se vinga, exigindo, insaciável, tudo o mais. O candidato Hitler Rousseau, como outro que poderia chamar-se Stálin Kant, se os caprichos onomásticos nos fossem favoráveis, nunca faltou aos comícios trágicos deste século. Porque o nacionalismo não só é atá-

---

* Literalmente, "me soa". Tem o sentido de "me faz lembrar alguma coisa". (N. da T.)

vico, mas também desesperadamente moderno, e pelo visto será contemporâneo até a extenuação...

Jon Juaristi pertence ao grupo dos poetas atuais que também são magníficos ensaístas, como Félix de Azúa, Octavio Paz ou Josif Brodsky. O que o une especialmente a Azúa, além da proximidade geracional, é um humor desapiedado e lúcido que pode desembocar tanto na comicidade desatinada quanto no mais inesperadamente comovedor, assim como o simpático gosto pela *henorrrmidad* provocadora. Tudo isso servido em uma prosa invejavelmente suculenta e reforçado por uma erudição literária que não admite referências ociosas ou fracassadas. Embora Juaristi já tivesse demonstrado amplamente essas qualidades em seus ensaios anteriores (*El linaje de Aitor*, *Vestigios de Babel*, *El Chimbo expiatorio*, todos eles centrados mais ou menos na construção ideológica dos nacionalismos), talvez nesse *bucle melancólico* ele alcance suas melhores realizações até hoje.

A obra não propõe uma história do nacionalismo basco mas, como explicita seu subtítulo, nela se oferecem *histórias de nacionalistas bascos*. Essa colocação já é uma consideração teórica sobre o tema tratado, pois Juaristi parte do princípio de que a história do nacionalismo se constrói precisamente com base em histórias ou biografias de nacionalistas. Assim deve-se entender seu tom peculiarmente genealógico e hagiográfico, sempre oscilando da depressão da afronta à exaltação da gesta heróica e volta a começar, assim como sua gloriosa invulnerabilidade ao raciocínio crítico: "A rigor, o núcleo do discurso nacionalista é imune à crítica, porque se trata de uma *história*, não de uma argumentação: uma história que prolifera, que vive em variantes, que se multiplica em histórias geracionais e, sobretudo, individuais: em biografias, ou seja, em *histórias de nacionalistas*." Daqui provém, diga-se de passagem, o conflito do ensino da história no colegial, que atualmente suscita tanta polêmica neste país de múltiplos nacionalismos contrapostos em que vivemos.

As histórias contadas por Juaristi são realmente apaixonantes por seu esforço em unir as características pessoais e o discurso político dos protagonistas. Algumas vezes revela aspectos pouco ou mal conhecidos de figuras como Sabino Arana ou o próprio Unamuno – cuja contribuição ao incipiente nacionalismo basco foi muito menos estudada do que a que fez depois ao nacionalismo espanhol –, em outras ocasiões descobre personagens notáveis ignorados pela maioria, como Jon Mirande, atribulado e sulfúreo autor de uma modesta *Lolita* em salsa basca. Esse viés biográfico não impede Juaristi de fazer considerações teóricas de ordem mais geral, como sua discutível e interessante suposição de que o nacionalismo basco nasce como reação direta à dissolução do império espanhol em 98, e não, como em geral se acredita, à industrialização que põe em xeque a sociedade tradicional. Também são magníficas – e não menos sugestivamente discutíveis – suas *desconstruções* filológicas de textos literários significativos da tradição nacionalista basca, que ele sabe vincular a outros relevantes em contextos diferentes da poética contemporânea.

As histórias de *El bucle melancólico* chegam aos primeiros tempos da ETA – na qual militou o próprio Jon Juaristi, cuja autobiografia também está presente, pelo menos em filigrana, desde a primeira página – e até a atual linha oficial do PNV, personificada por Xabier Arzallus, para concluir com um capítulo inesquecível sobre o assassinato de Miguel Ángel Blanco, o *concejal* de Ermua. A julgar pelas primeiras reações enfurecidas dos nacionalistas bascos, esse grupo tão irascível quanto pouco sutil decidiu desqualificar sem rodeios o livro e seu autor. Especialmente Xabier Arzallus, cuja resposta em *Deia* a algo que evidentemente ele nem sequer leu ainda confirma como retrato o que poderia ser considerado caricatura. Mas os nacionalistas fazem mal em se voltar tão violentamente contra uma obra na qual são tratados tão seriamente e com uma compreensão visceral, embora muitas vezes maliciosa, que nunca renega seu parentesco com eles. Em primeiro lugar, porque Juaristi não poupa o reconhecimento do que há de positivo nas atitudes nacionalistas, como quando diz que nem mesmo em Sabino Arana o discurso *abertzale* jamais esteve completamente desprovido de ingredientes progressistas ou que nem um *gudari* cometeu atos de saque ou vinganças nos tempos atrozes da guerra civil. Em segundo lugar, e sobretudo, porque através dessa radiografia histórica do nacionalismo basco Juaristi se indaga sobre algo de alcance e generalidade muito maiores. "Há uma ferida melancólica inestancável em todos os seres humanos – ele estabelece no final –, porque a vida é perdida e não conduz a nada." Para depois nos questionar ou se questionar assim:

"Ideologia burguesa. De acordo, camarada. E agora, diga-me por que, depois de trinta anos de marxismo, de estruturalismo, de psicanálise, de desconstrução, diga-me por que não se calaram as vozes ancestrais." Aposto que a resposta a esse enigma nem o monsenhor Setién ousa dar.

BIBLIOGRAFIA

JON JUARISTI: *El bucle melancólico*, Espasa Calpe, Madri, 1997.

Com Borges, sem Borges

Este mês de junho nós, leitores, completamos dez anos sem Borges. Refiro-me à ausência da pessoa física: felizmente seus livros continuam conosco e até aumentaram ao se resgatarem algumas obras iniciais que ele deixou de lado por um excessivo zelo autocrítico. É duro, no entanto, para nós que vivemos durante anos espreitando-o, saber que, salvo o achado ocasional de algumas páginas, não haverá mais Borges: a morte irrevogável cerceou a possibilidade de um novo livro de contos ou de outros poemas. Costumamos nos resignar sem esforço especial a essa mutilação quando se trata de autores que começamos a ler depois de sua morte, como um episódio glorioso mas encerrado do acervo literário. Só retoricamente deploramos os dramas conjecturais que Shakespeare teria podido escrever *também* ou o silêncio prematuro de Rimbaud. Mas, quanto aos escritores que conhecemos e amamos quando ainda criavam, custa-nos imaginá-los como parte da memória, não do futuro. Esperamos tanto deles que nos desespera já não poder esperar...

De alguns autores, gostamos de uma ou outra de suas obras: conseguiram nos emocionar literariamente uma, duas ou dez vezes, e não lhes pedimos mais. Às vezes até nos surpreende que tenham sido capazes de escrever algo tão bom ao lado de muita coisa que não nos interessa. Em contrapartida, há outros que amamos não por alguns de seus sucessos, mas pela totalidade de seu desempenho: gostamos de como escreveram cada uma de suas páginas, até as páginas de que menos gostamos. Quando desaparecem, é de sua *voz* que sentimos falta, não de seus livros futuros. Sei que o bom romance de amanhã renovará o arroubo do que concluí hoje com um suspiro satisfeito; mas para mim nenhuma voz substituirá a de Cioran, a de Thomas Bernhard nem a de Borges. Sobretudo a de Borges.

Por quê? O amor explica tudo, mas não sabe explicar a si mesmo. No entanto, aventurarei uma breve tentativa de esclarecimento. Na melhor das prosas, às vezes até na melhor das poesias, se introduz de vez em quando algo de *inerte*. É a gordura ou a serragem de recheio, o que faz volume, o que infla o boneco e é preciso pagar por peso junto com o resto, pela mesma razão por que não podemos exigir de quem nos vende uma costeleta ou um peixe que renuncie a nos cobrar na balança os desperdícios que não queremos e às vezes até o papel que embrulha tudo. O próprio Borges observou muito bem que há passagens em Proust (diga-se que também em Balzac, em Dostoiévski ou em Pablo Neruda) às quais nos resignamos como ao insosso e rotineiro de cada dia, à espera do momento de êxtase brioso que as resgatará. Não direi que Borges carece totalmente desses momentos frouxos, mas considero que sua escritura talvez seja a menos inerte que conheço, donde provém, sem dúvida, a necessária e também mágica concisão de seus textos.

Mais ainda: o precioso encanto de um aventureiro que explorou as bibliotecas com a ingênua audácia e a experiente astúcia com que outros freqüentaram as selvas, os mares, as confusões políticas, as batalhas ou os leitos de amor. E que a partir dos livros, com desesperada nostalgia e lucidez, fala de mares e selvas, da morte na guerra e da agonia apaixonada. Poucos escritores exigem tanta *cumplicidade* no leitor como Borges: nenhum recompensa melhor quando ela é concedida. Nós, entusiastas que recusamos acatar totalmente sua perda, podemos prolongar nosso colóquio com ele através do excelente *Borges total* (Temas de Hoy), em que Marcos Barnatán revive cordialmente sua trajetória, e do depoimento pessoal, muitas vezes indiscreto, que María Esther Vázquez traz em sua também recente biografia de Borges (Tusquets).

Volta a meu primeiro Cioran

Devo admitir, não sem um sorriso, que há um quarto de século eu era mais do que nada assinante do *Le Monde*. Esse aspecto devia ser tão característico da minha personalidade que, no interrogatório subseqüente a uma detenção, o acusador da brigada político-social o mencionou como um dos principais fardos do meu volumoso dossiê. Uma vez que a polícia, nas ditaduras (e também nas democracias), costuma ser a encarregada mais direta de definir a identidade verdadeira de cada um, devo assumir que há vinte e cinco anos eu era nada menos (mas sem dúvida muito pouco mais) do que um assinante do *Le Monde* aos olhos do Altíssimo.

O grande jornal parisiense me proporcionava regularmente dois motivos de satisfação: quase diariamente, a crônica dos acontecimentos da Espanha, assinada por José Antonio Novais, na qual se recenseavam com ênfase gratificante os mínimos incômodos que operários, intelectuais, estudantes e outras pessoas de mal viver tentávamos causar ao regime franquista; e, uma vez por semana, a página dupla dedicada aos livros. Sou um dos últimos exemplares vivos de um mal-entendido em extinção: para mim, a palavra cultura é um bendito galicismo e o rio Sena contém um líquido mágico que faz os homens pensarem e escreverem bem, sobretudo os de sua margem esquerda... O caso é que, numa certa quinta-feira (pode ser que fosse uma sexta, pois não tenho certeza do dia da semana em que aparecia o suplemento literário) li um título impossível de ser ignorado: *Por acaso Cioran é o diabo?* O artigo era assinado pelo filósofo cristãoexistencialista Gabriel Marcel e era motivado pela publicação de *Le mauvais demiurge*, última obra de E. M. Cioran, para mim totalmente desconhecido. De sua leitura, tirei a conclusão de que Cioran não devia ser exatamente diabólico, mas que em compensação Gabriel Marcel era um santo, coitado.

Fundido em preto. Seqüência número dois. Uma tarde, não muito depois daquela quinta-feira (ou sexta!), eu estava na quase recém-inaugurada livraria Miessner, localizada na rua Ortega y Gasset em Madri, abastecida, com irregularidade mas abundância, de novidades editoriais francesas. Naquela época, as autoridades tinham resolvido me privar de passaporte, de modo que a seção francófona da Miessner era a única livraria do Quartier Latin à qual eu tinha acesso. Ocupando meu tempo em ler orelhas e folhear, eu esquadrinhava as estantes. De repente tropecei na enrugada capa cinza de um volume da coleção de ensaios da Gallimard, intitulado *Le mauvais demiurgue*. Ora, era o livro escrito pelo candidato a diabo segundo Marcel! Naqueles anos, qualquer um que fosse capaz de parecer Satanás aos olhos de um cristão de Paris conquistava minha atenção, mesmo que fosse com reservas. De modo que comprei o livro e, assim, pude ler Cioran pela primeira vez.

Foi a flechada do amor à primeira página. Encontrei um gnóstico contemporâneo, o arquimandrita desesperado e irônico da inviabilidade de nossa existência, nostálgico do decadentismo pagão, debelador das legitimações que sustentam a boa consciência metafísica, obcecado pela *pirueta* definitiva do suicídio, mas estilisticamente todo vivacidade, a própria negação do moribundo: deambulando dos rigores transcendentais à suscetibilidade mais irritável do intranscendente cotidiano. Truculento e sagaz, irreconciliável, caprichoso, contundente, o menos parecido que se possa imaginar com a filosofia que se empenhavam em me infligir na faculdade, que por meus pecados eu freqüentava todas as manhãs. Apaixonei-me por ele, devo dizer, decidi que tinha de conseguir o quanto antes todos os seus outros livros, comecei a *cioranizar* em meu tempo livre, de palavra e por escrito, elegi-o já não como professor nem apenas como modelo, mas como meu *daimon*, como meu demônio interior... não no sentido cristão de Gabriel Marcel, é claro, mas no sentido socrático. A voz que põe o *não* implacável na boca e sobretudo na alma quando a tentação de assentir e de aceitar se torna forte demais em nós. Terei mencionado antes que nessa época eu tinha muito pouco mais de vinte anos?

Minha onda sempre foi expansiva, como a das explosões. Quero dizer que não sou capaz de guardar para mim nem o que me agrada nem o que me desagrada. Outro menos estrondoso do que eu teria preferido continuar mantendo em segredo a descoberta desse escritor que tanto se presta à citação encoberta ou à paráfrase. Em um país em que, por assim dizer, ninguém o havia lido (salvo Ricardo Gullón, conforme fiquei sabendo depois) poderia ter ficado com Cioran como com uma mina privadíssima, gastando-o pouco a pouco, sem contar a ninguém de onde provinham as pepitas de ouro que eu punha sobre a mesa. Poderia ser Cioran na Espanha, pelo menos durante alguns anos! De certo modo, como contarei depois, até fui acusado de sê-lo... mas nada, impossível: não sou feito para a discrição. Tenho vocação de homem-anúncio, de arauto, de pregador, de João Batista: em suma, não sou ponderado. Imediatamente me pus a apregoar a boa nova, não sem tropeçar em certas dificuldades.

Comecei por propor à editora Taurus um livrinho sobre o pensamento de meu romeno favorito. Com bom senso de sobra, o diretor literário da editora – Jesús Aguirre – observou que o interesse que poderia despertar um estudo sobre um romeno desconhecido, escrito por um jovem espanhol inédito, seria forçosamente muito reduzido. Propus a generosa alternativa de publicar um livro sobre outro tema e também uma tradução de Cioran: assim nós dois iríamos saindo das trevas estígias que nos menosprezavam. Em quinze dias escrevi *Nihilismo y acción* [Niilismo e ação] (embora então o tenha oferecido a Jesús como se estivesse concluído e só precisasse de uma revisão), no qual, é claro, aparecia abundante e elogiosamente citado o *meu* Cioran. Ao mesmo tempo, consegui seu endereço e lhe escrevi para perguntar se ele autorizaria que eu organizasse e traduzisse uma seleção de textos seus, extraídos de todos os seus livros. Cioran me respondeu com muita amabilidade que isso não era possível porque a Gallimard não permitia tais antologias de livros que ainda não tivessem sido integralmente traduzidos. Com essa carta iniciamos uma correspondência que já dura mais de duas décadas e uma amizade de igual duração, que não troco por nenhuma outra.

Decidi começar pelo princípio, que é um começo tão bom quanto qualquer outro, e escolhi como vítima da primeira tradução de minha vida *Précis de décomposition*, o livro com que Cioran iniciou sua carreira de escritor na França. Os títulos de Cioran sempre me fizeram quebrar a cabeça e, nesse caso, resolvi traduzi-lo como *Breviario de podredumbre* [Breviário de podridão]: desse modo evitava o som demasiado intestinal de *descomposición* em castelhano e, por outro lado, aproveitava o blasfemo relento eclesiástico de *breviario*... Depois, animado pelo surpreendente eco público dessa primeira tradução (que culminou quando um garçom do bar da faculdade de filosofia me perguntou se eu pensava em traduzir algum outro livro de Cioran, episódio que encantou o autor), dediquei-me ao que havia sido meu primeiro contato com sua obra: *Le mauvais demiurge*. *Mauvais?* Depois de muito pensar, optei por transformá-lo em *aciago* [aziago]. Cioran, que lê e entende bastante bem o espanhol, não estava muito convencido. Não seria uma palavra rebuscada demais, *culta* demais? Para resolver a dúvida, interrogou uma *bonne* espanhola que morava no seu prédio: ela empregaria a palavra *aciago*? Claro que sim, meu senhor, respondeu a doméstica: para dizer, por exemplo, *un día aciago*. Cioran me escreveu imediatamente para me dar seu aval à tradução.

Desse modo, consegui que fossem publicadas em castelhano, e por uma editora de primeira linha, várias obras de meu mentor. Ao descobri-lo, me descobri. Como naquela época eu costumava imitá-lo sem disfarce em meus próprios escritos, os mais mal-intencionados rugiram: "Ah, então foi daí que você tirou tudo!" Outros, um pouco mais refinados ou com mais senso de humor, lançaram a idéia (muito lisonjeira para mim) de que Cioran não existia e de que se tratava nada mais nada menos do que de um heterônimo que eu havia inventado, seguindo os exemplos ilustres de Kierkegaard, Pessoa ou Antonio Machado. Quisera eu! Escrevi a ele: "Cioran, estão dizendo por aqui que você não existe." Respondeu-me na volta do correio: "Por favor, não os desminta!" Mas, sempre compreensivo, aceitou escrever a carta prefácio que encabeçou minha tese para dissipar algumas dúvidas que poderiam fazer perigar a viabilidade do trabalho acadêmico que eu estava dedicando a ele.

Pois na época eu acabava de empreender nada menos do que toda uma tese de doutorado sobre Cioran, realização paradoxal do propósito inicial – o primeiro de minha vida literária – consistente em centrar em sua obra o mais pessoal e arrebatado dos livros. A decisão de escrever uma tese já era por si só de caráter heróico e ao mesmo tempo humilhante: tratava-se de acatar o rito iniciático que podia ser para mim a maior oposição a que eu tivesse direito de fazer parte da tribo a que menos desejava pertencer. Diga-se de uma vez por todas: desagrada-me a seriedade acadêmica dos professores de filosofia e de seus peixinhos, a timorata e pretensiosa suficiência de seus pretextos biobibliográficos, suas notas de rodapé, suas incompreensíveis rixas de maníacos, sua inimizade ranzinza com tudo o que reluz... Hoje que sou um deles (embora nunca me tenham reconhecido totalmente como um dos seus, favor que me fazem, pois para minha vergonha sei muito bem que o sou) continuo pensando o mesmo que quando tinha dezoito anos e odiava até o ridículo eco bizantino da palavra *catedrático*. Deve ser uma das poucas coisas sobre as quais penso *exatamente* da mesma maneira. Mas, como dizia mais oportunamente Valéry, "*il faut tenter de vivre...*".

Enfim, volto à tese: como cumprir o rito e desmenti-lo simultaneamente?, como reverenciá-los e ao mesmo tempo mostrar-lhes a língua? A melhor maneira era dedicar a tese ao estudo de Cioran: não se tratava de um filósofo *sério*, não agradava nem aos marxistas, nem aos analíticos, nem aos tomistas, nem a nenhuma das outras seitas vigentes, quase ninguém havia escrito antes sobre ele (o que resolvia o tedioso problema da bibliografia!), e além do mais podia-se liquidar o assunto em pouco mais do que uma centena de páginas, pois seria ridículo dedicar três mil a comentar um escritor de aforismos, cujos modelos lacônicos eram o juramento e o epitáfio... Pus mãos à obra, e do modo mais impertinente de que fui capaz. Logo começaram as dificuldades, antes mesmo que o tribunal conhecesse o texto de minha arenga: alguém lançara que Cioran era invenção minha para ridicularizar a sacrossanta instituição! Então lhe solicitei a carta-prólogo, à guisa de certificado de existência. Dos mil incidentes posteriores de minha tese, que demorou meses e meses para ser lida, com episódios grotescos e macabros, puro franquismo filosófico... disso falaremos em outra ocasião.

Um refinado da amargura

(Por ocasião da morte de E. M. Cioran, em junho de 1995)

Depois de pronunciar qualquer enormidade certeira contra o universo, Cioran entrecerrava os olhos vivazes e soltava uma gargalhada breve, afônica e triunfal. Assim, ao mesmo tempo celebrava o acerto no alvo e tirava a importância de sua sentença. Diga-se o que for, tudo vai continuar sendo igual. Ninguém foi menos lúgubre, ninguém se cercou de menos prosopopéia, ninguém formulou diagnósticos mais aterradores com um ar menos intimidatório. Podemos imaginar amável o anjo exterminador? Cioran o era e, tal como os teólogos contam dos outros anjos, sua individualidade esgotou a espécie a que pertencia. Não se pode enquadrá-lo em nenhum movimento literário ou filosófico, em nenhuma escola nem moda. É impossível imaginá-lo falando da *desconstrução*, do *neobarroco*, do *pós-modernismo* ou do *retorno do sujeito*. Só lhe preocupavam os temas que podemos compartilhar com Montaigne ou com Buda.

Por que ele escrevia? Talvez por anseio de compor "um livro ligeiro e irrespirável, que chegasse ao limite de tudo e não se dirigisse a ninguém". Insistiu várias vezes nas mesmas questões, esquadrinhando de mil maneiras a estremecedora fragilidade do que somos e o incaptável delírio que ambicionamos, resmungando ironicamente contra seu próprio empenho, mas sem nunca se cansar dele nem nos aborrecer com ele. É preciso ser um estilista do maior calibre para conseguir essa proeza, "pois não há progresso na idéia da inutilidade de tudo, nem desenlace; e, por mais longe que nos aventuremos em tal meditação, nosso conhecimento não cresce de modo nenhum:

em seu momento presente é tão rico e tão nulo quanto era no princípio. É um alto no incurável, uma lepra do espírito, uma revelação pelo estupor". Por seu domínio da abreviatura fulgurante na qual se condensa não mais um tratado – que é pouca coisa – mas todo um ramo do saber que ninguém explorou, só pode ser comparado em nosso século a Elias Canetti. Cioran é um escritor literalmente *insubstituível*: quem se afeiçoa a seu tom não consente substituí-lo por nenhum paliativo. Assim conquistou a estima de alguns admiradores nada desdenháveis (Octavio Paz, Susan Sontag, Paul Celan, Clément Rosset...) e também a reprovação de outros (Eduardo Subirats, Luis Racionero, Javier Sádaba...): a lista de seus cúmplices e a de seus adversários lhe são igualmente honrosas. Sua obra tem alguma moral? Evidentemente nenhuma, e portanto posso propor duas: "Perdemos nascendo tanto quanto perderemos morrendo. Tudo." A segunda é de ordem prática: "Somos e continuaremos sendo escravos enquanto não estivermos curados da mania de esperar."

Fomos amigos durante mais de vinte e cinco anos. Nunca conheci um professor menos solene, um companheiro mais acolhedor e mais ameno. Foi a única pessoa de alto nível intelectual totalmente carente de pedantismo com quem tive contato. Sua forma de vida era tão pouco ostentatória que nem mesmo ostentava sua falta de ostentação. E não é que tivesse renunciado a nada: simplesmente sabia o que importava e deixava o resto de lado sem alarde. Vivia a seu modo, mas nunca reprovava a forma de viver dos outros: pelo contrário, celebrava sinceramente quando um escritor que apreciava recebia o prêmio que ele havia recusado discretamente na semana anterior. Tinha uma generosidade quase risível com tudo, com seu tempo, com sua hospitalidade, com roupas, com comida ou com livros de segunda mão, com seus conselhos, surpreendentemente atinados e cheios de bom senso. Tanto que eu saiba, não lhe faltava nenhum dos tiques da santidade, embora para ser santo lhe faltasse a mania da fé e lhe sobrasse humor. Manteve inalterada sua agilidade mental e física até um par de anos antes de morrer, quando foi bruscamente atingido pelo mal de Alzheimer: "Ter proferido mais blasfêmias do que todos os demônios juntos e ver-se maltratado pelos órgãos, pelos caprichos de um corpo, de um escombro!"

Alguma daquelas noites de sábado do início de outubro, quando todos os anos eu costumava ir vê-lo, depois da deliciosa noitada com a incomparável Simone e com ele, Cioran me escoltava até o metrô da praça Odéon. Preocupava-se com minha segurança na selva urbana: olhe que aqui o metrô é muito perigoso, não estamos na Espanha, não quer mesmo que o acompanhe? Assim o recordo agora, sua figurinha frágil envolta em um abrigo gasto e na cabeça seu gorro de pele de espião moscovita, despedindo-se de mim com um sorriso preocupado enquanto eu começava a descer as escadas do metrô. Não, Emil, amigo meu, você não pode me acompanhar nem posso acompanhá-lo agora: às trevas inferiores cada um tem de descer sozinho.

Outra despedida

Simone Boué, professora de liceu e companheira de E. M. Cioran durante mais de cinqüenta anos, morreu afogada em uma praia francesa no último mês de setembro (1997). Stendhal diz que "são necessárias pelo menos dez linhas em francês para elogiar uma mulher com delicadeza". Eu precisaria de muitas mais em espanhol para fazer justiça medianamente a Simone nesta despedida. Era inteligente, vivaz, irônica, discreta. Sobretudo era a própria elegância, a encarnação daquele *chic* parisiense que pode dispensar passarelas e que não se adquire esbanjando dinheiro na casa dos estilistas. A ela bastava – e tinha de bastar, pois eram pobres – um lenço, um casaco simples, mudar uma flor de lugar. Na casa minúscula da rue de l'Odéon tudo era perfeito e humilde, como que pintado por Vermeer. "Abaixe-se!", me dizia Cioran quando eu ia entrar, "cuidado com a cabeça, a porta é muito baixa!" Parte do prazer de sua hospitalidade generosa era ouvi-los contar as histórias a dois, lançando-se ternos gracejos, ele criticando a França sem a qual não podia viver, ela francesa a mais não poder. No final, quando Cioran começava a perder a cabeça, ela completava seus balbucios sem que se notasse e desempenhava os dois papéis, o censor amável e a amável réplica. Então eu lembrava o que certa vez me disse o filósofo Clément Rosset, também amigo de ambos: "Ponho Simone até acima de Cioran."

Eu a vi pela última vez em junho, no segundo aniversário da morte de Cioran. "Por favor, cuidado com a cabeça", ela me disse quando fui entrar. Estava terminando de transcrever para a editora

Gallimard os cadernos inéditos de Cioran, que reúnem centenas de páginas, entre rascunhos e textos ainda não publicados. Era uma tarefa que só ela podia levar a cabo, pois havia datilografado *todos* os manuscritos de Cioran e ninguém mais conseguia entender totalmente sua letra difícil. Também me contou sua amargura por uma biografia recente de Cioran, não tanto por causa da insistência escandalosa em suas veleidades fascistas juvenis como pela pedante bobagem de compará-lo com Wittgenstein! Depois nos despedimos, e era para sempre. Não sei quem será o próximo inquilino do pequeno apartamento no coração do Quartier Latin, não sei se ele saberá que naqueles três cômodos foi vivida uma história de amor tão longa e preciosa. Por favor, abaixem a cabeça. E tirem o chapéu.

Elogio do conto de fantasmas

> *Quem vem a meu encontro, lá de longe,*
> *através das árvores? Ninguém.*
> *Quem anda sobre as folhas?*
> *Almas sem corpo.*
> (JULES RENARD, *Diário*)

Cada um tem seu ideal de *momento perfeito*, esse breve lapso de tempo em que nos imaginamos fazendo algo de que realmente gostamos, não uma atividade gloriosa, ou rentável, ou benéfica para a sociedade e a espécie humana, mas um passatempo intimamente satisfatório. Meu ideal poderia ser assim: acabando de deitar numa noite de inverno, ainda com o calorzinho do último uísque nas veias, acender a luz de cabeceira e começar a saborear a leitura de um bom conto de fantasmas. Vocês me dirão que se trata de um capricho antiquado e anglo-saxão: admito ambos os defeitos, se é que o são. De fato, compartilho com muitos anglo-saxões (ingleses, irlandeses e escoceses, sobretudo) o gosto pelas corridas de cavalos e pelos espectros. E admito que estes últimos pertencem antes a uma época pretérita, do século XIX, quando o ânimo científico do positivismo ainda se debatia contra os estremecedores resíduos do mundo sobrenatural vigente por tantos séculos, e que costumavam aparecer em velhos casarões iluminados com candelabros ou bicos de gás. Os fantasmas parecem refratários à eletricidade, para não falar na energia atômica ou nos computadores portáteis. E talvez nisso consista parte de seu fascínio. Nos contos, o fantasma é alguém ou algo que – apesar de estar oficialmente morto – volta do passado, na maioria dos casos para amedrontar e castigar os vivos, às vezes para ajudá-los. Pois bem, isso é justamente o que fazem os próprios relatos de fantasmas no plano literário: parecem defuntos, esquecidos, incompatíveis com o gosto atual, mas insistem em voltar. Os contos de fantasmas são os fantasmas da literatura.

Um relato de fantasmas é como um truque de ilusionismo: ou dá certo, ou põe o prestidigitador no ridículo. E, também como no ilusionismo, quando o jogo tem êxito o espectador desfruta sem que por isso acredite o mínimo que seja na intervenção de forças sobrenaturais. Por isso me surpreendi um pouco ao saber, lendo o boletim da *Ghost Story Society* (um clube literário no qual me inscreveu meu amigo fantasmólogo Javier Marías), que a maioria de meus colegas de associação – exatamente 43% – acredita na existência de fantasmas, contra 26% de incrédulos e 31% de indecisos. O mais notável é que alguns dos incrédulos confessam que gostariam de acreditar em espectros sobrenaturais, ao passo que vários crentes afirmam sem vacilar que os viram pessoalmente...

Um bom conto de fantasmas deve insinuar mais do que afirma, deve sugerir sem mostrar. Deve caminhar para seu clímax por meio de pequenos sobressaltos inquietantes: o relato de fantasmas não pertence exatamente ao gênero de terror, mas ao da *apreensão*. Pode deixar aberta, no final, uma pequena brecha para que tudo o que aconteceu seja explicado sem recorrer ao outro mundo, mas uma brecha muito estreita, quase inviável. E tem outra semelhança com a prestidigitação: seu efeito melhora quando se acrescenta um pouco de humor, a conta justa para que o leitor sorria enquanto sente um calafrio... Nós, membros da *Ghost Story Society*, somos unânimes, como diria Guillermo Brown, quanto a quem são os grandes mestres: acima de todos, M. R. James, cujos trinta e um contos estão para o gênero de fantasmas como os relatos de Sherlock Holmes para o policial. Seguem-no em nosso comum apreço J. S. Le Fanu e E. F. Benson. Por certo, se não me engano, ainda não foram traduzidos para o castelhano os contos de A. N. L. Mumby, cuja coleção – intitulada *A mão de alabastro* – também faz parte do que há de melhor no que se refere a tremores espectrais. E ainda há muito mais o que escolher.

O conto de fantasmas admite a miniatura. Proponho-lhes duas de minhas preferidas, a primeira inspirada por M. R. James e a segunda por Arthur Conan Doyle, e contadas a meu modo. Uma: "Que grato conforto! Afundado em minha poltrona, junto da lareira onde crepita o fogo, com o copo de conhaque na mão direita e a esquerda caída displicentemente, acariciando a cabeça peluda de meu cachorro... até lembrar que não tenho cachorro." Segunda: "Acordo depois do tremendo choque, entre os restos retorcidos de meu carro. Sobre mim está debruçado Frank, meu amigo de infância, tentando me reanimar. 'Mas, Frank', murmuro debilmente, 'você está morto...' Frank me responde, sorrindo com amável embaraço: 'Você também.'"

Coda para pessimistas (ou simplesmente para reflexivos): todas as histórias humanas são histórias de fantasmas, não é mesmo?

Uma jóia tenebrosa

Depois de empregar prazerosamente cerca de meio século em ler literatura fantástica, cheguei a uma conclusão que talvez possa servir de preceito para futuros autores: o segredo das melhores narrações fantásticas consiste em não serem *demasiado* fantásticas. Ou seja, elas não são constantemente fantásticas nem absolutamente fantásticas, ou, em outras palavras, são fantásticas do modo mais *realista* possível. Nada cansa mais depressa do que uma fantasia permanentemente fantasiosa, sem âncora nem pretexto no verossímil ou no familiar, que se excede em maravilhas estentoreamente chocantes em vez de dosar o milagroso sobre o pano de fundo do mais aparente respeito pelo real. Essa é a indubitável superioridade literária da Bíblia sobre o Livro dos Mortos egípcio ou o tibetano Bardo Tohdol. E também o acerto principal de M. R. James, Lovecraft, Tolkien ou Bradbury, que os alça acima de seus frondosos, incansáveis, prolixos e conspícuos imitadores.

A partir do sucesso obtido por *O Senhor dos Anéis*, os romances de capa e espada e bruxaria costumam afogar seus leitores em intermináveis sagas, abundantes em magos, feiticeiros, dragões, entidades quase divinas más ou bondosas, etc. Enfim, uma chatice. Os jogos de *role play* e os de computador prolongaram até a paródia essa proliferação exaustiva de assombros, que por serem tantos já nem assombram e muito menos inquietam quase ninguém. Daí que, de vez em quando, convém voltar a épocas narrativas mais austeras. *O buraco do inferno*, publicado pela primeira vez em 1914, é uma das obras de terror sobrenatural mais perfeitas que conheço, tanto por seu tom como pela graduação de seus efeitos e por sua extensão. Ambientada impecavelmente na guerra civil inglesa do século XVII, consegue uma rara intensidade ao mesmo tempo moral e carnal, que a transforma em inesquecível pesadelo. Em seus melhores momentos lembra um Shakespeare, tal como poderia ter sido filmado por Paul Verhoeven de *Robocop*. Apesar da dedicatória a M. R. James, lembra mais o imaginário de Lovecraft, Robert E. Howard e, sem dúvida, Tolkien, que certamente conheceu e apreciou esse relato.

Adrian Ross é o pseudônimo de Arthur Reed Ropes, um catedrático de Cambridge cuja carreira baseou-se em poemas líricos e libretos de comédias musicais, que tenho o prazer de desconhecer completamente. Este romance é sua única contribuição para o gênero fantástico, mas é suficiente para declará-lo mestre indiscutível do assustador. Não sei se é verdade que uma única boa obra pode salvar uma alma, mas com certeza basta para conquistar a gratidão desses pequenos deusinhos secundários – os leitores –, que também temos nosso próprio hagiológio.

BIBLIOGRAFIA

ADRIAN ROSS: *El agujero del infierno*, trad. Javier Sánchez García-Gutiérrez, Valdemar, Madri, 1997.

O caos e os dinossauros

Como a cultura é formada tanto por preconceitos como por conceitos, não vou pretender discutir aqui a licitude dos seus, irmão leitor. Limitar-me-ei a adverti-lo de que, se você tem aversão à literatura *popular* em geral ou à ficção científica em particular, a leitura desta matéria – prescindível, de qualquer modo – lhe será especialmente supérflua. Mas se você assume, como eu, que escritores que nunca ganharão o prêmio Nobel nem merecerão estudos de Harold Bloom ou George Steiner também podem compor verdadeiras obras-primas, permita-me dar-lhe a boa notícia de que acabo de ler uma jóia de arte menor na categoria da fantasia científica (*nota bene*: consintam-me o pequeno orgulho de lembrar aqui que esta resenha foi escrita antes de Spielberg tornar perturbadoramente célebre esse romance por meio de sua magnífica versão cinematográfica).

Seu autor é Michael Crichton, também estimável diretor de cinema em seu tempo livre, que há alguns anos escreveu *Entre canibais e vikings*, história de um mouro educado do século IX, raptado pelos ferozes guerreiros escandinavos e que acaba lutando ao lado de Beowulf e seus companheiros contra o monstro Grendel. Outra simpática preciosidade, daquelas que sempre escapam aos pedantes (oh, perdão, prometi não falar contra os preconceitos de ninguém!). Mas o livro que recomendo agora, *Jurassic Park*, representa sem dúvida uma realização superior. Para começar a elogiá-lo, poderíamos dizer que se trata do melhor romance com dinossauros desde que Conan Doyle fez, imortalmente, *O mundo perdido*. É certo que os romances *com dinossauros* constituem todo um subgênero próprio e que agrada especialmente a qualquer paladar literário sadio, de modo que, se vocês acham irrelevante que haja ou não haja dinossauros em um romance, não sei que diabos... (ora, sinto muito, juro que me havia imposto parecer tolerante). O caso é que atualmente os dinossauros e seus primos um pouco mais ridículos, os dragões, saturam em excesso os produtos medíocres do romance fantástico, talvez por causa – sem culpa – do próprio Conan Doyle e de Tolkien, benditas sejam suas almas trovadoras. Mas *Jurassic Park* nada tem a ver com essa multiplicação mimética: desde o início o leitor avisado se dá conta de que está diante de um verdadeiro toucinho-do-céu e, depois de cancelar todos os seus outros compromissos imediatos, corre para buscar sua enciclopédia de dinossauros para não perder nem um detalhe. Dou por certo que vocês têm em casa uma boa enciclopédia de dinossauros, porque, caso contrário... nada, nada, perdão.

A hipótese metacientífica que sustenta esse romance presta-se perigosamente ao disparate: um milionário ianque decide financiar as pesquisas genéticas sobre o DNA dos dinossauros (conservado no interior dos insetos pré-históricos que os picaram e que chegaram até nós dentro de sarcófagos de âmbar) a fim de fazê-los reviver clonicamente e criar com eles um incomparável parque de atrações, a mais irresistível das Disneylândias. Não se sabe o que merece maior admiração, se é a verossimilhança minuciosa que Crichton sabe dar ao desenvolvimento espantoso dessa idéia, ou as possibilidades da mais pura estirpe do relato de aventuras que consegue extrair dela. O caso é que o interesse da narração se mantém sem decair, através de um número mais que respeitável de páginas.

Mas ainda fica o sempre precioso, mais difícil ainda, pois *Jurassic Park* também contém uma clara parábola sobre a perversão espúria (cuidado: não estou falando em *perversidade intrínseca*) da ciência moderna em suas aplicações técnico-comerciais. Advertências confusamente expressadas por Heidegger, Arnold Gehlen e tantas belas almas do ecologismo literário, que neste século nunca faltou na ficção científica mais pregadora, encontram no romance de Michael Crichton um eco suavemente irônico, nada enfadonho. Sua lição básica refere-se ao delírio de controle onipotente e lembra que, quanto mais congestão dominante e planificadora se alcançar, com mais inevitável rigor a desordem do imprevisto fará seu trabalho de destruição; usando uma doutrina da moda, Crichton recomenda que estudemos a ciência do caos, se quisermos saber onde irá dar, mais cedo ou mais tarde, o caos da ciência. Escrever um bom romance de imaginação e aventuras é coisa notável, mas conseguir que ele destile uma moral razoável e que consiga ser apocalíptico sem obscurantismo é, na verdade, algo quase milagroso. Em resumo, e repetindo Lichtemberg: se você tem duas calças, venda uma e compre este livro.

BIBLIOGRAFIA

MICHAEL CRICHTON: *Parque jurásico*, trad. Daniel Yagolkowski, Plaza & Janés, Barcelona, 1991.

Brevíssima teoria de Michael Crichton

Os autores de *best sellers* populares prosperam acompanhados por dois equívocos contrapostos, um deles sustentado por seus leitores mais ingênuos e outro transformado em dogma pelos altivos pedantes que se negam a lê-los. O primeiro afirma que eles escrevem muito bem e o segundo proclama que não sabem escrever. A realidade, como às vezes acontece, é um pouco mais complexa do que deixam transparecer esses ditames. Acontece que *escrever* é a denominação genérica que recebem atividades literárias tão diversas como a de Agatha Christie e a de Franz Kafka. Em certo sentido – no sentido de conseguir o que Kafka faz – a senhora Christie escreve muito mal, mas, se nos colocarmos no ponto de vista da criadora de Poirot, é o bom Kafka que não sabe das coisas.

Acontece algo semelhante em certas discussões musicais entre pais e filhos: o menino afirma que ninguém canta como Kurt Cobain e o pai lhe responde triunfante com uma ária de Pavarotti. Puro mal-entendido. Como o que houve entre Stendhal e um amigo seu quando passeavam por Roma. Pararam na frente da basílica de São Pedro e Stendhal se extasiou diante da cúpula desenhada por Michelangelo. Cético, o amigo comentou: "Bom, mas para que serve isso?" E o escritor respondeu: "Para comover o coração humano." E é disso que se trata, de comover nosso coração como quem agita um frasco de loção capilar antes de usá-la. Às vezes o coração necessita de intriga e assombro, ao passo que em outras ocasiões precisa de perplexidade metafísica; há momentos em que ele pede ritmo desenfreado. Em outros exige harmonia celestial; agora quer temor e tremor, depois gargalhadas. Às vezes somos ingênuos como crianças – conte-me uma história de dragões! – e, mais tarde, velhos como a história, lançamo-nos a esquadrinhar os recursos da linguagem em busca da palavra nunca dita que nos aliviará da morte. Não devemos privar-nos de nada antes que o nada nos prive de tudo.

De modo que leiamos Michael Crichton, um dos mais notáveis narradores de contos fantásticos dos últimos anos. Não perco nenhum de seus livros desde aquele já antigo que primeiro se chamou em espanhol *Entre caníbales y vikingos* e agora *Devoradores de cadáveres*, uma engenhosa recriação da gesta de Beowulf que encerra uma parábola sobre a disparidade das culturas e a coragem humana que, apesar dessa disparidade, todos nós compartilhamos. Também me parecem recomendáveis *Congo, Esfera, Acoso...* e sobretudo *Jurassic Park*, onde ele mistura a antecipação científica, a aventura maravilhosa e até a lição de moral contra os excessos da técnica, numa combinação de eficaz ingenuidade que nada fica devendo à linha inaugurada por Júlio Verne.

Esse romance e o filme vibrante que Spielberg realizou sobre ele, captando muito bem seu espírito embora nem toda a sua complexidade, juntaram-se perfeitamente à já antiga fascinação que muitas crianças e vários adultos sentimos pelos dinossauros. Não serei eu a me queixar, portanto, de que Crichton tenha reincidido no tema com uma continuação de *Jurassic Park*, e muito menos protestarei quando Spielberg rodar a seqüência de seu próprio filme milionário. Para ser sincero, observarei, no entanto, que este último romance de Crichton é notavelmente inferior ao anterior. E não por ter sido escrito com vistas à sua irremediável encenação cinematográfica, mas porque a imaginação de Crichton se alimenta demais do filme anterior de Spielberg: o olho do tiranossauro na janela do veículo, a garra do velocirraptor prensada numa porta, a pata enorme que faz tremer o lodo ao lado do perseguido... O ruim não é o romance esperar seu filme, mas inspirar-se num filme.

Mas o que é verdadeiramente intolerável é seu título: *O mundo perdido*. Por favor, respeito. Chamar um romance de dinossauros desse modo é como dar o título de *Moby Dick* a um relato sobre baleias ou batizar de *A guerra dos mundos* uma outra crônica de uma invasão marciana. Ora, *O mundo perdido* é a obra-prima inaugural do gênero e, além disso, o melhor relato de sir Arthur Conan Doyle. E, em matéria de romance popular e contos de emoção e aventura, Conan Doyle é... o rei Artur. Seus títulos não devem ser mencionados em vão, nem mesmo por anseio demasiado literal de homenagem. Como penitência para Crichton, proponho aos leitores que esqueçam seu *Mundo perdido* e releiam o de Conan Doyle. Valerá a pena.

Outra brevidade crichtoniana

O primeiro escritor que vendeu na Europa mais de um milhão de exemplares de seus livros foi Emilio Salgari, aquele afável romancista popular em cujas sagas de piratas malaios e selvas amazônicas nós, crianças de várias gerações (creio que a minha foi das últimas), descobrimos a bela geografia da aventura. Naturalmente, os críticos literários da época, ocupados com Tolstói e Rimbaud, só tiveram um frio desdém por Salgari... para não falar dos subsalgaris que o imitavam, como Luigi Motta. Literatura ínfima e, ainda por cima, extremamente comercial! No entanto, naqueles livros alguns de nós aprenderam não só a ler mas, sobretudo, a amar a leitura.

Se eu tivesse de escolher hoje um substituto de Salgari entre nós, proporia Michael Crichton. As diferenças são óbvias: para começar, o velho romancista de Turim era enganado por seus editores, que se enriqueceram à sua custa ao passo que ele acabou se suicidando, angustiado pelas dívidas e desgraças familiares; em contrapartida, parece que Crichton administra seus negócios editoriais de modo muito mais eficaz. Salgari se documentava com atlas e enciclopédias para dar a seus relatos o atrativo de paisagens exóticas, de flora e fauna inéditas; Crichton também prepara seus livros minuciosamente, mas não busca o exotismo na geografia, e sim nos avanços científicos ou nos conflitos entre novas atitudes sociais. Seu melhor romance até hoje, *Jurassic Park*, combina a experimentação genética com o tema dos limites da técnica; *Congo* é mais salgariano por seu cenário e nele se fala da inteligência dos antropóides em relação à imbecilidade bestial de alguns humanos. Não menos divertido do que Salgari e mais lúcido, Crichton é capaz de algo que aquele nunca tentou com seus leitores: criar em nós desassossego.

Pensar o irremediável

O vínculo intrínseco que liga a filosofia à morte se estabelece desde a própria origem dessa tradição intelectual característica do Ocidente. E não só porque Platão dissesse que filosofar é preparar-se para morrer, nem porque a *meditatio mortis* tenha ocupado tantos dos melhores (com a exceção rebelde de Spinoza: "o homem livre pensa menos do que tudo na morte e toda a sua sabedoria versa sobre a vida"), mas principalmente porque a própria *urgência* que nos faz filosofar provém dessa enormidade assombrosa, a convicção de nossa morte irremediável. Nem toda filosofia versa sobre o morrer, mas não há filosofia que não saiba que vamos morrer e que não *reaja* diante de tal provocação, mesmo que seja pensando em tudo menos na própria morte. Cioran admoestou com certa razão a maioria dos grandes filósofos por terem "escamoteado o cadáver" em seus sistemas ocupados com o imorredouro, como hábeis assassinos que fazem desaparecer o despojo comprometedor de sua vítima. E no entanto é essa caducidade putrefata que os impeliu a edificar eternidades especulativas...

A certeza da morte é a única que temos no confuso mar de nossas dúvidas e tateamentos, mas não oferece nenhum ensejo intelectual a quem se esforça em pensar. Azar. Não há outro remédio senão recair na vida, seja para se preocupar exclusivamente com ela, tal como recomenda Spinoza, seja para projetá-la ilusoriamente para além da morte, eternizando sua rotineira azáfama de recompensas e castigos, prazeres e dores. A morte pode ser o limite, mas nunca a senhora da vida nem sua dona. É sadio manter-se escandalizados e não só assustados diante dela. Admira-me que morrer "seja um costume que as pessoas sabem ter", como observa ironicamente Borges em uma de suas milongas. Na minha pobre maneira de ver, acostumar-se à morte é a pior das traições ou das hipocrisias, como suponho que já vislumbre o paciente leitor destas páginas miscelâneas (se ainda não se deu conta disso deve ser porque, apesar do título do livro, começou a ler sem despertar antes).

Voltando à reflexão sobre a morte, talvez o melhor seja *vaguear* em torno dela em vez de tentar enfrentá-la diretamente. É o que faz Gabriel Albiac nesse livro, usando como pistas de sua deambulação algumas das melhores obras literárias e filosóficas de nossa cultura. O critério de Albiac é certeiro e lúcido, não só na escolha de autores (Hegel, Borges, Keats, Conrad, Baudelaire, Yeats...), como também, sobretudo, nos textos selecionados e bem comentados. É tão comum que esses nomes sejam mencionados em vão, com sua citação mais repetida ou menos relevante! Saboreando esse excelente itinerário, confesso minha surpresa com a ausência de Elias Canetti, guerrilheiro perpétuo contra a morte, cuja obra sem dúvida não pode ser ignorada por esse grande conhecedor da heterodoxia judaica européia que é Albiac. A exposição de documentos biográficos que o Centro Pompidou dedicou recentemente a Canetti intitulava-se *O inimigo da morte*. Parece-me a mais bela honraria póstuma, pois morrer sem se resignar à morte – sem a beatificar submissamente como algo *natural* – é o ponto de loucura imprescindível para que a cordura não seja insípido fatalismo. Em um livro sobre a morte a voz antiestóica de Elias Canetti – tal como a de Unamuno – não deveria faltar, como a oposição radical que apresenta a impossível emenda à totalidade a um parlamento mobilizado mas às vezes demasiado aquiescente. Quanto aos intérpretes de *rock* também mencionados por Albiac com suas letras freqüentemente sugestivas, da minha mais perfeita indigência nesse tema proclamo minha confiança na seleção oferecida.

Vou insinuar algumas queixas. Em tempos de tanta tolice ultramundana e esotérica, acho reconfortante que Albiac nunca ceda à moda de consolos nigromânticos, porém deploro que não nos tonifique mais contra ela explorando a coragem da vida ou sua alegria e não apenas o desespero da morte. Se se estabelece que não há vida depois da morte mas que também não a há antes, é a morte que vence, e com ela – inevitavelmente – a religião, em sua faceta menos supersticiosa no entanto mais tenebrosamente tentadora. O ateísmo não consiste só em rechaçar o supérfluo ou o pueril, mas também em não sentir falta disso... Segunda objeção: a total ausência de humor em Albiac poderia parecer ao leitor uma demonstração de mau humor. E nada estraga tanto o clamor trágico como proferi-lo com o cenho franzido e carrancudo. Degrada em dispepsia a queixa existencial. Para nos convencer de que sua desolação não é *pose* – como tenho certeza de que não é –, bastaria Gabriel Albiac sorrir um pouquinho. Afinal de contas defrontamos uma colossal brincadeira macabra a qual devemos pagar na mesma moeda e muito conscientes disso, tal como constatou Paul Valéry:

> *Qui ne connaît, et qui ne les refuse,*
> *Ce crâne vide et ce rire eternel!**

BIBLIOGRAFIA

GABRIEL ALBIAC: *La muerte*, Biblioteca del Presente, Paidós, Barcelona, 1996.

---

* Em francês no original: *Quem não os conhece e quem/não os rejeita,/esse crânio vazio e esse riso eterno!* (N. da T.)

Razões e paixões de uma dama

Foi Cioran quem me ensinou que os personagens verdadeiramente representativos do ilustrado século XVIII francês são um punhado de mulheres, acima até dos mais iluminados varões. Qualquer lista delas, por mais curta que seja, não pode omitir Gabrielle-Émilie le Tonnelier de Breteuil, marquesa de Châtelet. Essa senhora teve a sorte de ser filha de um libertino abastado, que a educou sem preconceitos e não só permitiu como fomentou sua predisposição natural ao estudo. Émilie obteve uma notável formação em línguas clássicas e em ciências, que a longa década de amizade amorosa com Voltaire e a relação com outros sábios, como Maupertuis, Bernoulli ou Koenig contribuiriam para ampliar. Traduziu excelentemente Newton do latim (até há poucos anos sua versão foi a mais útil em francês) e escreveu sobre física, filosofia e crítica da religião. Além do mais, no entanto, foi também uma mulher apaixonada, audaciosa em seus amores, mãe, mundana e jogadora. Despertou admirações ilustres e hostilidades que não o foram menos; dela tiveram ciúmes outras mulheres notáveis, como a corrosiva Madame du Deffand, Madame du Graffigny ou Madame Staal-Delaunay, e um rei semifilósofo que disputou com ela o afeto de Voltaire: Frederico da Prússia.

Madame du Châtelet quis ser sábia. Pedantismo? Não, pois "quem diz *sábio* diz *feliz*, pelo menos em meu dicionário". O resultado de seus esforços para conciliar sabedoria e felicidade ela expõe nas breves páginas do *Discurso sobre a felicidade* que escreveu no final de sua vida, pouco antes que seu jovem amante a deixasse, grávida e com mais de quarenta anos, o que na época equivalia quase com certeza a uma condenação à morte. A concepção de felicidade de Émilie não é tão hedonista quanto *antiestóica*: anseia por sensações e sentimentos prazerosos, sem dúvida, mas sobretudo intensos, embora comportem incidentes dolorosos. O medo e a esperança, as duas cabeças da hidra que o herói estóico acredita vencer, são para ela estímulos deliciosos de uma vida que, sem eles, seria insípida: "Nossa alma deseja ser comovida pela esperança ou pelo medo; só é feliz com as coisas que lhe fazem sentir sua existência." Por isso ela, a racionalista convicta, defende as paixões, embora se costume dizer que produzem mais desgraçados do que pessoas felizes. Observa oportunamente que esse cálculo impossível pode ser viciado porque os desgraçados se fazem notar mais, dado que precisam dos outros, ao passo que os felizes permanecem ignorados (prefigura assim a sentença com que, um século depois, Tolstói iniciará a história de outra mulher apaixonada).

Também defende a ilusão, aspecto em que se rebela contra Voltaire: uma vez que devemos a maioria de nossos prazeres ao toque brilhante que a ilusão dá ao rotineiro ou ao inevitável, ai de quem a perder! De modo que a tibieza desencantada da amizade – que era a única coisa que recebia então de Voltaire, seu querido por tanto tempo – lhe parece um sentimento demasiado suave e débil para preencher seu coração sensível: necessita de um Saint-Lambert, embora nele se vá sua vida. Porque nele se vai sua vida. E confessa que, se a oração fosse plausível, haveríamos de pedir a Deus não só que nos deixasse cair em tentação como também que nos oferecesse tentações novas. O estudo é, sem dúvida, uma delas, e é particularmente injusto que os varões – que têm outros meios de satisfazer sua paixão de glória, como a guerra ou a política – privem dessa oportunidade de excelência a metade feminina da humanidade, que é quem mais a necessita. A tentação do jogo (que entusiasmava Voltaire pouco mais do que ao presidente da Comunidade de Madri, que proibiu o pôquer para evitar *vícios*) também merece sua aprovação, embora recomende reservá-la para a época outonal da vida, quando já estiverem escasseando outros meios mais carnais de emoção...

Sem dúvida é um acerto a sempre interessante coleção *Feminismos* oferecer ao leitor espanhol essa reflexão característica do século

XIX sobre a boa gestão da vida. No discurso encontram-se não apenas as idéias, mas também a personalidade da senhora singular que o escreveu. A excelente tradução espanhola deve-se a Alicia Martorell, e é acompanhada por uma longa e competente introdução de Isabel Morant Deusa sobre a dama e sua época. Só um simpático lapso: na página 47 diz-se que um livro de Algarotti de título quase pós-moderno (*O newtonismo para as damas*) apareceu ilustrado com *a fotografia* de Madame du Châtelet. Parece-me que Émilie era uma mulher avançada para sua época, mas não tanto... A edição se completa com uma ampla seleção de sua correspondência, tão significativa pelo que diz quanto pelo que insinua. Uma de suas cartas termina: "Não posso acreditar que eu tenha nascido para ser infeliz." Emociona ler essa ingenuidade tão sábia, tão valente, primeira voz da modernidade que nos reclama, apesar do já murcho e do irreparável.

BIBLIOGRAFIA

MADAME DU CHÂTELET: *Discurso sobre la felicidad*, Cátedra, col. Feminismos, Madri, 1996.

Para resgatar a intimidade

Hoje se esbanjam proclamações e se fazem alardes supostamente em favor da intimidade: a reivindicação do *direito à intimidade*, os alarmas diante dos *atentados contra a intimidade*, as censuras contra quem *vende sua intimidade...* estão na ordem do dia. Recentemente a morte da princesa Diana de Gales em acidente despertou uma colossal histeria coletiva contra os *paparazzi* que a assediavam, como se não fossem esses próprios impertinentes que tivessem transformado essa senhora imprescindível em um ícone caseiro para tantos bobalhões. Nessas ocasiões quase sempre se confunde *intimidade* com *privacidade*, sendo esta última devedora necessária (e freqüentemente rentável) da publicidade, ao passo que o íntimo escapa igualmente das esferas do privado e do público. José Luis Pardo, nesse livro excelente, denuncia esse primeiro equívoco sobre a intimidade, junto com outros não menos danosos, como o que confunde o íntimo com o inefável e inexprimível – furtando-o ao lingüístico – ou o que o vincula à solidão, partindo do princípio de que a intimidade é o que nos desliga de toda companhia, e não o que nos liga à que nos é imprescindível.

Pelo contrário, a intimidade é o que se quer dizer ou calar *através* da linguagem, fazendo desta última algo plenamente humano (assim se distingue a comunicação mecânica da pessoal pela ausência não de razões, mas de intimidade). E ela não exclui os outros ou o outro, mas justamente nos *inclina* para eles, marcando os limites que perfilam nossa vida e nos permitem saboreá-la com consciência mortal. A intimidade também não equivale à identidade – ao eu constituído explicitamente, seja étnico, ideológico ou como *minha verdade natural* –, porque é justamente a intimidade que nos impede de sermos idênticos e nos mantém diferentes e ao mesmo tempo vagos: "Que meu nome seja Ninguém, como o de Ulisses...", disse Borges em um de seus versos intimamente afortunados. A raiz da intimidade, explica Pardo, é o "ter a si mesmo" do homem, o que não implica identidade, natureza ou propriedade, mas o desequilíbrio e a tensão de quem se esforça por se manter ereto. Ao lê-lo, lembro que Schopenhauer comparou a vida humana com um passo em falso: entramos no mundo como que dando um tropeção e nos esforçamos aos trancos e barrancos para conservar a vertical, até a inevitável queda final.

A brevidade desta nota não pode fazer justiça a todos os meandros deste livro suculento, incomumente bem escrito (não me refiro apenas a seus méritos literários, mas à sua prosa filosófica), incrustado de preciosas análises tangenciais a respeito da cumplicidade atual entre o privado e o público em meios de comunicação, em espaços políticos e em atitudes morais. Só gostaria de constatar uma ausência mas, essa sim, clamorosa: a do tema da *liberdade*. Se Pardo me permite a malícia, esse déficit é muito *pós-heideggeriano*. Pois é justamente com relação às dificuldades da vontade livre e à duplicidade de sua identidade ("querer em parte e em parte não querer", diz santo Agostinho no livro VIII de suas *Confissões*) que, a meu ver, nasce a reflexão sobre a intimidade. A sede da liberdade é o íntimo, não a exterioridade da Lei, tal como depois decreta a *politização* moderna da consciência ética que Pardo critica de passagem. Situar de novo o debate da liberdade na esfera do íntimo teria sido um passo para resgatá-la dos adversários teóricos que ela compartilha com a própria identidade: "Os redentores de todo tipo, aqueles que estão dispostos a salvar a qualquer preço o homem do pecado de ser inocente." Mas seria uma descortesia e uma ingratidão menosprezar um livro que oferece tanto com a reprimenda por algo de que um de seus leitores, talvez com arbitrariedade subjetiva, sente falta.

BIBLIOGRAFIA

JOSÉ LUIS PARDO: *La intimidad*, Pre-Textos, Valencia, 1996.

Cristianismo sem agonia

Certo dia, há vários anos, Gianni Vattimo, de um telefone público de uma sorveteria milanesa, teve uma conversa com outro destacado professor de filosofia italiano, católico tomista. A conversa devia versar sobre uma oposição à cátedra de cujo tribunal ambos faziam parte, mas o interlocutor se desviou do tema das manobras acadêmicas e perguntou a Vattimo se ainda continuava crendo em Deus. Colhido de surpresa, entre senhoras calorentas que saboreavam seus sorvetes e crianças que tomavam laranjada, Vattimo respondeu que "acreditava crer". Agora publicou um pequeno livro breve e sincero, analisando filosoficamente aquela resposta de improviso.

Com sutileza e estudo penetrante, Gianni Vattimo soube desde há anos receber lições democraticamente moderadas de autores que em princípio se prestam pouco a esse tratamento civilizado, como Nietzsche ou Heidegger. Especialmente no caso deste último, seguiu com proveito as lições de seu professor Gadamer, que se dedicou – segundo a célebre ironia de Habermas – a urbanizar a telúrica selva heideggeriana. Agora diríamos que, na parcela assim desbastada, Vattimo se encarrega de levantar (um pouco *tongue in cheek*, cabe dizer) uma discreta capela, o que contribui para tornar a paisagem mais acolhedora. Seus motivos? Vattimo não recua diante da menção recatada de razões biográficas nesse retorno ao redil cristão, como podem ser a morte de algum ser querido com quem esperava compartilhar o melhor da vida ou até a proximidade da velhice. Mas também aponta argumentos de índole não mais filosófica – a perda de um ser amado ou o envelhecimento são insuperáveis a esse respeito –, mas *tecnicamente* filosóficos.

Segundo Vattimo, no passado recente a crença ontologicamente forte numa realidade material suficientemente descrita pela ciência foi a causa da rejeição ilustrada dos dogmas cristãos. Mas a pós-modernidade debilitou progressivamente a ontologia materialista, de modo que a proposição "Deus existe" já não pode ser simplesmente rejeitada por sua falta de respaldo empírico, devendo antes submeter-se a um debate hermenêutico entre interpretações sabiamente graduadas. Em suma, quando a ontoteologia cristã já perdeu seu radicalismo metafísico, é absurdo que o ateísmo pretenda ocupar seu lugar com outra metafísica forte, a do realismo científico. Ficam abertos cautamente, portanto, diversos caminhos em vez do "tudo ou nada" da aposta pascaliana.

De fato, a via que Vattimo prefere transforma o dogma central do cristianismo em alegoria da ontologia débil pós-moderna: a divindade se debilita ao encarnar, dando a todos nós um exemplo de modéstia metafísica. E essa aposta na fragilidade é o verdadeiro conteúdo do cristianismo, cujo núcleo intelectual é a exigência de reduzir a violência e aumentar o amor: a caridade. Vattimo não esconde seu apreço estético pelo cerimonial eclesiástico que custodia essa mensagem essencial, mas tem muita consciência de que junto com o ouro evangélico nos são impostas desde o púlpito autênticas superstições em questões de filosofia e de moral, que fundamentalistas como João Paulo II não contribuem exatamente para suavizar. Recorrendo novamente à experiência biográfica, Vattimo menciona a angustiante atitude ortodoxa diante do homossexualismo ou a irracionalidade da condenação do preservativo em tempos de AIDS. Conclui, no entanto, reivindicando seu direito a uma nova leitura do cristianismo evangélico a partir do mandamento supremo da caridade, que rejeita as violências inquisitoriais, mas aceita apesar de tudo *debilmente* o abrigo da Igreja católica.

Crer que se crê: este título soa, para o leitor espanhol, inevitavelmente unamuniano, embora o feroz *don* Miguel tenha ido além e falado de "criar o que se crê". Nada mais distante, sem dúvida, que o agnosticismo trágico de Unamuno do sereno e tolerante catolicismo de Vattimo, que às vezes duvida, mas nunca ofende e descarta explicitamente, como coisa superada, a agonia existencial que em outros tempos turvou essas questões. E no entanto... No entanto, o ateu – eu mesmo – que simpatiza plenamente com o efeito civilizador da caridade, da tolerância e da antiviolência não pode deixar de se perguntar se é possível chamar de *religioso* algo tão razoável. Voltando a Unamuno, ele não queria morrer: ansiava pela fé que promete a imortalidade e a ressurreição, e dessa fé ele acreditava descrer. Na reflexão de Gianni Vattimo esse ponto fundamental está curiosamente ausente, provavelmente porque é mais fácil urbanizar a parcela heideggeriana do que transformar o ser-para-a-morte em ser-para-a-imortalidade. É forte demais essa agonia em nossos claustros ontologicamente debilitados mas nostálgicos de estética espiritualista? Wojtyla sustenta que um Deus disparatadamente preocupado com a obstetrícia condena quem usa camisinha para transar ou o faz *contra natura*; mas também afirma que esse Deus incrível resgata para sempre seus fiéis da morte, contra toda inteligibilidade racional. E o ateu, por uma vez, simpatiza com o energúmeno: não pelo que ele crê, mas por crer que é nisso e não em outra coisa mais fraca que vale a pena crer... quando se resolve crer.

BIBLIOGRAFIA

GIANNI VATTIMO: *Credere di credere*, Garzanti, Milão, 1996 (trad. esp. Paidós).

Contra a cultura como identidade

Existe uma cultura européia? A pergunta já faz bocejar, por melhor que seja a disposição com que a enfrentemos. Todos nós queremos acreditar que aquele mítico unicórnio ainda vive e que, mais cedo ou mais tarde, ele virá reclinar a branca cabeça armada no colo da donzela que o espera infeliz. Uma cultura, apesar de tudo, *européia*! Não me atreveria a dizer como deve ser narrada essa lenda, mas creio estar dentro de minhas possibilidades recomendá-la por via negativa, como os teólogos prudentes sempre fizeram com seus deuses.

A cultura européia não pode constituir o argumento ontológico destinado a referendar qualquer identidade nacional, seja francesa ou italiana, catalã ou inglesa, polaca, basca, croata ou russa... nem sequer uma identidade *européia*! Já sabemos, sem dúvida, que o uso e, sobretudo, todo abuso mais comum das chamadas culturas nacionais é servir de provas ontológicas de tal ambição identitária, mas aí não há nada de especificamente europeu: em todos os lugares se cozinha esse tipo de favas flatulentas. Se há algo que possa ser chamado de propriamente europeu como empenho cultural, deve consistir na negação da cultura reduzida a mero suporte e legitimação de qualquer *identidade*. E isso a despeito de os administradores oficiais das culturas européias continuarem enxergando-as através de tal prisma deformador.

Porque o que alguns europeus de ontem e de sempre vislumbraram é que a cultura nunca pode ser um mecanismo de identificação étnica ou nacional. A identidade, esse conjunto de ritos e mitos idolatrado pelos gestores da rotina, arquivado pelos burocratas essencialistas e exaltado entre salvas de canhão pelos pais da pátria, é o mais antieuropeu que se possa imaginar. A autêntica cultura não é a identidade que consagra nossas semelhanças gregárias, mas a desidentificação que nos permite questioná-las, desmenti-las e, sobretudo, misturá-las com o que vem de fora, com o que se parece conosco, mas nunca totalmente. Cultura é a curiosidade pelo alheio, não a celebração maníaca do que nos é próprio; é o que oferecemos aos outros e o que buscamos neles, não a mera repetição do que decretamos como indissoluvelmente *nosso*. Ninguém chama de *culto* quem conhece sua língua, mas quem é capaz de falar ou ler várias línguas; nem quem sabe tudo sobre seu bairro, mas quem se interessa em ligá-lo ao inabrangível universo. O verdadeiro *fato diferencial* em matéria de cultura é o que distingue os buscadores do universal dos beatificadores do próprio.

A pior agressão sofrida hoje pelo conceito europeu de cultura é a educação que cada vez com maior freqüência se pretende dar em certos países ou em certas regiões aspirantes a países: formar os jovens no glorioso dever de se parecerem decididamente com o que nacionalmente não podem deixar de ser, em vez de emancipá-los disso abrindo-os para o remoto, para o diverso, para o cambiante. Ser um europeu culto é não se conformar com ser apenas culto como se é em casa ou na Europa: é buscar o denominador comum em oposição à mera peculiaridade divergente do folclore. Tudo o mais permanece simples *identidade*, efetivamente, isso que tão zelosamente pretende verificar, em toda parte, a polícia nativa...

Acabo de receber um bom exemplo do que considero a melhor cultura européia. E não me veio de nenhum ponto da geografia européia, mas da América. Foi mandado por meu amigo Josu Landa, hoje professor na Universidade Autônoma mexicana e a quem conheci há muitos anos na Venezuela, quando era jovem licenciado contestador que se rebelava contra as limitações do ensino acadêmico e da sociedade classista, seguindo o melhor da tradição situacionista de maio de 68. Josu Landa é poeta em euscara e em castelhano: acaba de realizar uma tradução, que todos julgam muito meritória, do grande poema de Octavio Paz *Piedra de sol*, uma das obras capitais da poesia de nosso século.

Folheio com emoção esse caderno cinza, de frontispício duplo: *Piedra de sol / Eguzki Harria*. Em suas páginas se entrelaçam e correspondem, nus como os corpos no amor, os versos das duas línguas. Neles se fala sem renunciar a nada dos mitos das culturas centro-americanas e dos deuses da Grécia, da Espanha renascentista e do Barroco, do Iluminismo e das doutrinas revolucionárias do século XIX ou do nosso. Também das luvas de Bidart e das gardênias de Perote. Mas sobretudo da tragédia profana e sacra, racional e passional, sensual e angélica que é a vida do homem, de qualquer homem, de todos os homens. Vejo aqui que caem "las máscaras podridas/que dividen al hombre de los hombres/al hombre de sí mismo,/se derrumban por un instante inmenso y vislumbramos/nuestra unidad perdida, el desamparo/que es ser hombres, la gloria que es ser hombres/y compartir el pan, el sol, la muerte,/el olvidado asombro de estar vivos"*. Cultura européia, americana? Cultura apenas: a que através da distância de línguas e países fala do que importa de verdade.

---

* Tradução livre: "as máscaras apodrecidas/que separam o homem dos homens/ o homem de si mesmo/derrubam-se por um instante imenso e vislumbramos/ nossa unidade perdida, o desamparo/que é ser homens, a glória que é ser homens/e compartilhar o pão, o sol, a morte,/o esquecido assombro de estar vivos". (N. da T.)

Mundo homogêneo?

Albert Camus disse que há dois tipos de inteligência: a esperta e a tola. A esperta serve para compreender, prevenir e remediar; a tola para deplorar o que se entende pela metade e dar falsos alarmes. Um dos tópicos mais batidos da inteligência tola atual (ao lado da crise de valores e do retorno do sagrado) é o pânico diante da homogeneização universal. Pelo visto, o mundo perde suas diferenças e logo tudo será idêntico, alternando-se em cada lugar um McDonald's com um anúncio da Sanyo, seguidos por uma promoção de Coca-Cola e uma Pizza Hut. Adeus à diversidade de gostos e indumentárias, ao exótico que não se assemelha a nada, aos indígenas incorruptíveis que rejeitam cartão de crédito porque não é comestível! Pobres viajantes: por mais que se distanciem à procura do insólito, sempre caminharão do mesmo para o mesmo.

Sufoco um soluço e enxugo minhas lágrimas a fim de tentar ver mais claro. Para começar, a suposta uniformidade universal não implica, infelizmente, o fim das desigualdades. As perspectivas de vida da criança que nasce na Guatemala continuam sendo bem diferentes das da criança que nasce na Suécia, sem falar da menina argelina em confronto com a francesa. A distribuição da assistência médica, da oferta de educação ou das liberdades públicas se mantém desigual não apenas em escala internacional, mas também dentro de um mesmo país e até de uma mesma cidade, por menor que seja! Por esse lado, não há medo de que a monotonia nos angustie. Pena, pois nem todas as diferenças são boas pelo simples fato de serem diferenças, não é verdade?

Mas também é verdade que encontramos nos rincões mais inesperados do planeta calças *jeans* ou um rádio de pilha que inflige músicas de Julio Iglesias. Qualquer cor local se vê contagiada pela lepra de cores forâneas, já não há nenhuma floresta totalmente virgem, os indígenas do Mato Grosso perguntam por Butragueño aos espanhóis e na convenção democrata dançou-se ao som de *Macarena*. No campeonato de futebol nos EUA, um menino paquistanês tentou se suicidar ao saber que Maradona tinha sido expulso... os ídolos e os fetiches se internacionalizam, graças à televisão por satélite e às multinacionais do disco. Os clérigos iranianos perseguem as antenas parabólicas como se fossem os chifres do novo Satã, mas com certeza cedo ou tarde perderão a partida. Vocês e eu já nos parecemos mais a nossos antípodas que compartilham nossos vícios ou afeições do que ao vizinho encastelado em seu casticismo: isso é válido para os habitantes da grande cidade, mas também para o membro da tribo remota... Um personagem de Joseph Roth, o conde Morstin, aristocrata cosmopolita ao qual seu credor atribui uma conjectura que toda a minha experiência pessoal me inclina a compartilhar ("a teoria de Darwin me parece incompleta. Talvez o macaco descenda dos nacionalistas, pois o macaco significa um progresso"), oferece o modelo ideal no passado que nos deveria inspirar para o futuro: "Como todos os austríacos daquele tempo, Morstin amava o permanente em constante variação, o habitual na mudança e o familiar em meio ao incomum. Assim, o estrangeiro se lhe fazia mais íntimo, sem perder seu colorido, e o conterrâneo tinha o encanto eterno do estranho" (*O busto do imperador*).

Vocês acreditam na transmigração das almas? Eu acredito, mas não no tempo, e sim no espaço. Quando conhecemos alguém antes distante nos transformamos um pouco nele. A (relativa) uniformização planetária não se deve à conspiração imperialista das multinacionais ianques mas à mundialização das comunicações e à moda (beatífica ou atroz, tanto faz) do turismo popular. Para desespero dos puristas e dos amantes das essências, nós humanos adoramos imitar uns aos outros. Sempre que possível o fizemos, durante séculos: devemos a civilização justamente a essa mania. Mas que ninguém se preocupe com a diversidade, pois ela sabe se reproduzir sozinha. Do muito homogeneizador Império Romano viemos espanhóis, franceses, ingleses, alemães... Até os bascos, se vocês querem saber!

O mago das biografias

Há biografias notáveis pela informação que trazem sobre o personagem estudado, embora nunca sejam definitivas, uma vez que a documentação existente sobre qualquer vida medianamente insigne sempre é suscetível de ampliação. Outros biógrafos optam por aproveitar seu tema para fazer um estudo da época histórica em que se moveu seu protagonista, transformando-o em sintoma, em herói, em vítima das circunstâncias, em vilão prestigioso, etc. Cada uma dessas perspectivas admite e às vezes suscita um ponto de vista contrário, de modo que todo hagiógrafo estimula os não menos entusiastas detratores: depois dos "era mais que um homem" ou "era todo um homem" vêm os "era apenas um homem" e até "ora, homem!" Biografias exaustivas, biografias contra ou a favor, biografias historicizantes... Os aficionados do gênero não recusamos nenhuma dessas modalidades.

Ficam à parte outros biógrafos: os que são capazes de transformar a narração de uma vida em obra de arte literária. Não estou me referindo aos autores de biografias romanceadas, mas aos que são capazes de conseguir a emoção estética com o drama ou a farsa de uma existência humana, sem deixar de se ater ao rigor dos dados de que se dispõe sobre ela. Em espanhol, Ramón Gómez de la Serna escreveu boas biografias desse tipo, mas as melhores, no meu modo de ver, são de autores ingleses: Chesterton ou Lytton Strachey. As de Chesterton são verdadeiros ensaios nos quais, tendo como motivo a trajetória do biografado, ele reflete sobre ética ou metafísica com seu característico humor paradoxal, nunca grave e quase sempre profundo. Lytton Strachey, que muitos chegaram a conhecer ou voltaram a lembrar graças ao filme *Carrington*, opta antes por transformar cada uma de suas biografias em um relato com os ingredientes de emoção, absurdo e enigma que buscamos nas obras-primas do gênero. Nos dois casos, suas obras nos interessam mesmo que os personagens de que eles tratam nos sejam indiferentes (a biografia de Robert Browning que Chesterton compôs é memorável até para quem nunca suportou um verso de Browning, assim como a do Cardeal Newman, de Strachey, não requer, para ser desfrutada, a menor curiosidade prévia pela trajetória do tal prelado); nos dois casos também os estudiosos sérios previnem contra a prazerosa heterodoxia que não conseguem emular. Os dois autores, finalmente, sabem pôr em prática o que recomendava outro grande biógrafo, embora este de vidas imaginárias, o formidável Marcel Schowb: "A vida não está no geral, mas no particular; a arte consiste em dar ao particular a ilusão do geral."

Façamos reparos ao admirável: pode ser que *Eminentes vitorianos*, o primeiro livro de Strachey, tenda demais à irreverência caricatural, e talvez seus deliciosos *Retratos em miniatura* acentuem excessivamente o pitoresco, ao passo que *Elizabeth e Essex* é tão psicológica que mereceu o elogio sábio mas suspeito de Freud. Em todo caso, é difícil opor reservas a seu retrato da rainha Vitória, a mais equilibradamente madura de suas biografias, que nem por isso deixa de ser também irreverente, pitoresca e psicológica. Os leitores ingleses da época o acolheram com nervosismo e a leram com alívio, pois a desmistificação daquela senhora pateta mas eficaz que os pastoreou durante mais de meio século não está isenta, no final das contas, de condescendência benevolente, apesar de todos os pesares. Também nessa história ácida e poética, como nos grandes filmes de Hollywood, os secundários às vezes roubam a cena do protagonista: o príncipe Albert, Melbourne ou Palmerston têm um acabamento tão intenso no quadro quanto a própria soberana. É de agradecer o desvelo freqüentemente inspirado de Dámaso López García, a quem devemos esta e as demais traduções para o espanhol de Lytton Strachey. A única objeção menor que me ocorre é a utilização do termo *constitución* para a carta de direitos nos tempos de Vitória:

como a Inglaterra não tem constituição propriamente dita, talvez tivesse merecido uma pequena nota, daquelas que em outras ocasiões ele acrescenta com propriedade e discrição.

Strachey, por sua vez, sem dúvida merece atenção biográfica, como a que lhe foi prestada por Michael Holyrod no livro que deu origem ao filme mencionado. O próprio Lytton caracterizou seus anos de Cambridge com duas palavras – *paradoxo* e *pederastia* – que valem, além do mais, para sintetizar sua vida inteira. Do lânguido e genial clã de Bloomsbury, foi o mais capaz de obter um certo sucesso popular sem renunciar a seu elitismo, o que lhe valeu a sátira em *Orlando* de Virginia Woolf, que lhe reprovava o *estilo jornalístico*. Não se deixou afetar por isso esse admirador senhorial do elitista e popular Voltaire, a cujo reverenciado fantasma lega em seu testamento "seus óculos, sua mente e sua latrina". A alma, por outro lado, ele deixa para o diabo: a cada um o que é seu. Seu amigo Clive Bell conta que, em certa ocasião, ao vê-lo passar afetado e excêntrico, o porteiro do Trinity College comentou: "Parece mentira que seja o filho de um general."

BIBLIOGRAFIA

LYTTON STRACHEY: *La reina Victoria*, trad. de Dámaso López García, Valdemar, Madri, 1997.

Deuses e leis da hospitalidade

O imigrante, o forasteiro, o outro, os que chegam de longe e em bando, sem documentos, com identidades confusas ou ameaçadoras, a invasão dos bárbaros... Estes são os principais inimigos de uma Europa que vai utopizando a si mesma como uma espécie de câmara blindada, como as dos bancos, e pelos mesmos motivos! A França, em particular, já é planejada por muitos como uma ilha: a ilha de Páscoa. Outros resistem, querem, ao contrário, abri-la a todos os ventos, arrombá-la: entre eles René Schérer, um filósofo veterano que dedicou estudos magistrais ao pensamento de Charles Fourier e também análises subversivas ao erotismo infantil e adolescente, como seu estudo pedagógico provocativamente intitulado *Émile perverti* [Emílio pervertido].

Em geral, o problema da condição do estrangeiro situa-se no plano das quotas de imigração, das licenças de trabalho e outras questões, sem dúvida urgentes mas não as mais fundamentais, quando se trata de pensar a fundo na questão. Por que não começar por nos perguntar sobre a hospitalidade? Não poderíamos tentar compreender o processo humanizador da humanidade – como nós, homens, fomos nos auto-inventando como humanos – do ponto de vista da *hospitalidade*?

Encontramos os mitos e rituais da hospitalidade na *Odisséia* e também na parábola do bom samaritano, nos povos chamados primitivos submetidos à colonização (que, sem dúvida, foi um abuso de hospitalidade), entre os bárbaros de Átila e também na obra dos modernos como Kant ou Fourier. A hospitalidade precede os estados e as nações: de certo modo, os desafia. Suas normas são anteriores às legislações positivas e à rigidez dos códigos; provêm antes do respeito prudente ao sagrado, pois é sabido que os deuses gostam de se apresentar sob a aparência de forasteiros errantes, e da *lei do coração* que nos compromete com uma forma de reconhecer o humano mais ambiciosa do que a vigente sob qualquer tutela estatal. Kant aspirou a transformar o imperativo da hospitalidade no equivalente jurídico-político do imperativo categórico moral: "O direito cosmopolita deve limitar-se às condições de uma hospitalidade universal." Quanto a Fourier, ele concebe seu falanstério como o lugar da hospitalidade absoluta em que qualquer diferença e anseio têm lugar, não a partir de rígidas armações legais, mas por expansão da volúpia imaginativa.

René Schérer percorre essas diferentes etapas com sutileza e brio às vezes quase profético. Recorre também a obras que figuram entre o que há de mais inquietante na arte contemporânea, como a trilogia romanesca *As leis da hospitalidade* de Pierre Klossowski, ou *Teorema* de Pier Paolo Pasolini. Nelas, o jogo de hospedagem rompe os estereótipos da decência e desmonta as idéias pré-fabricadas que o hospedeiro cultivava sobre si mesmo. E uma hipótese radical vai se insinuando através de suas análises: a de que as identidades consolidadas, sejam nacionais, familiares, sexuais, profissionais, etc., não são mais do que defesas contra uma hospitalidade que nos desnudaria plenamente diante do outro e transgrediria todos os limites com que cuidadosamente vamos murando nossas vidas.

Pode-se acusar esse ensaio de Schérer de dar pouca atenção a uma importante série de dificuldades práticas que hoje se colocam ao engendrar a nova cidadania de uma Europa titubeante e insegura. As sociedades de massas em que vivemos não podem ser hospitaleiras do mesmo modo que o foram os gregos clássicos ou os povos bárbaros, porque devem dar a todos proteção e dignidade de cidadãos. Mas Schérer tem razão no essencial: a hospedagem não só é a tarefa humana e humanizadora por excelência como também a ocasião das grandes metamorfoses históricas. Em vez de ver o estrangeiro como pura ameaça, talvez seja o momento de utilizá-lo para recolocar as contradições do nacional e do estatal, buscando novas vias de comunidade. E para refletir também sobre o exílio em que o pessoal se constitui, segundo o ditame de Empédocles: "A própria alma está exilada, errante e vem de fora. O nascimento é uma viagem ao estrangeiro."

BIBLIOGRAFIA

RENÉ SCHÉRER: *Zeus Hospitalier. Éloge de l'hospitalité*, Armand Colin, Paris, 1993.

Filosofia sem espaventos

No setor da filosofia digamos *pura* (a que não propõe nenhuma ação nem omissão, mas apenas a reconstrução mental do que há) gosto de um tipo de pensador atualmente em via de extinção: conhece bem a tradição filosófica, no entanto fala mais das idéias do que de seus avatares epistêmicos; diz coisas substanciais, mas de forma tão precisa e livre de jargão acadêmico que desanima os glosadores e estrangula os discípulos no berço; nunca faz espaventos oraculares, sobretudo quando reflete sobre temas cuja grandeza quase teológica se presta a enrouquecer a voz; ilustra seus textos com referências culturais que não desdenham colocar Tintin junto de Lord Chandos, Schomberg junto de Sex Pistols; pode carecer de afã polêmico ou de ironia, mas nunca de uma certa *malícia* humorística... a cujo tônico arranhão se oferece de bom grado como primeira vítima. Suponho que esse tipo de filósofo está se extinguindo por falta de audiência: a academia o desdenha por sua renúncia a meandros pedantes e os meios de comunicação nunca conseguem transformá-lo em cabeça de algum *movimento* que se preste à publicidade nem podem atribuir-lhe qualquer diagnóstico terrível sobre os dissabores com fama de atuais.

Meu sobrevivente preferido dessa escola já pouco freqüente é o francês Clément Rosset, cuja obra acompanho com prazerosa fidelidade desde há aproximadamente um quarto de século. Primeiro conheci dele dois preciosos estudos sobre Schopenhauer, *Schopenhauer, filósofo do absurdo* e *A estética de Schopenhauer*. Mais tarde, *A filo-*

sofia trágica, *O mundo e seus remédios* (que continuo achando uma das mais perversas e inteligentes negações da presunção moral que já se escreveram), *Lógica do pior*, *A antinatureza* (creio que estes são os dois únicos traduzidos para o castelhano, já há vários anos), *O real e seu duplo*, *A força maior* (onde se encontram algumas das melhores páginas da filosofia francesa recente sobre Nietzsche), *O filósofo e os sortilégios*, *O princípio de crueldade*... Livros invariavelmente de parca extensão (pertencem ao que poderíamos chamar de *formato cortês* da filosofia), excelentemente escritos e alheios, portanto, à febre dos neologismos e do culto à filologia germânica. Sua música de fundo? Os elementos da posição trágica: acaso, artifício, invulnerabilidade do real à idéia, recusa das palinódias edificantes, a alegria como força maior porque "sua causa se baseia em nada" (se me consentem essa paráfrase de Stirner). Cada uma de suas obras estabelece a perspectiva geral em alguns traços rápidos e profundos, para depois enfurnar-se em breves pontuais, que às vezes são um tanto caprichosas mas outras são o melhor do texto.

Em seu último livro, *Princípios de sabedoria e de loucura*, ele se arrisca nada menos do que no tema oficialmente mais assustador da área metafísica: a existência. Toma como ponto de partida Parmênides, de cujo ditame mais célebre oferece a seguinte versão: "É preciso dizer e pensar que o que é é, pois o que existe existe e o que não existe não existe." Truísmo genial, que acionou o talento de uma ilustre fileira de pensadores, começando por Platão e Aristóteles, passando entre outros muitos por Kant e chegando até Heidegger, Severino e os que vierem. A maioria deles, sobretudo na linha platônica, deram em pensar que esse "o que é ou o que existe" a que Parmênides se refere consiste em um ser *ontológico* de características imutáveis e sempiternas, diferente das diversas realidades mutáveis e perecedouras que constatamos por meio dos sentidos. O Ser parmenídeo é assim uma espécie de esfera imóvel, inengendrada, imperecedoura, em tudo contrário às *aparências* transitórias e transformistas que nos oferece o discurso da opinião comum. Mas Rosset afirma que nada no poema de Parmênides abona definitivamente essa leitura. O velho grego falou do que há, das coisas reais tal como as conhecemos por meio dos sentidos, e sublinhou esse caráter de evidência inamovível e irrefutável que o existente tem enquanto existe.

Por mais opiniões que possamos expressar a respeito do devir do que há, ele sempre se firma em seu momento com uma presença invulnerável e, por isso mesmo, extremamente perturbadora.

A partir daí, Rosset explora algumas das feições que adquire essa pertinácia da existência ("a única coisa no mundo à qual nunca podemos nos acostumar"), e os refúgios anti-reais que escolhemos para nos esquivar dela, seja a modificação temporal (passado ou futuro), seja a loucura ou seja a própria desvergonha. Os temas permanecem apenas esboçados, mas sempre de um modo sugestivo e, sobretudo, carente de *unção*. Não conheço pensador com menos ressaibos teológicos ou que tenha por eles nostalgia perceptível. Os apêndices do livro também são muito substanciosos, em especial *O espelho da morte* (uma meditação sobre a caveira como retrato perfeito) ou *Moral e crápula*, nota que teria encantado aquele simpático gângster kantiano que os irmãos Coen inventaram em *Miller's Crossing*...

BIBLIOGRAFIA

CLÉMENT ROSSET: *Principes de sagesse et de la folie*, Les Éditions de Minuit, Paris, 1991.

A terapia cartesiana

René Descartes se preocupava muito com sua saúde. No *Discurso do método* ele afirma que a conservação da saúde "é o primeiro bem e o fundamento de todos os demais bens desta vida". Ao marquês de Newcastle ele escreve: "A conservação da saúde foi em todo momento a principal meta de meus estudos." E comunica a Huygens que já não é hora de desperdiçar o tempo escrevendo teorias para a imprensa, pois há algo mais urgente: "As cãs que me vêm aparecendo rapidamente me advertem de que não devo estudar outra coisa que não os meios de retardá-las." Nascido de uma mãe que morreu tuberculosa pouco depois de dá-lo à luz, Descartes herdou dela uma tosse seca e a tez pálida, que conservou até os vinte anos, de modo que, segundo ele mesmo conta, todos os médicos que consultou concluíram que ele morreria jovem. No entanto, superou esse diagnóstico pouco esperançoso graças a um método terapêutico que, a princípio, começou a aplicar espontaneamente, como uma conseqüência impensada de sua forma de ser, mas que depois ele teorizou com traço leve em algumas de suas cartas. O caso é que esse fortalecimento não fez mais do que aumentar a preocupação com sua saúde, dada a promessa de longevidade que ela comportava: "Nunca tive maior preocupação em me conservar do que agora, pois antigamente eu achava que a morte só poderia me tirar trinta ou quarenta anos no máximo, mas agora não me surpreenderia que me tirasse a esperança de mais de um século."

A terapia cartesiana incluía experimentos e estudos propriamente médicos, destinados a evitar "certas falhas que costumamos cometer no regime de nossa vida", mas sobretudo considerações de higiene moral. Para começar, dois traços de seu caráter tiveram efeitos saneadores: "Creio que a tendência que sempre tive a ver as coisas que se apresentavam de um ângulo que podia torná-las mais agradáveis para mim e a fazer com que minha principal satisfação dependesse somente de mim mesmo foi a causa de essa indisposição [sua má saúde juvenil. F. S.], que parecia me ser natural, ter pouco a pouco passado inteiramente." Convencido, assim, por experiência própria, Descartes transformará em princípios de sua moral provisional essas duas tendências salutares. Para que a principal satisfação de alguém venha de si mesmo, ele recomendará desenvolver o alcance e a firmeza da razão como guias da vida ativa, renunciando à permanente insensatez de desejar o que, pela ordem natural das coisas, está fora de nosso alcance. E, para continuar considerando tudo sob o ângulo mais favorável, cuidará de não navegar contra o vento nos assuntos públicos, obedecerá às leis e costumes de seu país (ou do país em que eventualmente se encontre, acatando em caso de dúvida o critério dos conselheiros mais moderados) e buscará em todo momento aquele ânimo sereno que se satisfaz com tudo o que lhe acontece, seja melhor ou pior, "assim como as histórias tristes e lamentáveis que vemos representadas no teatro com freqüência nos produzem tanta diversão quanto as alegres, apesar de nos encher os olhos de lágrimas".

Suas preferências, no entanto, se decantam nitidamente pela alegria, pois essa paixão amável do espírito melhora a saúde do corpo, faz com que todo objeto presente pareça mais agradável e até ajuda a vencer (ou a acreditar que vencemos) o indomável acaso: "Ouso acreditar que a alegria interior tem certa força secreta que torna a sorte mais favorável", pois a experiência freqüentemente lhe provou que "as coisas que faço com um coração alegre e sem nenhuma repugnância exterior têm o costume de me acontecer favoravelmente, a tal ponto que nos jogos de azar, em que só reina a sorte, sempre a tive mais favorável quando me acompanhavam motivos de alegria do que de tristeza". Com esta última, em compensação, é preciso ter cuidado: numa carta, adverte sua querida princesa Elisabeth de que a "febre lenta" de que a senhora padece é produto da tristeza.

No entanto, Descartes não chegou a centenário. Em obediência à rainha Cristina da Suécia, atravessou as ruas geladas de Estocolmo às cinco da madrugada (hora alegre, talvez, para se deitar, mas triste para se levantar) a caminho de uma aula de filosofia de conseqüências fatais. Morreu com apenas cinqüenta e quatro anos. Enquanto patinava rumo ao palácio de sua real aluna, talvez se animasse lembrando outro preceito de sua moral fragmentária, o único infalivelmente terapêutico, embora não acrescente um dia à duração de nossa existência: "Amar a vida sem temer a morte." Aos que vivem assim, o fim sempre chega pela estrada régia.

Insulto shakespeariano

Acontece no ato I, cena IV, de *O rei Lear*, essa insondável tragédia das tragédias que Tolstói se empenhou ostensivamente em depreciar (que alívio para nós, os secundários! Nem sequer escrevendo *King Lear* o indivíduo está a salvo de receber críticas ruins!). Kent profere contra Oswald, quando o ignóbil mordomo se atreve a ofender Lear: "Vil jogador de futebol!" (*"base Foot-ball plaier!"*). Ángel Luis Pujante, o muito competente tradutor que edita a obra [em espanhol] na coleção Austral, transforma-o em *"vil plebeyo!"* [vil plebeu!], anotando que naquela época o futebol era considerado um esporte para gente de baixa condição. Não, amigo Pujante, permita-me que por uma vez eu discorde de seu vasto conhecimento e habilidade literária: Shakespeare diz "vil jogador de futebol" e eu quero ler "vil jogador de futebol" ou, melhor ainda: "Vil futebolista!" Também gostaria de ouvir no palco esse insulto magnífico do grande especialista (quando estive em Stratford comprei um dicionário de insultos shakespearianos e às vezes o revejo para me desabafar contra meus inimigos: mas eles não os merecem): "Vil jogador de futebol!". Dever-se-ia montar de novo *O rei Lear* só para que esse bravo ex-abrupto explodisse noite após noite diante do público. Decodificado.

Por princípio não tenho nada contra o futebol, embora a única vez que me lembro de ter pisado num estádio não tenha sido para assistir a um jogo, mas como participante daquela manifestação que solicitava a liberdade de um seqüestrado pelo ETA. Deve haver coisas bonitas nesse esporte: amigos cujo critério sempre respeito assim me afirmaram, e não costumo duvidar de sua palavra. Creio lembrar que em minha juventude me emocionei com os últimos minutos transmitidos pela televisão da final do campeonato mundial entre a Inglaterra e a Alemanha, mas é provável que minha anglofilia estivesse confundindo esse evento com a II Guerra Mundial. A mesma coisa me aconteceu, embora mais racionalmente, com *Fuga para a vitória* do adorável John Huston... e isso apesar de Sylvester Stallone! Por certo, os amigos aficionados me apontam que o jogo do filme é tão disparatado quanto outras formas de beleza poética.

Em todo caso, sempre simpatizei mais com a massa que ruge quando o atacante avança do que com o refinado que torce o nariz e recorre à essência de violetas para não sentir o cheiro de sovaco dos entusiastas. E me enfastiam mais, com perdão do mestre Sánchez Ferlosio, os teóricos da aversão a todo esporte competitivo, por ser embrutecedor, despersonalizador, fomentador da emulação predatória e não sei mais o quê. Na minha opinião, os que desdenham o fascínio competitivo centrado no desafio muscular do aqui e agora perdem um dado essencial do código genético democrático. Mas não devemos nos enfurecer com esses intransigentes, pois seu número se reduziu prodigiosamente nos últimos tempos. A partir da morte de Franco, nem sequer os intelectuais mais progressistas se intimidam na hora de expressar suas paixões esportivas. Especialmente a épica, a lírica e a geoestratégia do futebol já constituem um gênero literário politicamente correto. E às vezes enigmático, como quando Bruce Chatwin afirma que "os jogadores de futebol não sabem que eles também são peregrinos; a bola que chutam simboliza uma ave migratória". Talvez por isso se valorizem tanto certos passes...

No entanto, me satisfaz visceralmente o insulto shakespeariano. Compensa um pouco a chatice nacionalista de alguns ultrafuteboleiros, a mais agressiva e insensata das afeições; a grosseria dos presidentes dos clubes, entre os quais abundam mafiosos cujo convívio teria suscitado escrúpulos ao próprio Lucky Luciano; a *overdose* televisiva de pé-na-bola, todos os dias, em todos os canais, a qualquer hora; e a dança obscena de milhões que transforma o futebol em um negócio semelhante ao tráfico de armas ou ao narcotráfico, provavelmente por motivos não muito melhores. Embora eu tenha certeza de que agora Shakespeare corrigiria seu impropério, dizendo: "Vil espectador de futebol!" Sim, assim fica melhor. Obrigado, doce cisne, o mérito é todo seu.

Guilherme o Temerário

Em minha vida de leitor – não sei se deveria dizer em minha vida, simplesmente – três Guilhermes ocuparam o trono ao longo de quase meio século. Eu os mencionarei por ordem cronológica do início de seu reinado sobre mim, ainda que felizmente na existência de um leitor os destronamentos não sejam obrigatórios nem os monarcas ciumentos, de modo que continuam coexistindo em mim as três majestades junto com outros príncipes, aos quais sou menos leal. O primeiro de todos foi Guilherme Brown, chamado o proscrito, que promulga seus decretos filibusteiros do alpendre do jardim e tem como cetro uma garrafa de água de alcaçuz. O segundo – sempre em minha cronologia, pois não pode ser segundo de ninguém de acordo com outro critério – é Guilherme Shakespeare, que merece ser chamado o Magno e que Victor Hugo comparou com o mar. O terceiro comecei a ler *só* há trinta anos e, além do mais, tenho a sorte de poder chamá-lo de amigo: é Guilherme Cabrera Infante, que merece ser exaltado como o Temerário e a quem acabam de atribuir o prêmio Cervantes de literatura. Embora esse galardão provenha de seus méritos e não possa aumentá-los, servirá de pretexto a minha homenagem.

Por que realçar como *temerário* o principado literário de Cabrera Infante? Para começar, ele escolheu o registro de escrita mais comprometido, o que imediatamente é acusado de trivialidade ou gosto plebeu: o humor que joga com as palavras. Para os filósofos, é ruim que sejam chamados de *brilhantes*, pois esse elogio letal significa que eles não têm razão; os narradores costumam ficar arrasados quando são louvados como *engenhosos*, pois isso é supor que sacrificam o profundo e o verdadeiro pela pirotecnia. Não aceitamos os limites estabelecidos pela incompetência dos pedantes ou pelo rancor. Guillermo Cabrera Infante é um narrador extremamente engenhoso e, por isso mesmo, de uma profunda veracidade, que não poderia alcançar por nenhum outro meio. Escreve como que gracejando e entre gracejos sobre verdades que são gracejos terríveis, os gracejos de que ninguém se recupera e que só o engenho literário pode, em certa medida, *devolver*: os da carne, do desejo e da morte, os do exílio, os da tirania, os da arte fugaz que nos resgata sem nos salvar. São as verdades do outro grande Guilherme humorista, as verdades de Shakespeare. Ambos gracejam porque compreendem a piada terrível e jubilosa em que nos debatemos: são engenhosos em defesa própria.

Cabrera Infante não só é verdadeiro como também sua temeridade sorridente – refiro-me ao efeito de sua prosa no leitor: ele permanece sério, é o valente Buster Keaton das letras atuais – consegue o mais autêntico realismo narrativo. Eu ousaria dizer que é o único que merece ser chamado *realista mágico*, não porque condescenda em contar milagres entremeados de realidade, mas porque conta a realidade a partir do consciente milagre de uma linguagem que conhece seus paradoxos, seus equívocos e seu desamparo. Por isso também esse escritor que se finge de frio sabe ser emocionante como poucos. Do estupendo Lichtemberg, Kant disse que sob cada um de seus chistes sempre havia um problema. Sob cada um dos *calembours* de Cabrera Infante costuma haver um desejo reprimido que é solenemente deixado de lado, seja o que o amor não alcança ou a expressão contrariada da liberdade. É justamente onde ele coloca o engenho travesso e aparentemente gratuito que está a ferida, e na ferida o dedo de sua pena que aponta, que purga o que acaricia. Como realização expressiva, só Borges lhe é comparável no último meio século.

Cabrera Infante também cometeu outras temeridades, além de sua opção estilística. Por exemplo, sua paixão rutilante e mil vezes explícita tanto pelo cinema como pelas paixões cinematográficas. Os afetados ainda continuam convencidos de que o cinema é arte menor ou de que só pode ser aceito por alguém intelectualmente adulto quando é assinado por Dreyer, Bresson e mais alguns poucos.

Costumam ser os mesmos convictos de que a literatura foi inventada para chegar a Proust e que Conan Doyle é para ser suportado como um mal inevitável. Quanto a escrever sobre a questão do cinema, essa turba melindrosa aceitará no máximo as escarpadas cogitações de Deleuze, mas, abaixo disso, nada mais. Desprezarão, portanto, as maravilhadas páginas que primeiro G. Caín e depois o próprio Infante dedicaram a todos os filmes grandes ou pequenos que houve no mundo. O que sabem eles! Para nosso temerário Cabrera, o cinema não é epistemologia nem desconstrução, mas uma forma de viver apesar da vida. E quem escreveu *Arcadia todas las noches*, mesmo que não tivesse escrito nada mais, já poderia dormir tranqüilo.

Temeridade das temeridades: Cabrera Infante lutou primeiro contra Batista e depois se opôs a Fidel Castro. Por razões muito parecidas, aliás, mas que são ofensivas para quem distingue as ditaduras indignantes das ditaduras que sustentam a dignidade popular. Durante muito tempo, Cabrera Infante foi proscrito por ser desmancha-prazeres: algo parecido com o que acontece hoje no País Basco, onde a diferença entre ser um intelectual *ilustre* e um *pretenso* intelectual é marcada pela proximidade ou distância com relação ao discurso nacionalista. Sem dúvida, Cabrera Infante é visceral nessa questão, prodigaliza o leite azedo e até a bile negra, mas é sempre assim o amor que não renuncia e que combate. Como é fácil ser equânime para quem só pretende adaptar-se ao que aparece, seja ouros ou paus. Contra todos, Guillermo sustentou com sua escrita a Cuba que lhe arrebataram, da qual exilou sem misericórdia os que antes o exilaram. Ali está ela, guardada em seus livros, e a ela os cubanos voltarão mais cedo ou mais tarde, esperemos que já sem exílios nem exclusões de nenhum tipo. Seja qual for o julgamento político que ele mereça, sua temeridade não será esquecida. Nem sua literatura.

Instituições devoradoras

"Há uma raça nova de homens nascidos ontem, sem pátria nem tradições, associados entre si contra todas as instituições religiosas e civis, perseguidos pela justiça, universalmente cobertos de infâmia, mas autoglorificando-se pela execração comum: são os cristãos." Com estas palavras abre-se o *Discurso verdadeiro contra os cristãos* escrito pelo filósofo platônico Celso, no século II de nossa era. Voltei a relê-lo estes dias, quando a televisão passava uma vez atrás da outra as imagens do suicídio em massa da seita *Porta do paraíso* e os jornais se abarrotavam de artigos sobre o caso. Que sensatez a de Celso, como são atinados todos os seus argumentos filosóficos ou de senso comum contra a perigosa nova seita que ameaçava a estabilidade do Império Romano! Seu esforço em compreender o cristianismo é leal, o tom geral de sua diatribe é cortês e poucas vezes o invade o mau humor diante do agressivo absurdo de seus oponentes. É claro que o bom Celso e os que raciocinavam como ele não podiam vencer a contenda: faltava-lhes delírio e agressividade.

Aos que hoje levam a mão à cabeça diante da auto-imolação dos membros da seita californiana lembrou-se oportunamente o escândalo que provocou em sua época a doutrina dos primeiros cristãos. Eles respondem que o cristianismo nunca pregou o suicídio, o que só é verdade em nível individual: no plano coletivo, a tendência majoritária nos tempos iniciais – que o historiador Peter Brown estudou muito bem – era a plena renúncia à sexualidade e sobretudo à procriação. As atuais associações pró-vida teriam conquistado poucos prosélitos naquele tempo, quando o sábio Orígenes chegou a se castrar em um excesso de entusiasmo. A crença geral daqueles inovadores era que se aproximava o fim dos tempos e que tudo o que acelerasse a liquidação da velha ordem (não esqueçamos que o direito romano repousava na instituição da família) seria bem-vindo.

Os primeiros cristãos esperavam o fim do mundo e a volta do Messias: o que chegou, em contrapartida, foi a Igreja. E entre uma seita e uma igreja a diferença é fundamental, pois a seita é concebida para o arrebatamento e o rápido cumprimento das profecias, ao passo que o objetivo das igrejas é *durar*. De modo que a castidade perfeita transformou-se em casamento resignado, a rejeição de todas as instituições terrenas em aliança entre o trono e o altar, César foi batizado, etc. As seitas podem abominar a procriação, a propriedade e recomendar o suicídio, mas as igrejas precisam ter critérios menos estrondosos. Estão comprometidas com o tempo, não com a consumação dos tempos. E, quando o prazo se amplia, o instinto de viver sempre é mais forte do que qualquer misticismo autodestruidor dos que exigem imolar-se em altares da perfeição. Disse-o muito bem o biólogo Jean Rostand: "O próprio instinto da vida afasta o incrédulo do desespero e o crente da santidade."

É curioso e significativo o desdém com que os fiéis da igreja estabelecida contemplam os membros das seitas, como se todas as igrejas não fossem seitas envelhecidas. Pessoas que acreditam seriamente na ressurreição dos mortos consideram absurdo supor que por meio do suicídio seja possível abandonar o invólucro carnal para renascer em um cometa fugidio; outros, muito sisudos, afirmam que tudo é culpa da perda de valores e fazem essa crítica aos pobres sectários, cujos valores estavam tão claros a ponto de darem a vida por eles. Às vezes quase estaríamos dispostos a simpatizar mais com as seitas do que com a igreja, embora evitando pertencer a uma ou a outra, é claro. Mas o ruim é que as seitas funcionam como o que o sociólogo Lewis Coser chamou de "instituições vorazes". Isto é, grupos que exigem um compromisso total de seus membros e que pretendem açambarcar com exclusividade sua lealdade, proscrevendo fulminantemente os galanteios do recruta com aquilo que a seita anatematiza ou não controla. A verdade é que é melhor ser devorado aos bocadinhos por uma igreja veterana, que os séculos fizeram perder os dentes, do que sofrer as dentadas impacientes de uma seita jovem demais para tolerar céticos.

    De todos os violentos deste mundo, os suicidas são os menos perigosos... pelo menos para os outros. As pessoas que estão dispostas a se matar por certos desvarios são preferíveis às que são capazes de matar por eles. Assim, respeitemos piedosamente os sectários que se suicidam para nos provar triunfalmente seu sincero inconformismo e preocupemo-nos com os outros, os maus de verdade, os que assassinam para salvar o próximo e impor sua fé.

Esquerda e direita

O mais destacado mestre atual do pensamento político italiano, Norberto Bobbio, escreveu um livro breve, intitulado *Esquerda e direita*, que alcançou enorme sucesso de vendas em seu país e que acaba de ser traduzido para o castelhano. A voz de Bobbio merece ser ouvida e meditada: são oitenta e quatro anos de compromisso político *racional*, progressista sem espaventos, pessimista sem abandonismo. Como todos os que durante muito tempo estudaram os valores e instituições políticas no torvelinho histórico de nosso século, participando ao mesmo tempo em suas lutas, Bobbio cometeu erros; mas, diferentemente de tantos outros, não disse nem fez disparates. No livro mencionado, ele afirma que a diferença política entre esquerda e direita ainda continua sendo significativa, contrariando tantos que a consideram obsoleta e mero resíduo do passado. O sucesso popular de sua pequena obra (tanto mais notável porque Norberto Bobbio escreve claramente, mas do modo menos populista e mais antidemagógico que se possa desejar) demonstra que ela acerta pelo menos em algo importante: os termos *esquerda* e *direita* continuam interessando aos cidadãos, sobretudo em países em que a democracia se vê atarantada pela corrupção, pelo desprestígio dos antigos gerifaltes políticos e pelo surgimento de recâmbios suspeitos procedentes dos meios de comunicação ou do judiciário, como na Itália... e na Espanha.

As reflexões sobre esse *estranho par* da topografia política tocam em muitos de nós uma fibra sensível desse refúgio interior, assediado e vacilante, que chamamos de consciência. Conto-lhes meu caso, não muito original. Como tantos de nós, que nos criamos e passamos grande parte da juventude sob o franquismo, sempre me considerei *de esquerda*. É preciso ser imbecil, abjeto e masoquista para viver sob uma ditadura direitista e reagir de outro modo. Mas nem por isso jamais senti a menor simpatia pelas ditaduras de esquerda, fosse a da União Soviética, a da China ou de Cuba. Conheço pessoas que viveram ou vivem sob esses regimes e que me confirmaram o óbvio: também nesse caso é preciso ser imbecil, abjeto ou masoquista para tê-los sofrido e mesmo assim desculpá-los. Lamentar o desmoronamento desses autoritarismos como sendo o final da *utopia* me parece tão pouco sensato quanto ter nostalgia das promessas radiantes do nazismo. Creio que uma pessoa de esquerda tem de se alegrar tanto com o final do franquismo quanto com o final do stalinismo ou do castrismo. Mas, então, o que significa hoje ser politicamente *de esquerda*?

Para Norberto Bobbio, a esquerda se distingue por sua insistência na *igualdade*; sua política pretende corrigir, mediante a redistribuição econômica e a educação, os escandalosos privilégios e vantagens que uma minoria dos seres humanos tem sobre a grande maioria: os patrões sobre seus empregados, os filhos dos ricos sobre os filhos dos pobres, os homens sobre as mulheres, o Norte sobre o Sul, etc. Sem rejeitar esse ponto de vista, é claro, ser de esquerda, para mim, é antes de tudo buscar a plena *liberdade* política: mas uma liberdade que emancipe os homens não só das tiranias dos ditadores de qualquer tipo, como também da tirania da miséria (que provém de catástrofes da história ou da natureza), da tirania da ignorância, da tirania dos preconceitos raciais ou nacionais, inclusive da tirania de um mercado que – como outras forças modernas: a energia nuclear, por exemplo – é indispensável para o desenvolvimento das democracias contemporâneas, mas quando funciona sem controle social primeiro as contamina e amanhã talvez as pulverize.

Sobretudo, permitam-me ser tendencioso: ser de esquerda é não ser de direita. E a direita, seja qual for a justificativa partidária em que ela se ampare, consiste hoje – no final do conturbado século XX – em utilizar politicamente a brutalidade criminosa e a mentira para atingir objetivos talvez louváveis em si mesmos; em alentar a discriminação social ou étnica em nome de argumentos científicos, nacionalistas ou religiosos; em fomentar o puritanismo paternalista em lugar de educar para a responsabilidade; em sacrificar qualquer consideração ou ternura humana em proveito do máximo desenvolvimento econômico, do triunfo da própria identidade cultural, da extensão do reino de Deus sobre a terra ou de qualquer outra causa. É de direita querer que os países sejam homogêneos, invulneráveis e ultraprodutivos a qualquer preço; a esquerda se resigna ao diferente, ao incerto e ao frágil, mas exige que nenhum ser humano jamais esqueça a *preocupação* com os humanos, chave de sua própria humanidade.

Irmão animal

Um amável leitor me escreve de Soria para me contar um incidente sinistro ocorrido durante a celebração local do carnaval. Um cão pastor alemão, aparentemente perdido de seu dono, passou toda a noite festiva perambulando pela rua e buscando a amizade das pessoas do lugar: na manhã seguinte, apareceu enforcado na grua. Meu missivista se pergunta (e me pergunta): "Esse ato não é uma das expressões mais claras de pura maldade, de maldade gratuita? Por que existem pessoas assim, insensíveis ao sofrimento de um ser, ao passo que outras sofrem quando vêem sofrer?" Recebo essa carta no mesmo dia em que leio a notícia de que uma menina morreu asfixiada no incêndio de sua casa ao tentar resgatar seu *hamster* em vez de se pôr a salvo. Os acontecimentos se prestam a formar pares misteriosamente significativos no pôquer vital de cada dia...

Durante minha infância e grande parte de minha adolescência, vivi embevecido no fascínio pelos animais *ditos selvagens* (como dizia o título de um famoso livro de André Demaison, de que na época eu gostava muito). Não havia coleção de figurinhas de bichos que não conquistasse minha devoção – meu álbum favorito era *Da selva misteriosa aos abismos do mar* – e filmes como *Drama do deserto* e *O mundo silencioso* foram tão responsáveis pela minha educação sentimental quanto John Ford. A primeira coisa que eu visitava numa cidade estranha era o zoológico, que em Madri tinha então o nome sugestivo de *Casa de Fieras*. Hoje ainda adoro ver documentários zoológicos na televisão, na maioria dos casos impecáveis, apesar da mania de programá-los para a sagrada hora da sesta. Com os animais domésticos, em contrapartida, sempre fui mais reticente, salvo em se tratando de cavalos de corrida (que não são propriamente domésticos, mas domesticados): nada me repugna mais do que o tom entre mandão e paternalista com que os donos costumam dirigir-se a seus cães, os quais já se começa por insultar, talvez merecidamente, chamando-os de *os melhores amigos do homem*. Dentro de cada um de nós cochilam um sargento, uma governanta severa e a melosa tia solteirona empenhada em abarrotar de doces a criança inapetente, monstros que despertam quando vêem agitar-se docilmente o rabo de um cão, por menos mimado que ele seja.

Acho que é justamente esse fascínio antigo que eu sinto pelos animais que me põe em guarda contra a suposição de que eles possuem *direitos* morais semelhantes aos dos humanos, tal como defenderam eloqüentemente em nosso país Jesús Mosterín e Jorge Riechmann (*Animales y ciudadanos*, Talasa ed., Madri, 1995). Não acho que os animais tenham direitos, porque me nego a supor que tenham deveres: eles são o que são, não o que devem ser. O que mostram a nossa imaginação e a nossa sensibilidade ética (também estética) é o exemplo de uma vitalidade que não legisla sobre seus próprios limites – estabelecendo a pauta das transgressões – mas que os assume por necessidade. Já é razão suficiente para nos preocupar com eles, para *atendê-los* na medida do possível. A simples observação dos seres naturais enriquece *filosoficamente*, sem dúvida, quem a pratica. Por isso Rilke recomendou a seu jovem poeta ver "os animais e as plantas copular, multiplicar-se e crescer, com paciência e docilidade, não para servir à lei do prazer e do sofrimento, mas a uma lei que vai além do prazer e do sofrimento e prevalece sobre toda vontade ou resistência".

Os animais sofrem e fazem outros bichos sofrer, mas não são cruéis: os únicos que podem sê-lo somos nós, os humanos, porque sabemos o que significa sofrer. E sobretudo porque podemos compreender a abjeção que supõe *querer* que o outro sofra. Vocês repararam que chamamos de animais *superiores* justamente os que nos parecem mais capazes de sofrer? É que a consciência do sofrimento estabelece, a nossos olhos, a hierarquia na ordem da natureza: quanto mais podem sofrer, mais se parecem conosco. De modo que, amigo leitor, você tem toda a razão em chamar literalmente de *maldade* o capricho de fazer sofrer o animal que procurou nossa companhia. E a menina que entrou no meio das chamas para buscar seu *hamster*... ai!, foi ingênua, imprudente e nobre como santa Joana d'Arc.

África sonhada

Também sonhei, em minha infância, o sonho africano do qual Javier Reverte fala muito bem, por certo, em seu livro agridoce *El sueño de África* (Muchnick ed.). Eu devorava os romances de Tarzan e os de sir Rider Haggard, autor daquele "relato modesto e pontual de uma portentosa aventura" que se intitulava *As minas do rei Salomão*. É claro que não perdia nenhuma coleção de figurinhas na qual houvesse leões, rinocerontes e os extravagantes gnus, que têm crises transitórias de loucura, como se fossem humanos. Ainda me lembro muito bem da minha frustração quando um amigo da família que queria me dar um presente achou *Caza mayor* muito caro e me comprou um livro mais barato, que já não me atraía tanto. Mais tarde consegui *Caza mayor* e aí fiquei conhecendo os nomes de Samuel Baker (que viajava acompanhado por sua esposa toda vitoriana, que preparava o chá depois de ter saído a nado, sem perder o chapéu, de um rio revolto à mercê de crocodilos) ou Frederick Courteney Selous, que voltei a encontrar tantos anos depois no livro de Reverte. Minha afeição pelos relatos sobre o continente misterioso me levou até a dirigir uma coleção intitulada *La aventura africana*, na qual editei e prefaciei todos os meus favoritos – desde *Tartarín de Tarascón*, de Daudet, e *Através da estepe e da selva*, de Sienkiewicz, até *A tragédia do Korosko*, de Conan Doyle –, elegantemente apresentados, com o resultado final de muitas horas de trabalho iludido e uma inexorável bancarrota editorial.

Mas essa pequena frustração não foi nada em comparação com a que sofri pouco tempo depois, aos nove ou dez anos. Certo dia, folheando o jornal, encontrei um anúncio de um safári na Tanganica, ilustrado com um desenho de um elefante. Até então eu pensava que ir à África era algo tão impossível para o comum dos mortais como descer ao fundo do mar ou viajar para a Lua: não por razões econômicas (que nessa idade não parecem importantes), mas por ser necessário um misterioso passaporte que os deuses da aventura só deviam expedir para alguns pouquíssimos bem-aventurados. Fiquei assombrado ao ver que cumprir o mais alto de meus sonhos era tão simples como passar pela agência de viagens e reservar a devida passagem. Louco de tão contente (ou melhor, louco e por isso tão contente), corri para dar a boa notícia ao meu pai, sem duvidar por um só momento de que a oportunidade que se oferecia iria entusiasmá-lo tanto quanto a mim. Por alguma razão terna e distraída, meu pai não me contestou: recortou o anúncio, muito sério, e me comunicou que começaria as gestões que nos levariam às feras desejadas, à noite rumorosa e viril que cerca a fogueira dos acampamentos.

Quando ele voltou depois do trabalho, minha mãe lhe informou que eu passara toda a tarde preparando a bagagem. Tinha aberto sobre a cama minha pequena maleta de papelão, dentro da qual já havia guardado dois ou três livros essenciais para documentar a viagem, minha pistola de ar comprimido com sua munição de rolhas, um cantil de plástico que algum dia foi trazido de Lourdes cheio de água milagrosa, etc. Estava pensando se incluía também minha máquina fotográfica de brinquedo, quando vi os dois na porta, olhando para mim entre divertidos e alarmados. Mesmo antes de ouvir suas explicações compreendi que não haveria safári, que os deuses estavam negando sua autorização, e as lágrimas me saltavam enquanto eu tentava dissimulá-las com falsos sorrisos despreocupados, pois então eu, idiota, achava que os grandes exploradores nunca choram.

"*O sonho da África* – diz Reverte – talvez não seja mais do que um afã de aventura, a resistência infantil do coração a aceitar a vulgaridade e a rotina do mundo." Deve ser isso, ai! Mas enquanto isso a África real morre dia a dia, assassinada pelas falsas fronteiras, pelas guerras tribais que animam os traficantes de armas, pela AIDS, por uma descolonização feita de abandono como a colonização foi feita de rapina. Envelhecidas, nós, crianças que sonhamos com o Kilimandjaro, nos vemos com horror nos olhos daquelas outras crianças africanas, cujo sonho ainda mais romântico do que o nosso pede amparo, comida, educação e paz.

O estranho caso do senhor Edgar Poe

Em algum lugar Cioran deixou escrito que só tem sentido ser poeta, matemático ou general. Pois bem, talvez se combinássemos essas três vocações em doses gradualmente decrescentes pudéssemos obter algo parecido com o que foi Edgar Allan Poe. Antes de tudo poeta, sem dúvida, no sentido mais exaltado e taumatúrgico do termo, um profeta da beleza sonora, do impossível e da morte; mas também matemático, possuído pelo demônio exato do cálculo, aficionado por urdir e desmontar mecanismos dedutivos cujo rigor parece nos resguardar do caos; e um pouco general, por que não, um militar do Sul, arrogante, mitômano, briguento e galanteador. No caso de Poe, essa mescla peculiar de ingredientes produziu efeitos esteticamente singulares em sua obra literária, mas foi nefasta para sua vida. Quando repassamos os incidentes de sua biografia breve e infeliz ("se é que a infelicidade pode ser breve", observou acertadamente Borges), surpreendemo-nos com o mau jeito com que quase sempre conduziu seus assuntos e com a má sorte que os desbaratou quando acertou em lidar melhor com eles. Dir-se-ia que a existência de Poe foi como uma partida de cartas com a Sombra, com essa Sombra feita de miséria, desvario e medíocre ressentimento que costuma engolir tudo: quando seu adversário parece perder uma vaza, Poe se encarrega de lhe dar de presente a seguinte.

Essa sina adversa perseguiu Poe até depois de sua morte: o perfil humano que durante muito tempo foi tido como seu retrato oficial é, na verdade, apenas uma caricatura, elaborada por um falso amigo que quis desprestigiá-lo e idealizada por um admirador sincero que pretendeu elevá-lo à beata categoria de emblema. O traidor chamava-se Griswold e era, como seria de esperar, um clérigo: esse Iago literário foi nomeado por Poe seu testamenteiro literário e, no dia seguinte ao da morte do escritor, publicou um artigo necrológico no qual ficava maliciosamente cunhado o estereótipo alcoólico, demente, atrabiliário, viciado e trapaceiro que durante anos disfarçaria o autor de *O corvo*. O admirador foi nada menos que Charles Baudelaire, tradutor de Poe para o francês e seu entusiasmado alter ego, que aceitou o falso estereótipo, mas transformando-o de negativo em positivo: Edgar Poe transformou-se no herói boêmio da poesia, cuja pureza estética insubornável foi martirizada até a imolação pelos preconceitos burgueses da América democrática. A realidade não corresponde, no entanto, a esse maniqueísmo tenebrista. Edgar Poe não sentia nenhuma simpatia luciferina pelo desenfreamento e pela amoralidade, muito pelo contrário: seus princípios eram de uma retidão quase puritana. Gostava da vida doméstica e matrimonial, não da vagabundagem, à qual em algumas ocasiões se viu forçado por sua crônica ausência de recursos econômicos. Foi um artista consciencioso e exigente, assim como um grande trabalhador (a amplidão de suas colaborações jornalísticas o demonstra), mas não um fanático da pureza literária: *tentou* ser comercial, e por isso trocou os poemas pelos contos emocionantes e empreendeu ciclos de conferências. Também não é verdade que seus contemporâneos o ignoravam ou que o menosprezavam: chegou a ser uma figura de muito destaque do mundo literário da costa leste, convivendo com Charles Dickens e freqüentando os salões de poetisas importantes. Seu talento era reconhecido até por quem mais detestava seu caráter. Quanto à sua propensão ao álcool, deveu-se não tanto a caprichos orgiásticos quanto à debilidade orgânica que lhe fazia perder a cabeça depois de alguns poucos tragos.

A grande biografia de Georges Walter narra com garbo e detalhe essa vida freqüentemente mal-interpretada. Walter tem evidente simpatia por Poe, mas não incorre na hagiografia nem escamoteia os aspectos menos simpáticos de um personagem que padeceu demais para ser sempre amável ou conveniente. Sua obra pode completar-se com a leitura das cartas do poeta selecionadas por Barbara Lanati, nas quais aparecem a nu todas as suas tribulações de órfão em confronto com seu pai adotivo, de apaixonado terno e um tanto declamatório, de lúcido analista dos problemas da literatura norte-americana de seu tempo e sobretudo de perpétuo indigente em busca de alguns poucos dólares para sobreviver e manter os seus. É difícil ler sem angústia a crônica desse enfrentamento com a adversidade durante o qual foi gerado um punhado de obras-primas e se esboçaram gêneros depois tão populares, como a ficção científica ou o romance policial.

Mas até nos esforços mais honradamente esclarecedores a sombra do mal-entendido parece perseguir Poe. Georges Walter recorre em várias ocasiões, como metáfora da vida do próprio Poe, a um de seus contos mais conhecidos: *Hop Frog*, o bufão disforme que enlouquece quando é obrigado a beber e que, para defender sua amiga, a jovem bailarina Tripetta, acaba se vingando terrivelmente do rei cruel e de seus cortesãos. Walter insiste em que Hop Frog morre voluntariamente no incêndio justiceiro em que culmina sua vingança. Pois bem, não é verdade. No conto, o bufão planejou sua fuga e consegue escapar para melhores paragens em companhia de Tripetta. Como pode um grande conhecedor de Poe, como Georges Walter, enganar-se dessa maneira sobre a mensagem do relato, a não ser pelo contágio do mito de maldição autodestruidora que, apesar de todos os esforços, continua cercando o escritor? Não, Poe não desejava morrer, e por isso mesmo era fascinado pelo invencível *maëlstrom* da morte que arrasta tudo. Sonhava em escapar dele, em burlar a miséria definitivamente e em conseguir uma companheira docemente invulnerável. O médico que o atendeu em seu delírio de agonizante, depois de o ter recolhido nas ruas de Baltimore, registra que ele balbuciava um nome: Reynolds. Sem dúvida referia-se a Jeremiah Reynolds, o explorador do Antártico cuja gesta inspirara seu *Narração extraordinária de Arthur Gordon Pym*. Estaria chamando o viajante triunfal para guiá-lo através do desconhecido até onde voltamos a ver a luz, a ouvir a voz e encontramos companhia? Bem, não importa: agora, finalmente, ele está a salvo.

BIBLIOGRAFIA

GEORGES WALTER: *Poe*, trad. Alberto Clavería, Anaya & Mario Muchnick, Madri, 1995.
EDGAR ALLAN POE: *Cartas de un poeta*, ed. Barbara Lanati, trad. Miguel Martínez-Lage, Grijalbo-Mondadori, Barcelona, 1995.

Fracasso e triunfo do terror

Rosa Regás, que há vinte anos lançou uma coleção de breviários de grande sucesso sobre questões da vida política e social espanhola, volta agora a colocar essas perguntas essenciais para que se responda a elas com resoluta concisão. Dessas interrogações, a que exige mais reflexão *histórica* talvez seja a do terrorismo do ETA, porque se nutre do desconhecimento interessado da distância política entre o que existiu e o que existe, assim como do esquecimento sistemático das vítimas. E, quando falo de distância política, refiro-me não apenas à distância entre ditadura e democracia (sem qualificar esta última, com cautela imbecil, de *imperfeita, defeituosa*, etc., como se houvesse, mesmo que em teoria, um modelo perfeito e impecável de democracia), mas ao próprio processo de transformação do ETA de organização armada antifranquista em grupo selvagem. Ninguém melhor do que Patxo Unzueta para analisar com brevidade jornalística e profundidade política esse trágico trajeto, condensando em pouco menos de cem páginas o fundamental do pior conflito que hoje assedia nossa convivência institucional. As páginas de seu pequeno livro podem servir de complemento teórico a essa outra obra obrigatória escrita por José María Calleja, *Contra la barbarie*, onde se narra com brio o infortúnio das vítimas, ensurdecedor apesar de tantos quererem deixá-lo na surdina.

Ao buscar qualificativos que desqualifiquem a violência terrorista, os mais repetidos não costumam ser os mais atinados: *cega, absurda, irracional, odiosa*... De fato, a violência terrorista é odiosa, mas isso já é sabido pelos que a exercem e por isso mesmo a empregam: se fosse amável não lhes serviria. Sua cega insensatez e seu absurdo são bastante relativos pois só se atêm aos grandes fins que eles dizem pretender: sem dúvida, o ETA não melhorou em nada a condição social dos trabalhadores bascos nem a convivência livre do povo que ele afirma querer emancipar, muito pelo contrário, mas em contrapartida conseguiu tornar-se o centro político do país e conquistar para seu grupo de apoio um sinistro destaque, que nunca teria conseguido por outros meios. O terrorismo nunca derrotará o poder democraticamente estabelecido, mas sabe obter para os seus um poder antidemocrático nada desprezível e administrado com hábil furor. Além disso, contou e conta com a cumplicidade ocasional do próprio Estado, cujos funcionários menos lúcidos ou mais brutos querem combatê-lo com suas próprias armas, conseguindo apenas legitimá-lo mais ainda diante de seus fiéis, ao passo que os mais temerosos deixam-no campear por sua anuência para não *provocar*. Unzueta resume bem o resultado dessa soma de erros: "A combinação entre esse *terrorismo de Estado* – que outorgou credibilidade à teoria do ETA das violências simétricas – e a impunidade de que se beneficiou o radicalismo violento no País Basco – sobretudo por causa da atitude ambígua do nacionalismo democrático – favoreceu a transmissão da cultura da violência a uma geração que não conheceu o franquismo e que interiorizou como normal o direito da minoria ativa a se impor pela força à maioria."

Não é fácil saber como pode ser erradicado o terrorismo do ETA; por outro lado, sabemos com toda a clareza como perpetuá-lo: cedendo a suas proposições, acidentais ou essenciais, e desse modo provando que seus métodos são rentáveis. O apetite de Cérbero, o cão infernal, aplacava-se com alguns biscoitos votivos, mas a fome dos terroristas se aguça com cada bocado que lhes é outorgado. Aos que acreditam na eficácia da luta armada não se dissuade confirmando-a... Em contrapartida, é prudente que o sistema democrático recompense de imediato politicamente as atitudes do entorno terrorista que revelem a opção nítida por vias alternativas à violência. Unzueta se pergunta, com razão, até quando deve manter-se aberta a porta reconciliadora para quem abandone as armas, um seguro cujo efeito perverso pode ser que seus eventuais beneficiários continuem sem se decidir a abandoná-las ao ter a retaguarda indefinidamente coberta. A meu ver, essa porta nunca deve ser fechada, apesar de todos os pesares, mas deixando sempre bem estabelecido que quem renunciar à violência deverá integrar-se no sistema político que os demais cidadãos defenderam contra ele e não em uma ordem alterada a seu gosto por obra do terror que ele utilizou contra a maioria. Quanto ao mais, embora a solução não possa ser meramente policial, seria excelente que as soluções policiais funcionassem um pouquinho melhor...

BIBLIOGRAFIA

PATXO UNZUETA: *El terrorismo. ETA y el problema vasco*, col. ¿Qué era? ¿Qué és?, Destino, Barcelona, 1997.

Um contemporâneo essencial

André Gide dizia que nunca quis ser professor nem profeta para ninguém, mas aspirava a que os leitores o considerassem seu contemporâneo *essencial*, ou seja, o contemporâneo que tanto pela perspicácia de suas preocupações estéticas e éticas quanto pela inovação de sua linguagem lhes servisse como ponto de referência em sua travessia do século. Em suma, alguém que se adiantasse com suas perguntas às perguntas que obscuramente eles também lutavam por fazer e que, em vez de lhes oferecer as inapeláveis respostas verdadeiras, os ajudasse a descartar as respostas falsas até então inapeláveis.

Tornar-se o contemporâneo essencial de várias gerações de leitores é algo mais – ou, pelo menos, algo diferente – do que ser um grande poeta, um grande romancista ou um grande filósofo. Exige uma proximidade *carnal* com os outros, exige realismo e imaginação, exige preocupação com o cotidiano e não apenas com o sublime ou o grandioso, exige um raciocínio que conheça a paixão e o êxtase, mas que não prescinda da justiça civil. Requer capacidade para surpreender, mas é incompatível com a arbitrariedade ou o capricho, com a abstração pura que nunca faz concessões, com o tom inflamado de quem se sente chamado a difamar ou a zombar mais do que a compreender ou a orientar. O contemporâneo essencial não só tem certas idéias, mas também uma certa *sensibilidade prática*. Borges ou Nabokov são magníficos escritores os quais admiramos sem esperar deles clarividência política nem preceitos literários fiáveis; as queixas de Cioran são metafisicamente assumíveis mas nos deixam sem saída, assim como as estupendas diatribes de Thomas Bernhard. Quando queremos perguntar pelo viável – em ética, em estética, em política – recorremos antes a um André Gide, uma Hannah Arendt... ou a Octavio Paz.

Sobretudo a Paz. Trago meu testemunho pessoal, por mais insignificante que seja, o de alguém que começou a tentar pensar por si mesmo por volta do carismático ano de 68. Vivia em uma ditadura e sonhava com todas as emancipações: política, sem dúvida, mas também nos terrenos da experiência vital, da reflexão filosófica, da transgressão poética do teológico. Em livros como *El arco y la lira* e, depois, *Corriente alterna*, encontrei um mundo de sugestões não domesticado pela ortodoxia marxista ou psicanalítica, no qual cabiam Sade, Fourier, as drogas enteogênicas, os escolhos da modernidade democrática, Baudelaire e William Blake, a lição de um Oriente sem incrementos florais, a nova plástica e a alquimia poderosamente espiritual da carne sexuada, a oposição constante entre liberdade e justiça..., toda uma antropologia *cordata* da rebelião que quer construir em favor do vivo e não apenas aniquilar o morto. E sempre sem receitas definitivas, com a perplexidade sensata de quem acompanha na busca em vez de distribuir de uma vez por todas doutrinas absolutas.

Apontando o intolerável mas descartando que deva ser curado por algum remédio atroz que lhe seja por demais semelhante, Paz preferiu muito cedo a intempérie da liberdade às atraentes fórmulas totais que a garantem em teoria, ao passo que na prática a avassalam. Ter sido lúcido demais em sua avaliação política dos regimes comunistas ou diante da mistificação beatífica da guerrilha latino-americana granjeou para ele a oposição eterna até mesmo de alguns que hoje compartilham tardiamente seu diagnóstico. Rivarol já observou que quem diz vinte e quatro horas antes o que todo o mundo saberá vinte e quatro horas depois é tido durante vinte e quatro horas como doido ou traidor... Também nessa atitude de sábia desconfiança diante dos duvidosos grandes remédios propostos para os indubitáveis grandes males foi muito útil para nós, espanhóis, que estávamos saindo de uma ditadura de direita e podíamos nos sentir tentados por maximalismos de sinal contrário.

Nem professor sabe-tudo, nem guru profético, nem esteta avantajado mas caprichoso até a irresponsabilidade: o contemporâneo essencial é antes de tudo um *homem de bom conselho*, como se dizia antigamente. Ou seja, aquele para o qual se voltam nossos olhos e ouvidos nos momentos de crise, ao iniciar os tateamentos de um novo caminho ou ao sentir o primeiro desassossego que leva a sair do excessivamente trilhado. Além do prazer reflexivo que sua poesia nos proporciona, somos muitos os que obtivemos de Paz, através de seus artigos e ensaios, essa tutela tão generosa quanto estimulante. E também agora, diante de cada nova catástrofe, antes da nova conquista ou da moda contagiosa, continuamos a nos perguntar: "O que será que ele acha disso?"

O ianque mais irreverente

Os semicultos europeus mais grosseiros costumam descartar com displicência a mera possibilidade de que os Estados Unidos tenham produzido ou possam produzir intelectuais de valor (no sentido europeu dos termos *intelectuais* e *valor*, é claro). De imediato, vêm-nos à mente os nomes de pelo menos uma dúzia de grandes *jornalistas* cuja perspicácia ético-política, aliada à sua capacidade de divulgar eficazmente seus pontos de vista e influir sobre os leitores, torna-os sem dúvida *intelectuais* muito eficazes, diferentes de seus colegas do outro lado do Atlântico apenas por seu menor fascínio pelas idéias *a priori* e por sua maior atenção para com os fatos publicamente comprováveis. Sem dúvida, não há perigo de essa enumeração convencer os semicultos mencionados acima, pois estes costumam caracterizar-se por seu desprezo olímpico pela própria palavra *jornalista*. Ora, com que então os grandes intelectuais americanos não são mais do que simples jornalistas! Foi o que eu disse: nada que valha a pena...

No entanto, o bom intelectual-jornalista é o ápice da intelectualidade democrática moderna (assim como seu colega muito mais numeroso, o mau, é o pior avatar atual do grupo clericalóide: *corruptio optimi pessima*). Por acaso o Voltaire que atualmente nos interessa não foi o pai genial de todos os jornalistas? A essa ilustre estirpe que os pedantes ignoram pertence, sem dúvida, Henry Louis Mencken. Os pós-modernos que hoje reviram os olhos lendo Tom Wolfe (se é que é possível ler com os olhos revirados) não sabem nada de

Mencken, sem dúvida um dos ancestrais anímicos e estilísticos de seu ídolo...

Antes de tudo, H. L. Mencken foi um grande jornalista em toda a extensão da palavra. Magnífico diretor e animador de publicações, sem dúvida: seus anos à frente do *American Mercury* ou dos *Sunpapers* implicaram toda uma revolução na forma de fazer jornalismo *de qualidade* em seu país... e, por impregnação, nos demais. Também se destacou como cronista, como observador social e como crítico literário e musical (embora nesta última função sua força estilística tenha mais importância do que a incontestabilidade de suas opiniões, freqüentemente mais temperamentalmente caprichosas do que sensatas). Como divulgador, obteve seu maior êxito analisando seu próprio instrumento de trabalho: a linguagem. O estudo que dedicou ao idioma dos americanos comparado com o inglês europeu talvez não convença muito os especialistas acadêmicos, mas é o esforço de um aficionado de talento e é repleto de observações argutas e úteis.

No entanto, o que tornou H. L. Mencken um dos personagens mais influentes, admirados e, sem dúvida, mais detestados na América do Norte das primeiras décadas de nosso século foi sua ousadia irreverente e desmistificadora. Nos Estados Unidos, as opiniões publicamente expressadas, para não serem intoleráveis, se são cínicas devem ser conformistas ("não tenhamos ilusões, o mundo em que vivemos é assim, vamos procurar aproveitar!") e, se são conformistas, devem pelo menos soar bem-intencionadas e edificantes ("como é detestável este ou aquele aspecto do mundo! Vamos denunciá-lo para melhorá-lo!"). Em suas sátiras, H. L. Mencken conseguiu aparecer ao mesmo tempo como cínico, inconformista e nitidamente destrutivo. Foi perdoado – quando foi! – pela roupagem humorística de suas reflexões, um humor que é antes mau humor, sarcasmo agressivo, mas sempre com algo de adolescente, inclusive com uma centelha um pouco *escolar*. Seus mestres foram Mark Twain e Ambrose Bierce (outros dois jornalistas colossais), mas ambos são, no fundo, muito mais amargos e demolidores do que Mencken, além de serem, por certo, dois artistas de um nível enormemente superior. Pois a verdade é que Mencken praticou uma iconoclastia às vezes desabrida e truculenta, mas sob a qual há todo tipo de boas intenções. H. L.

Mencken é, a seu modo, um neto da Ilustração, inimigo de preconceitos, de superstições, de militarismos e de todas as instituições que reprimem os homens... *para seu bem*. Mark Twain ou Ambrose Bierce deploram a condição humana e zombam dela, mas a consideram irremediável; Mencken arremete a torto e a direito contra essa própria condição humana, mas com o secreto propósito – e até com a esperança – de corrigi-la.

Os maiores defeitos de Mencken provêm, sem dúvida, de sua condição de autodidata (só fez estudos elementares): uma erudição superficial, um senso comum às vezes alimentado com simplificações, pouca sensibilidade para os aspectos simbólicos ou poéticos profundos do espírito, mais complacência na enormidade do que na precisão ou nos matizes... Em contrapartida, destaca-se sua enorme *coragem* intelectual e sua expressão contundente. A partir de Reagan e Bush, estamos tristemente acostumados a uma América do Norte pacata, que censura os filmes (quase todos já são rodados em versão dupla ou tripla), que persegue as exposições artísticas *obscenas*, que exalta os valores mais retrógrados da família patriarcal, que usa Deus como justificação de ambições políticas ou de empreitadas bélicas, etc. Esse quadro de ambições antiliberais pode nos ajudar a compreender o que deve ter significado há sessenta ou setenta anos a atitude de Mencken, criticando os dogmas religiosos, os lemas políticos, os *bons costumes*, os ataques militares, etc. Ao relê-lo hoje, sobretudo na antologia de suas melhores ferocidades preparada por ele mesmo, duvidamos que um jornalista tão *asselvajado* como H. L. Mencken fosse concebido nos EUA de agora... ou na maioria dos atuais países europeus.

Polêmicas

O leitor de jornais sempre se deleitou com uma boa polêmica, mesmo quando é um pouco mais áspera do que o conveniente, embora às vezes ele dissimule virtuosamente essa afeição doentia. Acontece que a polêmica se parece com o champanhe: um par de taças alegram e estimulam a picardia, meia dúzia podem despertar o bruto que todos temos dentro (alguns, fora) de nós, e daí em diante só cabe esperar repetições pastosas até a dor de cabeça. Questão de medida, como sempre. O caso é que o corpo-a-corpo torna tudo mais interessante, tanto nos antagonismos como, sem dúvida, no amor. Sei que as idéias ou as opiniões não têm corpo, mas, se for o caso, nós lhes emprestamos o nosso de bom grado...

Às vezes deplora-se o tom *pessoal* que, mais cedo ou mais tarde, perverte esses confrontos dialéticos. Lamento inútil, pois toda polêmica é necessariamente pessoal, embora o pessoal não seja a relação *a priori* entre os próprios polemistas, mas a que une pelo menos um deles ao assunto discutido. Quem não se interessa pessoalmente por um tema, quem não se sente envolvido pela questão aparentemente abstrata, certamente não polemiza. A imprensa diária está cheia de pontos de vista que não compartilhamos ou que consideramos falsos, sem que essa simples discrepância nos leve a polemizar. É preciso, além disso, um estímulo de irritação ou de ofensa no assunto, seja proveniente de nossa afeição ao que é debatido ou de nossa inimizade com quem o debate. Em suma, só polemizamos sobre o que nos atinge pessoalmente.

Bem, dizem os mais formais, mas essa implicação não desculpa os ataques pessoais ao outro, a emissão de juízos de intenção malévolos em vez da refutação de argumentos, os insultos, etc. Claro, claro. E, no entanto, com que deliciosa competência os grandes polemistas, como Voltaire ou Marx, fazem uso dessas más artes! É precisamente na troca de ataques pessoais que se estabelece a maior diferença entre quem só possui os recursos difamatórios da língua comum e quem conta com o auxílio da arte literária. A diferença é a mesma que existe entre esborrifar água no outro com a mão e esguichar-lhe água com a mangueira. Certos vilões insignificantes que foram deslumbrantemente insultados por bons polemistas deveriam lhes ser gratos: serão lembrados ao menos pela justeza da infâmia que caiu sobre eles. E, inversamente, também certas réplicas insultantes dadas aos famosos merecem acompanhá-los no mármore de seu monumento ao lado dos louvores. Por exemplo, o que respondeu a Mirabeau um certo modesto abade quando o grande tribuno anunciou que estava pensando em encerrá-lo num círculo vicioso: "Por acaso vai me abraçar, senhor Mirabeau?"

Quero dizer que há uma estética da polêmica, que está além de quem tem razão na questão de fundo que está sendo discutida. E um bom aficionado do gênero pode saborear uma hábil estocada do adversário, embora nem por isso se incline a compartilhar suas razões. Como deve ter se deleitado, por exemplo, aquele opositor de Chesterton empenhado em lhe demonstrar que se deve combater o inimigo com suas próprias armas, ao ler esta réplica: "Então, cavalheiro, como o senhor faz para picar uma vespa?"! É desse engenho, embora nem sempre queira e possa ser cortês, que sentimos falta quando assistimos hoje, nos assim chamados programas de debate de nossas malditas televisões, à gritaria grosseira e obtusa entre rufiões. Até no garbo do coice o cavalo difere da mula...

O animal mais estranho

Nosso século abundou em bestas insólitas, em feras fabulosas, em mascotes dóceis e emblemáticos, em mutantes provocados pela manipulação genética ou pela radiação atômica... Ultimamente até se fala em animais dotados de direitos, rebentos politicamente corretos de uma mutação jurídica. Mas o bicho mais estranho de nossa época foi concebido por Franz Kafka na noite de 17 de novembro de 1912 e, depois de uma gestação de três semanas, nasceu em seu abrigo de papel em 7 de dezembro. Chamou-se – chama-se para sempre – Gregorio Samsa e é uma espécie de centopéia ou escaravelho ("um inseto monstruoso", informa Kafka, laconicamente) com memória humana, isto é, memória de ter sido humano, de ainda o ser obscura e impossivelmente. Ao lado dessa memória comprometedora, tudo o que a reforça: sentido do dever, obrigações familiares, afetos não correspondidos, frustração, culpa. A aparência animal suscita nos outros espanto, asco, aversão e descarta a camaradagem compreensiva que a memória, aberta como uma chaga, insiste mansamente em reclamar. Gregoria Samsa é o animal mais estranho do século, mas também o que melhor o caracteriza: engendrado pela cópula entre o medo e a angústia, alimenta-se de solidão.

A metamorfose é um dos poucos textos que Kafka consentiu em publicar durante sua vida. Nós que agora o lemos enquadrado no resto de sua obra postumamente editada, o testamento literário mais generoso e necessário que nos foi concedido, talvez esfumemos um pouco por tão ilustre contágio a energia única e completa desse relato.

Tantas interpretações o sobrecarregam de símbolos e alegorias prestigiosas que é difícil aproximar-se dele com a disponibilidade intacta capaz de suscitar um autêntico fascínio, como se ainda nada soubéssemos de seu autor nem do resto de sua biografia. Tive a sorte de ler *A metamorfose* pela primeira vez justamente assim, antes de ter ouvido mencionar o nome de Kafka e, além do mais, ignorando que se tratava de um texto *culto*: descobri-o aos quatorze ou quinze anos, em uma antologia de contos de terror, ao lado de *O horror de Dunwich*, de H. P. Lovecraft (que também me foi apresentado nessa exímia ocasião) e por relatos de Poe, Blackwood, M. R. James e muitos outros nomes menores ou não tão menores. De modo que não me aproximei dele intimidado pelo brilho um tanto fastidioso da grande literatura – que nos assusta, antes de mais nada, por medo de nos aborrecer com o que faz os professores revirar os olhos –, mas com a avidez de prazerosos calafrios com que hoje um adolescente se volta para o último romance de Stephen King. E, sem dúvida, não fiquei decepcionado. Não o li como um relato culto, mas como um conto oculto que para mim se tornou objeto de culto...

Suponho que algum pedante irá grunhir "blasfêmia!" ao ver *A metamorfose* classificada no gênero (ou *subgênero*, definirá o autêntico pedante) de terror. Aceitará pelo menos que pertence ao gênero fantástico? Porque é uma das melhores narrações fantásticas que já foram escritas. Como os demais clímax literários desse campo, combina sabiamente o que rompe os limites da realidade com o que confirma minuciosamente a rotina cotidiana. Há dois modos principais de compor histórias fantásticas: um deles, o de Tolkien em *O Senhor dos Anéis*, apresenta um mundo mágico pelo qual transitam protagonistas comuns como *escoteiros*; o outro é o de *A metamorfose* kafkiana, onde um só acontecimento inverossímil se choca contra a realidade e denuncia ou compromete toda a sua lógica. A mestria do primeiro modo faz o leitor estremecer confrontando sua cordura com o maravilhoso ou o pesadelo, ao passo que no segundo ele é obrigado a se identificar com o que é assombro e ameaça para a conspiração dos normais. Para o caso de quem atentar para esta breve nota não pertencer ao grupo dos pedantes, observarei que Richard Matheson (autor menor, sem dúvida, mas por que não amar os irmãos ou os autores menores?) escreveu um conto de muito poucas páginas, *Nascido de homem e mulher*, que de certo modo repete o enigma de *A metamorfose*.

Certo dia, Kafka anotou: "Não há nada mais triste do que enviar uma carta a um endereço incerto, não é uma carta, é antes um suspiro." Toda a sua obra pode ser vista como uma missiva que sofre dessa incerteza, e nisso reside, para nós que por acaso a recebemos, sua fatalidade e sua comovedora grandeza.

O misantropo entre nós

Quando Adolfo Marsillach me ofereceu a possibilidade de traduzir para o castelhano uma obra de Molière tão emblemática como *O misantropo*, o aparente presente mostrou ter uma certa dose de veneno. Por um lado, é difícil não se alvoroçar diante da perspectiva de passar alguns meses em companhia de um dos espíritos mais vivos e mordazes da cultura européia; mas, por outro, a consciência de que um relativo fracasso é inevitável em tarefas como essa me amargou um pouco a festa. Quando estava concluindo minha versão, cometi o erro de ver um vídeo de *O misantropo* encenado pela Comédie Française, e meu desgosto aumentou: depois de ter ouvido o som dos versos molierescos, a esforçada prosa em que eu tentava vertê-los me pareceu incuravelmente rasa. Nem sequer me restava a desculpa de poder adaptar a dramaturgia da obra aos usos contemporâneos, pois *O misantropo* é uma das peças de Molière que se sustentam perfeitamente hoje como ontem, sem andadeiras modernizantes. De modo que não tive outro remédio senão desfrutar da companhia de Molière, mas sem a ilusão afagadora de que estava lhe fazendo um grande favor...

Portanto minha tarefa foi grata e não sem dificuldades, mas modesta: verter o excelente verso francês para uma prosa castelhana que não rangesse nem na boca do ator nem no ouvido do espectador. Não suprimi nem acrescentei absolutamente nada ao texto original, não mudei de lugar nem a menor réplica: se alguma abreviatura ou alteração deve ser feita tendo em vista o resultado final da função, cabe ao diretor decidi-la, não a mim. Meus únicos retoques tentaram esclarecer o sentido de algumas referências históricas ou literárias, facilitar em todo caso a compreensão atual do texto e, algumas vezes, sublinhar um efeito cômico que uma tradução demasiado fiel teria distanciado excessivamente dos espectadores. Quanto ao mais, tudo tal e qual: Molière não tem nem requer emendas.

Ao estrear de novo uma obra clássica, costuma-se insistir sempre em sua grande *atualidade*, dando a entender que ela encerra uma lição do passado para os problemas do presente: parte-se do pressuposto de que nenhum espectador se interessa por conhecer quais foram as perplexidades em que viveram antigamente outros homens se elas têm pouco ou nada a ver com nossas urgências de hoje. Temo que seja mais uma mostra de *incultura*, isto é, de uma educação que nos desinteressa da tradição de modos e modas da qual deriva nosso cotidiano, achatando-o e deixando-nos cegos diante do futuro. Pois bem, talvez em *O misantropo* se possam encontrar vínculos com as inquietações de nossa época, mas não creio que seja o mais relevante da obra. Por outro lado, nos são dadas algumas referências sobre uma sociedade já decadente, em que o excesso de sinceridade era visto como egoísmo – não como revolucionário espírito crítico – e a exclusividade possessiva do afeto parecia uma obstinação burguesa contrária à agilidade do prazer. Lição atual? Talvez a de que nem todo o tempo passado foi melhor. Ou talvez de que o pior do passado volta, ao passo que o que foi melhor se torna incompreensível para nós. Seja como for, fica um drama cômico insólito, cujo efeito é a angústia depois do sorriso, como no *Dom Quixote*, com um protagonista que padece o inconformismo como prepotência e a necessidade absorvente de amor como desamparo final. Nem sequer Molière, o genial ridicularizador, atreveu-se a ridicularizar totalmente.

Viva Dario Fo!

A academia sueca parece estar ultimamente em estado de graça: desse modo ela acabará por nos reconciliar com o prêmio Nobel. Depois de, o ano passado, ter surpreendido a nós, ignorantes, com o achado de Wistlava Szymborska, um presente que nunca poderemos lhe agradecer suficientemente, agora – outubro de 1997 – nos proporciona uma nova alegria premiando, também inesperadamente, o grande Dario Fo. Em vez de seguir o habitual percurso por áreas nacionais ou idiomáticas, preferiu distinguir o mais esquecido dos gêneros, a gata borralheira da literatura, a área subestimada à qual pertencem, no entanto, Sófocles, Shakespeare e Molière: o teatro. No início do século abundavam os grandes dramaturgos premiados (Bernard Shaw, Pirandello, O'Neill...), mas eles foram se tornando cada vez mais escassos, como sintoma da decadência do teatro nas preferências do público crescentemente audiovisualizado. Talvez o último grande escritor de teatro – ou seja, conhecido antes de tudo por seu teatro e não por ter escrito também alguma peça entre outros misteres literários – agraciado com o Nobel foi Samuel Beckett.

Mas continuemos com o acerto da academia sueca: em vez de se ocupar de algum Grande-Homem-De-Letras-E-Consciência-De-Nosso-Tempo, dos que passam a vida calculando em seus diários ilhéus as possibilidades que têm de finalmente obter a imortalidade outorgada por Estocolmo, premiaram um bufão genial, um cômico indiferente, iconoclasta, sensual, rabelaisiano, anticlerical e jubilosamente *vulgar*. Mas com aquela vulgaridade inteligente que é de todos os que aspiram a ser insubmissos, não com a estupidez costumeira dos preguiçosos e dos escravos satisfeitos.

Com esse prêmio felicíssimo se escandalizarão os que teriam negado o Nobel a Shakespeare por ser ator, e ele já colheu o protesto da odiosa clericanalha vaticana, corporação de palhaços desgraçados – ou seja, sem graça – que não consegue suportar esse gozador que tanto riu e fez rir estupendamente à sua custa. Melhor ainda, melhor ainda. Com Dario Fo o Nobel recai sobre a palavra teatral, ou seja, sobre a palavra feita corpo, gesto, invectiva e gargalhada. Se de vez em quando a vitalidade envolvente de seu monólogo cometeu erros em suas tomadas de partido ou incorreu em algum exagero na hora das denúncias, é porque os erros e o exagero fazem parte da vida, e só as literaturas litúrgicas ou plastificadas, as literaturas da vida *em suspenso*, podem evitá-los totalmente. Evidentemente, Dario Fo não é um grande escritor no sentido em que o foram Joseph Conrad ou Marcel Proust (para citar apenas dois dos que ficaram sem o Nobel), mas sem dúvida é um verdadeiro artista literário, ou seja, alguém que despertou a emoção e a raiva de muitos por meio da palavra. Talvez a literatura seja algo sério demais para ser deixada apenas aos escritores... Não, felizmente não há nada de acidental no merecido triunfo desse anarquista.

Um príncipe da filosofia

No reino mágico da Filosofilândia, país maravilhoso que por empenho ministerial (e pedantismo dos professores) tem sido cada vez mais desertado pelos *tours operators*, há trabalhadores anões afeitos à pá e à picareta bibliográfica, jograis que cantam trinos piedosos, inquisidores do Santo Ofício Acadêmico, fadas madrinhas, bruxas malvadas, alegres bufões (como quem aqui assina) e até ogros truculentos de enorme bocarra, como Gustavo Bueno. Faltam, ai!, príncipes. E sobretudo príncipes estudantes, daqueles que não esperam herdar nenhum reino nem golpear algum dragão com sua lança, mas que só gostam de vagabundear livres de um lado para outro, e depois narram o que viram ou aprenderam aos poucos ouvintes casuais que recrutam junto ao fogo na pousada do caminho. A essa rara estirpe principesca, de altivez mitigada pela cordura do humor, pertence Jorge Santayana. Convém não o perder de vista.

Nenhum acontecimento filosófico recente em nosso país pode ser comparado em importância à recuperação dos principais livros de Santayana, em belas edições confiavelmente traduzidas e prefaciadas pelo principal responsável por essa iniciativa benemérita, o professor Manuel Garrido, titular da cátedra Santayana da Universidade Complutense. Nós, leitores, devemos ser gratos por isso à editora Tecnos, ao Ateneo de Madri e à Consejería de Educación y Cultura de la Comunidad Autónoma de Madrid (esta última também está preparando em regime de co-edição com anotação crítica as *Obras completas* de Jorge Santayana). Assim volta a seus compatriotas e à língua castelhana a obra escrita em inglês desse madrileno cosmopolita, pertencente a Ávila de coração e vocação, educado em Boston, que viveu na França e na Inglaterra e passou seus últimos anos em Roma, onde está enterrado. Sua peripécia biográfica, cujos exílios sucessivos e voluntários nada têm a ver com os dramas políticos do século – diferentemente de tantos outros – é narrada melhor do que por ninguém pelo próprio Santayana nos três volumes de sua autobiografia, que figura ao lado das de Bertrand Russell, de Malraux e muito poucas mais entre as intelectualmente melhores de nossa época. Certamente seria interessante traduzir também a biografia de Santayana escrita por John McCormick, já que ela se ocupa de certos detalhes íntimos interessantes que a discrição reticente do filósofo poeta deixa de lado. No entanto, o minucioso escrutamento biográfico raramente favorece qualquer filósofo (qualquer ser humano?), com exceção de Spinoza e poucos outros. Entre esses bem-aventurados certamente *não* está Santayana, embora não seja dos que saem mais desfavorecidos neste século inclemente para com os sábios... e no qual foram tão abundantes os sábios inclementes.

Por uma vez, essa recuperação global tardia de Santayana não indica nosso atraso com respeito ao nível filosófico de outros países europeus, pois, por estranho que pareça, Santayana também não é conhecido nem tem vigência efetiva na França, na Itália, na Alemanha ou em qualquer país anglófono. Curioso destino o desse príncipe filosófico: seu pensamento é formulado com tão limpa força literária que resiste à exegese redundante dos professores, cujo alimento são os neologismos e o jargão que precisa ser citado em idioma original entre parênteses; como, além do mais, ele rejeitou as modas, não pertenceu a nenhum movimento e não pregou nenhuma boa – ou má – nova, é indigesto para o jornalismo cultural. De modo que hoje, mais de quarenta anos depois de sua morte, Santayana continua nos bastidores em nosso teatro intelectual, de lá contemplando elegantemente as evoluções de velhas e novas coristas, com mais ironia do que desejo.

Quem não está preparando oposições, quem não pretende antes de mais nada estar na moda, quem se sente mediocremente apaixonado pelas grandes questões do momento (ainda é possível a filosofia?, etc.) fará bem em ler Santayana. Voltará à companhia dos grandes poetas filósofos, considerados por um espírito que não os desmerece, e dialogará no limbo racional com espíritos aos quais a morte deu especial agilidade sobre a loucura necessária de nossas ilusões patéticas e a insubornável realidade sem patetismo da qual fazemos parte. Irá ler e depois reler: para si, não para o palco, pois foi para si e não para o palco que Santayana pensou.

BIBLIOGRAFIA

JORGE SANTAYANA: *Tres poetas filósofos*, trad. J. Ferrater Mora, Tecnos, Madri, 1995. *Diálogos en el limbo*, trad. Carmen García Trevijano, Tecnos, Madri, 1996.

Os zangados

Sem dúvida vocês os conhecem: são este músico, aquele poeta, um certo romancista, este pintor, ou arquiteto, ou filósofo, ou o que for... A maioria deles tem sucessos certos em seus respectivos campos, embora não tão universalmente destacados e aclamados como eles mesmos acreditam merecer. Digo que vocês os conhecem porque não há como não os conhecer: aparecem a dois por três em revistas e jornais, bradando sua orgulhosa marginalização insubornável e denunciando o ostracismo a que são submetidos pela conjuração dos medíocres. Costumam proporcionar boas manchetes, sobretudo com suas denúncias dessa vulgar superstição jornalística: o afã de notoriedade. Ganham prêmios e os recebem declarando sua amargura por não os terem recebido antes; a eles são dedicados cursos nas universidades de verão, que aproveitam para denunciar ofendidos a conspiração de silêncio que envolve suas obras e principalmente a indevida celebração que festeja as trivialidades de seus colegas. Digo colegas e digo mal, pois eles não os têm nesta época – a nossa, ai, a única que vivemos –, mas só se reconhecem na parentela de séculos mais dourados: quando se trata de um pintor, seu último colega é Goya, o romancista não reconhece ninguém depois de *La Celestina* e Quevedo, e o filósofo perdeu seu último irmão espiritual com o lamentável falecimento de Francisco Suárez, em 1617.

Lembrem-se dos retratos fotográficos daqueles cavalheiros atrabiliários (deve haver entre eles alguma dama, mas os que agora me vêm à memória são homens). Todos mostram uma característica comum, a expressão séria e até sisuda de quem suporta com digna contrariedade os ultrajes de seus contemporâneos. A ceder a um sorriso ou a um lampejo de humor, que não seja mau humor, eles preferem sofrer um infarto. As coisas vão mal, muito mal: por todo lado banalidade, venalidade, abuso, servilismo... E tudo justamente *contra* eles, para os aborrecer, como uma ofensa pessoal. Nem a época nem a pátria os merecem: e pensar no incômodo que se deram para nos fazer o favor de nascer no século XX e justamente aqui, pertinho! Sabendo que os florentinos do século XV, por exemplo, lhes teriam tributado grandes homenagens para agradecer a honra de sua visita... Por isso os zangados sempre exibem algum título ou distinção concedida em foro estrangeiro, já que a decadência é universal, sem dúvida, mas em nenhum lugar tão contundente quanto no solo pátrio do qual se exilam periodicamente para que se sinta falta deles. O melhor de seus esforços eles dedicam justamente a isso: a favorecer que se sinta falta deles, repetindo que tudo o que fazem os que não lhes rendem cortesia suficiente é dispensável. De vez em quando, com prévio aviso à mídia, voltam a esta terra injusta para com eles, proclamam a dor de seu exílio, recebem algumas condolências e protestos de indignação de seus incondicionais. Depois voltam à universidade estrangeira que melhor lhes pague ou à sua exótica casa de recreio em algum lugar grato e remoto.

Costumam proclamar que a história da Espanha deixa-os seriamente descontentes e que a maldade humana os preocupa de modo tão íntimo e intransferível quanto uma dor de dente. É curioso comprovar a quantidade de incondicionais que é possível recrutar reiterando sempre de novo essas queixas. No fundo, as pessoas que se suspeitam detestáveis sentem alívio ao saber que sua época ou as autoridades são piores ainda, repetem satisfeitas ao ouvir as censuras do zangado: "Veja só o que esse senhor está dizendo. Felizmente ainda há pessoas que não se vendem!" Sem dúvida são inúmeros os argumentos válidos contra tudo o que acontece e a favor do que não acontece. Mas essa *pose* de zangado... Confesso que, por mais que tenham valor em seu campo, para mim os eternos zangados carentes de humor são nobres energúmenos ou tristes patetas. Mas, cuidado, pois 98 se aproxima e essa comemoração perigosa pode ser uma data propícia para que os zangados se expandam, seja repetindo os agourentos de antes ("estamos como então, pior, muito pior") ou os maldizendo ("o pior de 98 foi justamente a geração de 98... e continuamos assim!"). Em suma, estamos ameaçados, pelo menos por um ano, pela plena *goitisolização* da Espanha. Que Júpiter, que é o deus jovial, queira nos proteger de tanto narcisismo lúgubre...

Um basco ilustrado

Don Julio ficava nervoso com os que diziam "nós, os bascos, ninguém entende". "Mas como não vão entendê-lo, homem! – ele apostrofava com sua voz enraivecida a um interlocutor imaginário –, você qualquer um entende! Acontece que você é um idiota!" Em vez de se queixar de incompreensões imaginárias, ele é que havia dedicado muitas horas a entender os bascos, os de antes e também os de agora. Como todos os que estudaram a fundo essa comunidade, rejeitava a mitologia essencialista e sabia que nenhuma identidade coletiva é emanação necessária e permanente de um ser nacional, mas sim um conjunto de opções acidentais ou interessadas cuja genealogia pode ser rastreada. E *don* Julio dedicou-se a esse desenredamento paciente do que os milenaristas tomam como pressuposto, desvendando ficções históricas e acrescentando aqui e ali algumas gotas salutares de ironia.

Mas seu próprio perfil humano e intelectual era o melhor desmentido de qualquer estereótipo risível do basco atávico. *Don* Julio Caro Baroja foi um basco muito basco, sim, e portanto um basco italianizado, um basco aberto, madrileno, europeu, um basco ilustrado e do século XVIII, como aqueles que discorriam em Vergara sobre todos os temas da Enciclopédia e se correspondiam com Voltaire. Outro dia, Félix de Azúa esboçava neste mesmo jornal a caricatura divertida e cruel de uma Espanha bárbara na qual chapinhamos, a cuja miséria moral e política os bascos que se consideram mais antiespanhóis não são precisamente alheios. Pois bem, *don* Julio foi basco e espanhol no sentido menos bárbaro de ambos os termos, no sentido de que não agita bandeiras mas visita bibliotecas, não cospe desaforos mas desdramatiza os símbolos e relativiza as paixões gregárias. Outros poderão falar melhor de suas contribuições científicas à antropologia, da recatada contenção de seus ensaios, nos quais se pode aprender tudo menos a proferir disparates: prefiro lembrar aqui sua ironia cética e tolerante, certo dia em que descemos juntos, conversando, a costa de Zorroaga desde a faculdade, desfrutando do tímido – barojiano – sol da primavera de Donostia.

Os acidentes

Segundo repetiram com lúgubre alarma os meios de comunicação, este verão foi pródigo em acidentes de estrada. Oitocentas, novecentas vítimas, nem sei quantas... Em cada um dos momentos cruciais das férias, o alarma soou: uma vez concluídas as inevitavelmente chamadas *operação saída* e *operação volta*, computaram-se as baixas e a televisão teve de mostrar a devida quota de ferragem arrebentada, ambulâncias e familiares desconsolados. Os danificados mais tenazes da série interminável foram os ônibus, cuja fragilidade é particularmente causa de preocupação para nós que não temos automóvel e viajamos muito neles. Mas, sem dúvida, a estrela entre tantos estrelados foi Lady Di, coitadinha, vocês já estão sabendo, não se fala em outra coisa. Com um pouco de sorte, será beatificada e transformada na padroeira mártir dos que tombaram por excesso de velocidade: Santa Diana dos Impacientes, freia por nós...!

Diante dessa carnificina, as pessoas fazem expressão compungida e buscam os culpados, pelo menos os responsáveis subsidiários: o primeiro dos vilões é o álcool, mas também o cansaço dos motoristas, a antiguidade dos veículos (no caso dos ônibus), a deficiência das estradas ou de sua sinalização, muitas coisas. Não se mencionam – seria radicalismo exagerado – a própria existência de automóveis, a ânsia de viajar custe o que custar, as malditas férias. Se os novecentos mortos tivessem falecido por ingestão de drogas, seria um bom momento para insistir na necessidade da proibição de produtos tão letais, mas seria estranho promover uma campanha pela televisão recomendando dizer simplesmente *não* aos veículos motorizados ou à mania de sair de casa. Não se devem exagerar as precauções nem criar alarma social. O espetáculo infeliz e as admoestações das autoridades são imprescindíveis para a edificação coletiva, mas também o são o comércio por atacado e a própria estrutura de nossa vida que deve continuar, como se costuma dizer com razão.

A mais simples observação revela que a fatalidade acidental nos chega pelo próprio meio que nos faz desfrutar ou que nos permite viver. Não só a estrada é pródiga em acidentes, também o são andaimes e fábricas, os eletrodomésticos e os aviões, as comilanças, a sexualidade... O alpinista é morto pela montanha cobiçada, assim como os antigos pescadores de pérolas eram exterminados pelos tubarões ou pela falta de oxigênio e como amanhã entrarão na moda os acidentes nas estações espaciais já preludiados pelas atuais desventuras da nave *Mir*. Quem fica em casa para não se expor aos perigos da estrada morre eletrocutado pela lavadora de roupa ou atropelado numa faixa de pedestres. Os bêbados são liquidados pelo abuso da boa uva e os sóbrios por uma *overdose* da ruim. E a venerada Lady Di acabou assassinada por sua afeição aos ricos, que são os que têm carros mais potentes, e também pelos *paparazzi*, cuja diligência a tornara imprescindível ou pelo menos notória para todos esses bobalhões do mundo inteiro que hoje os culpam iradamente por tão desaforada perda.

O mais comovente de tudo isso é que a infinidade de acidentes vem ajuizada não só com lamentos, mas também com uma ponta de escândalo. Os acidentes acontecem, mas não deveriam acontecer: são supérfluos, ofendem nosso senso de bom andamento do mundo. Se todos nos comportássemos devidamente, se tudo estivesse em boa ordem, não aconteceriam acidentes. Não é bonita uma fé tão pura em que o que nos acontece não depende do que somos e do que desejamos mas da casualidade ou do erro? Por acaso poderíamos ser os mesmos, com os mesmos anseios e os mesmos caprichos; em suma, estar *vivos* como estamos... mas impunemente? Em sua época Montaigne já advertiu, desanimando de antemão os higienistas futuros: "Não morremos por estar doentes, mas por estar vivos." Do mesmo modo gostaríamos de advertir tantos previsores empenhados em erradicar as trombadas viárias de que é a vida que traz os acidentes, não a imprudência. Talvez seja possível curar a maioria das doenças particulares que nos afligem, sem dúvida cada um dos acidentes concretos teria sido evitável, mas não o são nem a doença nem o acidente em si mesmos. De modo que lutemos pela nossa vida, mas sabendo que é a vida e a própria luta para desfrutá-la que acaba por nos matar. Sejamos precavidos sem alardes nem recriminações públicas. Embora também eu, agora, esteja incorrendo numa recriminação tão supérflua quanto todas as outras...

Meu furo favorito do verão é aquele mexicano condenado à morte nos Estados Unidos (a pena de morte: esse é o primeiro acidente que deveria ser evitado a todo custo!) que foi indultado ao ser comprovada sua inocência, voltou para casa e, poucos dias depois, morreu num acidente de trânsito. Faz-me lembrar aquela história oriental que li há algum tempo, escrita por Jean Cocteau, e que depois ouvi o grande Boris Karloff contar com poucas variantes em *Targets*, seu último filme e primeiro de Peter Bogdanovich. Um criado chega pálido de medo diante do sultão de Bagdá e lhe diz: "Acabei de me encontrar com a morte em teu jardim e ela me fez um gesto de ameaça. Tenho certeza de que veio me buscar. Por favor, deixa-me partir imediatamente para Samara para que ela não me encontre." O sultão concorda e até lhe empresta o melhor de seus cavalos. Mais tarde, é ele que encontra a morte passeando pelo jardim e lhe pergunta: "Por que ameaçaste meu pobre criado?" A morte responde: "Ameaçar, eu? Só fiz um gesto de surpresa ao vê-lo em Bagdá, pois esta noite devo me apoderar dele em Samara."

O perdido

Aos quatro ou cinco anos eu era um feliz possuidor de uma foca preta de borracha, do meu tamanho, à qual estou avidamente abraçado em uma foto da época, tirada no passeio donostiano de la Concha. São imagens nas quais meu uniforme costuma consistir em boina, foca e grandes orelhas desfraldadas, pelo visto a moda da época. Lembro-me bem daquela foca e da satisfação possessiva que produzia em mim quando chapinhávamos juntos em júbilo estival. Já que agora não tenho foca (nem boina, e minhas orelhas aderiram convenientemente às fontes, em que o cabelo grisalho rareia), é claro deduzir que em algum momento, com maior ou menor trauma, tive de me separar dela. Pergunta crucial: onde estará minha foca? (música de Manolo Escobar). Se a matéria nem se cria nem se destrói, como dizem, as moléculas de borracha de minha companheira continuam presentes no universo inabrangível, quem sabe onde, talvez sob outra forma, sob outro céu, respondendo a urgências ou carícias diferentes. Às vezes me lembro da minha foquinha e gostaria de poder localizá-la *hoje*, reconhecê-la um pouco, desejar-lhe boa viagem... Bobagem. Coisas triviais, como costumamos chamar o *imenso*.

Para onde foi o que perdemos? Os objetos extraviados ou subtraídos, os detritos do corpo ou da alma macerados pelo tempo, os amores e amizades que já não são, elas e eles, os sonhos esgotados. Viver é *perder*. Também é ganhar ou conseguir, às vezes, mas nunca recuperar totalmente. Essa história da vida é perdição e é em aprendê-lo que consistem a mansidão da cordura e a insurgência da rebelião. Vocês devem estar supondo que lhes escrevo a partir da melancolia um tanto ébria do ano novo, e acertaram. Mas também influem, como sempre em meu caso, alguns livros que acabei de ler. Do primeiro, é autor meu querido amigo Luis Antonio Villena (claro que não o esqueço, Luis Antonio, agora só o afeto ancora minha memória). O livro se chama *Biografía del fracaso* [Biografia do fracasso] e é uma magnífica meditação sobre as biografias de vários perdedores, desde Caravaggio ou Rimbaud até Jim Morrison e Sal Mineo. A lição da obra é que quaisquer outros poderiam ou poderíamos ser seus protagonistas, pois perdedores são todos os que o parecem, mas apenas como casos exemplares dos que não o parecem tanto. Cada um perde o que busca, mas além disso *se* perde naquilo que busca. Os casos recenseados por Villena são apenas *highlights* estéticos de um destino comum.

Talvez por isso mesmo a melhor preparação para superar a vida seja aprender a arte de romper com o que nos é adorável ou aparentemente imprescindível. É sobre essa difícil matéria o curso de um escritor francês tão veemente quanto precioso, Gabriel Matzneff, com quem compartilho pelo menos dois afetos pessoais, Cioran e René Schérer, além da admiração por Hergé, pai de Tintin. Seu último livro intitula-se *De la rupture* [Da ruptura] e concebe a vida como uma série de rupturas, ou melhor, ruptura em série: a que separa os amantes e os amigos, a de perder o parente falecido, o furto ou extravio de objetos apreciados, o regime terapêutico que nos veda alimentos ou bebidas preferidos, a renúncia ao mundo do asceta e também (embora Matzneff não o mencione) a que abandona o sonho do paraíso eterno pelo prazer instantâneo. Sem dúvida, o tratado de Matzneff concede a parte do leão às rupturas amorosas, especializando-se nas que rompem a paixão entre um homem maduro e jovenzinhas com poucas inibições. São as que ele conhece por experiência própria e até chega a propor com corajoso impudor um repertório de cartas de rupturas verídicas, como exemplo delas e deles.

Talvez nem todo o mundo conceda às bancarrotas eróticas, dietéticas ou religiosas a predominância que lhes é dada por Gabriel Matzneff. Em todo caso, é indiscutível que faltam muitas outras, citadas também por diversos autores através dos séculos: a quebra de ilusões políticas ou sonhos gloriosos, as adesões recusadas, as paisagens que nunca mais veremos, o envelhecimento que nos tira possibilidades físicas e probabilidades sociais, o principado irrefutável da morte que nos vai separar de nós mesmos e de todo o resto. Quem quiser saber um pouco sobre viver deverá adestrar-se muito em romper, fazer-se perito em despedidas, deverá aprender a renunciar com mais curiosidade alegre do que resignação. Preparem-se, pois o dia está se aproximando...

Adeus ao pioneiro

Não é preciso lembrar que a nostalgia é caprichosa. Ela escolhe os autênticos acontecimentos históricos para cada um de nós, que raramente coincidem com os oficialmente consagrados como tais. O aniversário dos primeiros vinte anos transcorridos desde a primeira vez na vida em que votei democraticamente me deixou frio, apesar de eu compreender e acatar a importância da efeméride. Em contrapartida, senti uma pontada de emoção ao ficar sabendo que a NASA decidiu cortar toda comunicação com o *Pioneer X* que ela lançou no espaço há vinte e cinco anos. Esse engenho enviou ao longo de um quarto de século notícias pontuais sobre nossos planetas vizinhos e sobre o cosmo, mas hoje só emite pontinhos ininteligíveis ou negror, enquanto vai se afastando irremediavelmente do sistema solar. De modo que os cientistas determinam que chegou a hora de dispensar definitivamente seus serviços. O *Pioneer X* continuará em silêncio sua viagem rumo a lugar nenhum através dos abismos infinitos cujo silêncio, justamente, espantava Pascal...

Não sei muito bem por que essa notícia minúscula da crônica científica me comoveu. Apesar de ser da geração em cuja infância foram lançados os primeiros *Sputniks* e que se despediu da adolescência com a chegada do homem à Lua, acompanhei com entusiasmo lânguido a aventura espacial. Refiro-me a seus aspectos verídicos como parte da crônica tecnopropagandística da Guerra Fria, em lances sucessivos entre americanos e russos: vejo o teu satélite e lanço mais três, aumento os tripulantes em minha estação espacial de um para quatro, etc. Em contrapartida, nos pontos em que a ciência se fazia ficção permaneci maravilhado e fiel, desde o estrondo que foi *Da Terra à Lua* segundo Júlio Verne e *Os primeiros homens na Lua* de H. G. Wells (uma fascinante crônica de viagem interplanetária, na qual a viagem propriamente dita tem tão pouca importância quanto em Cyrano de Bergerac), até as poéticas *Crônicas marcianas* de Ray Bradbury – obra que é um dos clássicos *indubitáveis* do século XX, por mais que os críticos de mindinho esticado se escandalizem – ou *As areias de Marte* de Arthur C. Clarke, para não falar do foguete xadrez branco e vermelho em que viajavam ou ainda viajam até nosso satélite os personagens de Tintin. Mais tarde, a ficção científica também engordou barrocamente até o inchaço *cyberpunk* e minha alma retrógrada se enfastiou dela.

Viagem espacial? Bem, afinal de contas, como observou com suave zombaria o velho Borges para um entrevistador entusiasmado, "toda viagem é espacial, não é mesmo?". Mas a travessia do *Pioneer X* cobre não só o espaço mas também o tempo; e não um tempo qualquer, abstrato, mas o *meu* tempo. Isso é o que me toca de sua aventura e a transforma em modesta metáfora da vida. Há vinte e cinco anos saiu potente como um jato de fogo para o alto, com todos os seus instrumentos sofisticados em estado de alerta, telecomunicando jubilosamente boas novas do universo a quem quisesse ouvi-las e desvendando mistérios que deixariam de sê-lo. Agora, afrouxado, mas talvez mais sábio, só é capaz de balbuciar e de se perder no escuro. Não tem por que se arrepender do que antes disse petulantemente nem do que agora cala experientemente. Também conheço um rapaz que há um quarto de século, mais ou menos, buscava sua órbita excêntrica a despeito da gravidade mortífera reinante enquanto lançava mensagens cheias de fúria e estrondo, talvez um tanto idiotas... Bendito sejas, *Pioneer*, e segue tua viagem.

Ideoclipes

"Morte, para ti não vivo."
JORGE GUILLÉN

Anos que não são de luz: passam através de nós quebrando-nos e maculando-nos.

Os anos: quanto mais temos, menos nossos nos parecem.

Nascer tem imediatas conseqüências clínicas e de hospedagem: em ambos os aspectos ficamos *desamparados*.

A ética me interessa porque torna a vida humanamente *aceitável* e a estética porque a torna humanamente *desejável*.

Ter essa sensação de *vida nova* que nos dá estrear uma lâmina de barbear!

Aquele ateu iracundo batizou (oh, paradoxo!) seu livro definitivo contra o cristianismo com o seguinte título: *Fé de ratazanas*.

Detesto tanto esse tormento enfadonho chamado *vida social* que não estranharia se, depois de minha existência pecaminosa, em vez de ir para o inferno me condenassem a um coquetel...

Pensar no tempo que passamos, uma manhã depois da outra, esfregando com uma escova os dentes de nossa *caveira*.

Foi feliz enquanto renunciou à felicidade.

Certas linhas literárias que sei de cor – o dístico de Simônides ("caminhante que vais rumo a Esparta...") ou as últimas palavras de Otelo, por exemplo – eu teria vergonha de chegar a ser capaz de repeti-las sem lágrimas nos olhos.

Sofreu um acidente e *nasceu*.

Uma alma com goteiras.

Jornalista ideal: o que faz notar sem se fazer notar. Inalcançável, como qualquer outro ideal.

Seu atrativo? Limita-se a essa qualidade que pode fazer esquecer a ausência de qualquer outra mas a qual nenhuma substitui plenamente: a extrema juventude.

Caído na cama de boca para cima eu treino dizendo: aqui *jaz*, aqui jaz seu corpo... É inútil, não consigo me acostumar.

Devemos perguntar – sempre – com os filósofos e responder – de vez em quando – com os cientistas.

O desenvolvimento físico e o intelectual se parecem por exigirem ambos muito tempo de exercícios. Mas diferem pelo fato de a ginástica ou o treinamento atlético serem muito enfadonhos, ao passo que a resultante exibição do corpo é gloriosa; em contrapartida, o melhor da vida intelectual é a preparação – ler, estudar, pensar, dialogar com os sábios –, mas a demonstração final do que foi adquirido (debates, conferências, tratados magistrais...) é tão fastidiosa e monótona quanto fazer mil flexões.

Prazeres de agosto. Chesterton diz em um de seus artigos: "Nós, homens, podemos nos acostumar a tudo. Até nos acostumamos ao sol." Com efeito, coisa mais terrível do que formosa, o sol: convém nunca se acostumar totalmente a ele, a sua majestade, a seu carinho que amodorra e calcina, a sua enorme ameaça que pende sobre nós. Uma das alegrias de agosto é poder meditar – à sombra, sem dúvida – sobre o sol.

Outro prazer de agosto: as festas. Sobretudo se nos empenhamos em evitar ir a elas. É delicioso saber que as pessoas estão se divertindo e mais delicioso ainda não ter de acompanhá-las nesse transe. Nada mais grato do que ter consciência de que todo o mundo está dançando, se acotovelando nos bares, se beijando e se agarrando pelos cantos escuros, se deleitando com os fogos de artifício, gritando pelas ruas "Patxi! Paaatxiii!" às cinco da manhã, enquanto nós – sentados no quarto escuro – continuamos pensando no sol.

Neste mundo de ferramentas e necessidade, o jogo é o que mais se parece conosco: também não serve para nada.

A maior bobagem do ano, proferida pelo crítico bajulador: o grande metafísico conseguiu com seu último livro um aforismo de quinhentas páginas...

A união dessa comunidade que denominamos (que sinistramente outros denominam) *povo* baseia-se em sua essência ou sua natureza; os cidadãos, em contrapartida, permanecem unidos – em face do povo? – por seus direitos.

Abandonado à pura e divina liberdade de sua natureza, o homem amavelmente inteligente só leria Chesterton.

O homem olha, mas não vê; quando vê, não alcança; se alcança, não consegue reter. (Desconfiar desse tipo de sentenças que começam dizendo: "O homem...").

Lamentamos o término da vida como as crianças choram ao final da longa tarde de aniversário que passou voando, sem querer voltar para casa apesar de já estar com muito sono e não haver nada de novo para brincar.

Em que consiste ser *positivo*? Positivo é aquele que quando não tem orgulha-se de não ter e quando tem se compraz em conservar.

E pensar que o interesse pela filosofia começa com o estarrecimento diante do abismo da morte inexorável e conclui buscando *bibliografia*!

Idéias? Assim chamamos prolongar rotinas adquiridas, obcecar-nos em combinações de palavras que entraram pelo alto-falante das orelhas, entrincheirar-nos – os mais originais – em algum capricho. A idéia, quando chega, nos agarra pelo pescoço e não nos permite a vanidade nem a respiração. Nota-se que é uma idéia porque nos quebra. As idéias não nos deixam tomar pé. Por isso é um alívio quando escasseiam e preferimos chamar *pensar* calcular gastos e benefícios. "Se pressentimos um abismo sob a verdade, aferramo-nos à mentira e à injustiça" (Heinrich Mann).

O invejável da beleza é que ela não precisa de *explicações*.

Pélagos íntimos: nem os seres que mais queremos e com quem mais queremos voltariam satisfeitos de uma travessia exploratória pelo matagal de nossos pensamentos cotidianos, alguns dos quais se referem a eles...

Primeiro esboço de epitáfio: "Suas palavras às vezes o ajudaram ou talvez tenham ajudado outros, mas não salvaram ninguém, nem sequer ele mesmo. Perdurarão durante um prazo breve fragmentos seus, repetidos pelos que quiseram interpretá-lo mal ou pelos que o interpretaram mal porque o quiseram. Cabe propor uma emenda cósmica, embora já não beneficie a ele por não ter efeito retroativo: os que desfrutam o sempre pouco da vida sem fazer queixas nem exigências merecem uma segunda oportunidade."

DESPEDIDA
Os mortos

A maioria

Os romanos utilizavam uma fórmula muito bonita, por ser discreta e nada truculenta, para designar a morte de alguém. Diziam: "Foi-se com a maioria." De fato, o número dos mortos é maior que o dos vivos, de modo que a morte é a única verdadeira instância democrática neste mundo: além de impor a igualdade entre grandes e pequenos, tem sempre a maioria do seu lado. Parece, no entanto, que esse predomínio no vasto parlamento universal humano dos mortos sobre os vivos está prestes a sofrer uma alteração no próximo século, se é verdade um dado que li e que me impressionou. Se continuar o atual crescimento demográfico, no final da próxima centúria o número de habitantes da Terra será, pela primeira vez, superior ao de todos os seres humanos mortos desde a origem de nossa espécie. A maioria já não serão os mortos, mas os vivos. "Reunir-se à maioria" será uma forma de referir-se ao nascimento, e não ao falecimento.

Suponho que esse tipo de cálculo não é fácil de estabelecer, de modo que o tomo com certo ceticismo. Sua exatidão depende de onde se coloca a fronteira entre os devidamente humanos e os hominídeos promissores mas aos que ainda faltava muito a aprender. Se hoje encontrássemos na rua alguns de nossos antepassados, nós os enjaularíamos sem maiores considerações; outros, em contrapartida, depois de uma boa arrumada, poderiam tranqüilamente dar aula na universidade, junto do catedrático Quintana e outros sábios professores. Em que ponto exato devemos começar a conta de nossas baixas?

O historiador francês Pierre Chaunu, em seu sombrio mas sugestivo *História e decadência*, afirma: "Trezentos bilhões de homens consumados enterraram seus mortos, choraram a morte do ente querido, sabendo que eles mesmos um dia teriam de morrer. Pois bem, nenhum era idêntico ao outro." Quanta gente, não é mesmo? E como eram todos parecidos conosco, quanto a isso de serem diferentes de todos os outros. Tomando como referência esse número de Chaunu, seria de supor mais de trezentos mil milhões de humanos pululando pelo planeta no final do século XXI (atualmente nos aproximamos de seis mil milhões). É claro que, como até lá já terão – teremos – morrido muitos mais (para não contar os falecidos desde a publicação de *História e decadência*, em 1981), serão necessários ainda mais vivos para compensar a vantagem do partido cadavérico. Enfim, não sei: com essa história de números, eu me perco sempre. Para sempre.

Suponhamos que seja mesmo verdade que no século XXI os vivos atinjam a maioria sobre os mortos, que pela primeira vez os ânimos vençam as *animas*. Sempre se disse que é o lastro dos agravos e ambições frustradas dos mortos que freia a mudança social na direção do inédito, como na "linha de sombra" de Conrad o capitão morto detinha o avanço de seu barco desde o fundo do mar. Herdamos seus rancores e suas mesquinharias: como eles são mais, nos obrigam a saldar suas contas e nunca podemos escrever livremente a página branca com que sonhamos. Desperdiçamos nossa vida vingando-os, para que depois nossos filhos tenham de fazer o mesmo conosco. Auguste Comte escreveu que os mortos nos governam. Impõem-se o prestígio dos sepulcros e sua iracunda multidão. Mas, se um dia os vivos pudessem impor sua votação aos mortos, se os derrotassem nas urnas do presente, se conseguissem fazer triunfar seus direitos positivos sobre a negação rancorosa que chega da escuridão, da falsidade ferida da memória... Ah, então, talvez então! Pena que nesse dia eu esteja de novo em minoria.

Impressão e acabamento
Cromosete
GRÁFICA E EDITORA LTDA.
Rua Uhland, 307 - Vila Ema
Cep: 03283-000 - São Paulo - SP
Tel/Fax: 011 6104-1176